W0306295

Regensburger Almanach 1999

Regensburg liegt gar schön

Regensburger Almanach 1999

Regensburg liegt gar schön

Herausgegeben von Konrad Maria Färber mit Beiträgen von
Birgit Angerer, Eva Demski, Michael Drucker, Eberhard Dünninger,
Friedrich Geißelmann, Horst Hanske, Gerhard Heldt, Kurt Hofner, Benno Hurt,
Ines Kohl, Eginhard König, Toni Lauerer, Marietheres List, Peter Morsbach,
Heinz Oster, Franz Pfeffer, Harald Raab, Heinz Reichenwallner, Günter Schießl,
Florian Sendtner, Werner Timm (†), Helmut Wanner, Hermann Weiß,
Karl Horst Wendisch, Werner A. Widmann und Ludwig Zehetner

MITTELBAYERISCHE DRUCK- & VERLAGS-GESELLSCHAFT

Die Deutsche Bibliothek – CIP-Einheitsaufnahme

Regensburg liegt gar schön / hrsg. von Konrad M. Färber. Mit Beitr.
Von Birgit Angerer ... - Regensburg : Mittelbayerische Dr.- und Verl.-
Ges., 1999
(Regensburger Almanach ; 1999)
ISBN 3-931904-67-9

Die Deutsche Bibliothek - CIP-Einheitsaufnahme

Regensburger Almanach. - Regensburg : Mittelbayerische Dr.- und Verl.-Ges.
Erscheint jährl. - Früher im Walhalla-und-Praetoria-Verl.,
Regensburg. - Aufnahme nach 1999
Pp. : DM 39,80 (Einzelbd.), sfr 37.00 (Einzelbd.), S.291.00
(Einzelbd.)
1999. Regensburg liegt gar schön. - 1999

Gedruckt mit freundlicher Unterstützung von:

Dr. med. Franz Xaver Biehler
Anna Braungart
Evangelische Wohltätigkeitsstiftung
Fachhochschule Regensburg
Gustav Frick – Spedition Zitzelsberger
Brauerei Kneitinger
OBAG
Stadt Regensburg
Dr. Johann Vielberth – Donau-Einkaufszentrum
Robert Vierthaler, Finanzberatung
Immobilien Wingerter GmbH
Oswald Zitzelsberger

Konrad Maria Färber (Hg.)
Regensburger Almanach 1999: Regensburg liegt gar schön
© Mittelbayerische Druck- und Verlags-Gesellschaft mbH Regensburg, 1999
Umschlag: Anna Braungart
Abbildung auf dem Umschlag: Goethe in der Campagna, Gemälde von Karl Bennert nach J. W. Tischbein.
Umschlagfoto © Stefan Hanke
Satz: Vollnhals Fotosatz, Neustadt/Donau
Gesamtherstellung: DONAUDRUCK Regensburg GmbH

ISBN 3-931904-67-9

Inhalt

JOHANN WOLFGANG VON GOETHE

„Regensburg liegt gar schön“

„Die Gegend mußte eine Stadt hierher herlocken“

Auf seiner ersten italienischen Reise, zu der Goethe am Sonntag, den 3. September 1786 um drei Uhr früh heimlich vom böhmischen Karlsbad aufgebrochen war, fuhr er zunächst durch die Oberpfalz. Sein Weg führte ihn über Waldsassen, Tirschenreuth, Weiden, Schwandorf und Regenstauf direkt nach Regensburg, wo er am Montag, den 4. September gegen zehn Uhr vormittag eintraf. Seine Eindrücke vermerkte er in seinem Reisetagebuch für Frau von Stein. Zum Goethe-Jahr veröffentlichen wir den entsprechenden Auszug:

In Bayern stößt einem gleich das Stift Waldsassen entgegen, ein köstlich Besitztum derer die früher als andere klug waren. Es liegt in einer fruchtbaren Teller-, um nicht zu sagen Kessel-Vertiefung, in einem schönen Wiesengrunde, rings von fruchtbaren sanften Anhöhen umgeben und hat im Lande weit Besitzungen. Der Boden ist aufgelöster Tonschiefer, den der Quarz, der sich im Tonschiefer befand und nicht aufgelöst ist, locker macht. Es liegt zwar noch hoch aber anmutig und die Felder sind fruchtbar.

Bis gegen Tischenreuth steigt das Land noch, die Wasser fließen einem entgegen, nach der Eger und Elbe zu; von Tischenreuth an fällt nur das Land südwärts ab und die Wasser laufen nach der Donau.

Tischenreuth um fünfe. Treffliche Chaussee von Granitsand, es läßt sich keine vollkommenere denken. Die Gegend durch die sie geht desto schlechter, auch Granitsand, flach liegend, moorig pp. Da nunmehr gute Chaussee ist und das Land abfällt, kommt man mit unglaublicher Schnelle fort, die gegen den böhmischen Schneckengang recht absticht. Ich war halb neun in Weyda *(Weiden)*, nachts 1 Uhr in Wernberg, halb dreie in Schwarzenfeld, halb fünfe Schwandorf, halb achte Bahnholtz *(Ponholz)*, um zehn in Regensburg und hatte also

diese 12 und 1/4 Posten oder 14 und 1/2 Meile in 32 Stunden zurückgelegt.
Von Schwandorf gegen Regenstauf zu, da es anfing Tag zu werden, bemerkte ich die Veränderung des Ackerbodens ins bessere. Den Regenfluß herauf, hatte – in uralten Zeiten – Ebbe und Flut aus der Donau gewirkt und so diese natürlichen Polder *(eine Art Deichlandschaft)* gebildet, die wir nun benutzen. Es ist dieses in der Nachbarschaft aller großen Flüsse bemerklich. Ich glaube ich habe dir schon davon gesprochen. Regensburg liegt gar schön, die Gegend mußte eine Stadt hierher locken. Auch haben sich die Geistlichen Herrn wohl possessioniert; alles Feld um die Stadt gehört ihnen, und in der Stadt steht Kirche gegen Kirche und Stift gegen Stift über. Die Donau hat mich an den alten Main erinnert. Bei Frankfurt präsentiert sich Fluß und Brücke besser, hier sieht aber das gegenüberliegende Stadt am Hof recht artig aus.
Die Jesuiten-Schüler gaben heut ihr jährliches Schauspiel, ich besuchte es gleich, sah den Anfang des Trauerspiels und das Ende der Oper. Sie machten es nicht schlimmer als eine angehende Liebhabertruppe. Und waren recht schön, fast zu prächtig gekleidet. Auch dies und das Ganze, wovon einmal mündlich, hat mich von der Jesuiten großer Klugheit auf's neue überzeugt, und es ist nicht Klugheit, wie man sie sich in abstracto denkt, sondern es ist eine Freude an der Sache dabei, ein Mit und Selbstgenuß, wie er aus dem Gebrauch des Lebens entspringt. Wie freut mich's, daß ich nun ganz in den Katholizismus hineinrücke, und ihn in seinem Umfange kennen lerne.
Wärest du nur mit mir, ich wäre den ganzen Tag gesprächig, denn die schnelle Abwechslung der Gegenstände gibt zu hundert Beobachtungen Anlaß.
Wie glücklich mich meine Art die Welt anzusehn macht ist unsäglich, und was ich täglich lerne und wie doch mir fast keine Existenz ein Rätsel ist. Es spricht eben alles zu mir und zeigt sich mir an. Und da ich ohne Diener bin, bin ich mit der ganzen Welt Freund. Jeder Bettler weist mich zu rechte und ich rede mit den Leuten, die mir begegnen, als wenn wir uns lange kennten. Es ist mir eine rechte Lust.
Heute schreib ich dir akkurat unterm 49ten Grade und er läßt sich gut an, der Morgen war kühl und man klagt auch hier über Nässe und Kälte, aber es war ein herrlicher gelinder Tag, und die Luft, die ein großer Fluß mitbringt, ist ganz was anders.
Das Obst ist nicht sonderlich, doch leb ich der Hoffnung es wird nun kommen und werden. Auch habe ich einem alten Weibe, das mir am Wasser begegnete, für einen Kreuzer Birn abgekauft und habe solche wie ein andrer Schüler publice verzehrt. Nun gebe Gott bald Trauen und Feigen. Ein Grundriß von Regensburg und das Jesuitenspiel sollen hier beiliegen.
Jesuitenkirchen, Türme, Dekoration überhaupt! Etwas Großes in der Anlage, das allen Menschen insgeheim Ehrfurcht einflößt. Gold, Silber, Metall und Pracht, daß der Reichtum die Bettler aller Stände blenden möge, und hier und da etwas abgeschmacktes, daß die Menschheit versöhnt und angezogen werde. Es ist dies überhaupt der Genius des Katholischen äußern Gottesdiensts, noch hab ich's aber nicht mit soviel Verstand, Geschick und Geschmack und soviel Konsequenz ausgeführt gesehn, als bei den Jesuiten und alle ihre Kirchen haben eine Übereinstimmung. In der Folge mehr. Wie sie nicht die alte, abgestumpfte Andacht der andern Ordensgeistlichen fortgesetzt haben, sondern mit dem Genio Säkuli fortgegangen sind.

Regensburg, (Di.) d. 5. September 1786
Vom Carlsbad hatte ich nur einen Mantelsack und Dachsranzen *(zylindrischer Behälter zur Aufnahme der*

Reiseutensilien, bzw. eine Art Rucksack mit wasserabstoßendem Dachsfell) mitgenommen, und für meine Garderobe wäre es überflüssig, da ich aber soviel Bücher und Papiere mit habe, so war es zu beschwerlich. Nun hab ich mir ein Coffregen *(Koffer)* gekauft, das mich recht freut. Auch ist's recht gut, daß ich allein bin, denn gewiß man wird durch anhaltende Bedienung vor der Zeit alt und unfähig. Jetzt freut mich alles mehr, und ich fang in allem gleichsam wieder von vorne an.
Gewiß ich hoffe auf dieser Reise ein Paar Hauptfehler, die mir ankleben, loszuwerden.
An der Donau gezeichnet um halb zwölfe.
Ich muß nun machen, dass ich wegkomme! Ein Ladenbediener, aus der Montagischen Buchhandlung, hat mich erkannt, der in der Hoffmannischen *(Weimarer Buchhandlung)* ehemals stand. So muß dem Autor nichts gutes von den Buchhändlern kommen. Ich hab es ihm aber gerade ins Gesicht, mit der größten Gelassenheit, geleugnet, daß ich's sei.
Den Pastor Schäfer *(Jacob Christian Schäffer, Regensburger Naturforscher und Sammler)* hab ich gesehen und sein Cabinet *(Naturalienkabinett im Evang.-Luth. Dekanat in der Pfarrergasse)*, unter dem angenommenen Namen Möller, den ich auch behalten werde. Nun leb wohl, ich setze mich auf nach München.

Quelle:
Johann Wolfgang von Goethe
Sämtliche Werke. II. Abteilung Briefe, Tagebücher und Gespräche vom 3. September 1786 bis 12. Juni 1794, Herausgegeben von Karl Eibl, Frankfurt a. M. (Deutscher Klassiker Verlag) 1991, S. 10–14.

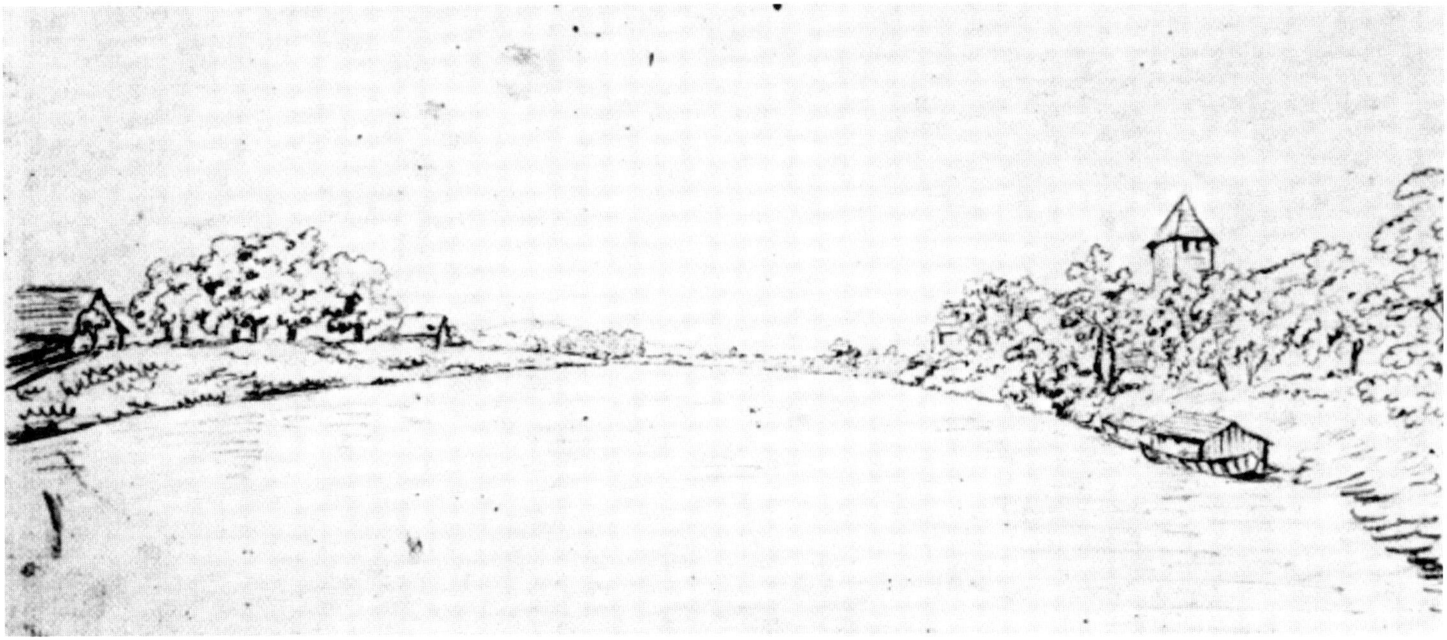

Johann Wolfgang von Goethe in Regensburg: „An der Donau gezeichnet"

BIRGIT ANGERER

Goethe und Regensburg

Anmerkungen zu Goethes Aufenthalt am 4. September 1786

„Regensburg liegt gar schön. Die Gegend musste eine Stadt herlocken." Dass dieses Goethe-Zitat, das heute die Fremdenverkehrsprospekte Regensburgs schmückt, sozusagen zu einem der ersten Werbesprüche eines Regensburger Stadtmarketings werden konnte, verdankt die Stadt Dr. Sigfrid Färber, dem belesenen Direktor des Fremdenverkehrsamtes. Durch die häufige Wiederholung impliziert das Zitat allerdings eine enge Verbindung Goethes mit Regensburg, die – das muss man fairer Weise sagen – so nicht bestanden hat.

Goethe besuchte Regensburg nur anderthalb Tage, auf der Durchreise, ungeduldig das Ziel seiner Sehnsucht, nämlich das sonnige Italien, im Auge und auf die nächste Postkutsche wartend. Dass es trotzdem gerechtfertigt ist zum Goethe-Jahr anlässlich seines 250. Geburtstages auch Regensburg in den Reigen der Städte zu lancieren, die sich in irgendeiner Form auf den Dichterfürsten berufen, begründete schon Carl Woldemar Neumann einleuchtend im Jahr 1873. Er war der Erste, der Alles zusammengetragen hat, was sich mit der Gestalt Goethes verknüpfen ließ, „da nämlich in dem Leben eines wahrhaft großen Mannes und zumal eines Dichters und Denkers wie Goethe ein jeder wenn auch noch so unscheinbare Moment erhöhte Bedeutung erhält".
Erschwert wird die Suche nach einer Wirkung, die Goethes Besuch in Regensburg ausgelöst haben könnte, und auch die Ausbeute an Erlebnissen seinerseits, dadurch, dass er incognito reiste. So musste die illustre Gesellschaft, die sich allabendlich am Hofe des Fürsten Thurn und Taxis einfand, auf die Bekanntschaft mit dem jüngst geadelten Weimarer Staatsminister und mittlerweile sehr berühmten Dichter verzichten.
Dem Unternehmen Thurn und Taxis ist die literarische Welt zu großem Dank verpflichtet, gestattete es doch dem großen Herrn von Goethe Portofreiheit, was Anlass

So sah Goethe die Reichsstadt vor sich: „Regensburg liegt gar schön“

für einen der gewaltigsten Briefwechsel der Neuzeit war. Normalerweise musste nämlich der Empfänger das Porto bezahlen.
Niemand in Regensburg erkannte den so oft beschriebenen Jupiterkopf, nur ein Angestellter der Montagschen Verlagsbuchhandlung, was Goethe zu sofortiger Flucht veranlasste. „Ich muß nun machen, dass ich wegkomme!“, schrieb er am 5. September in sein Tagebuch:

„Ein Ladenbedienter, aus der Montagischen Buchhandlung, hat mich erkannt … Ich habe es ihm aber grade ins Gesicht, mit der größten Gelassenheit, geläugnet, dass ich's sey." Die renommierte Regensburger Buchhandlung befand sich damals im Erdgeschoß des Rathauses und bot bereits 1760 seinen Kunden einen Bücherkatalog an, der 5445 Titel umfasste.
Der spätere Bischof Wittmann (1760–1833) war davon überzeugt, dass keine Stadt außer Regensburg „so viel literarisches Publikum vom erwachsenen Alter" in seinen Mauern beherberge und der Apothekergehilfe Ernst Wilhelm Martius, der ein Gründungsmitglied der Botanischen Gesellschaft war, erinnerte sich später, dass die Liebe zu seiner Wissenschaft „in der angenehmen Umgebung einer literarisch gebildeten und geistig aufgeregten Stadt neue Nahrung" erhielt. Auch die Publizistik in Regensburg war außerordentlich lebhaft. Die hier gedruckten Reichstagszeitungen hatten europäisches Format und fanden weite Verbreitung.
Von vielen Literaten wird die aufgeklärte Atmosphäre der Stadt und die Offenheit den unterschiedlichsten politischen Gesinnungen gegenüber gepriesen. Der radikale Aufklärer und Gründer des Illuminatenordens Johann Adam Weißhaupt, vom bayerischen Kurfürsten Karl Theodor verbissen verfolgt, fand nicht von ungefähr gerade Unterschlupf in der Reichsstadt. Auf der anderen Seite gab es auch viele kritische Stimmen über den Sitz des Immerwährenden Reichstags, so schrieb Johann Pezzl 1784: „Der Ort ist bekanntlich eine Reichsstadt, folglich hat die Spießbürgerlichkeit da wie in den meisten Reichsstädten große Souveränitätsrechte."
„Zur Steinernen Brücke herein: Dem 4. September per posta, Herr Möller, Passagier von Leipzig log. in weissen Lamm u.s.w.", weiß das „Regensburger Diarium" vom 12. September 1786 zu berichten. Herr Möller, alias Goethe, gab sich als Kaufmann aus, später in Rom, wo er unter demselben Namen lebte, als Maler, ein Beruf, den er auch gerne ergriffen hätte, wenn sein Talent ihm nicht einen anderen Weg gewiesen hätte.
Der Gasthof „Zum weißen Lamm" gehörte in der Zeit um 1800 zu den vornehmsten Regensburger Etablissements, zumal das „Goldene Kreuz" am Haidplatz zu jener Zeit von Gesandtschaften belegt war. Im „Weißen Lamm" stiegen Adelige und wohlhabende Kaufleute ab, im Gegensatz zu Unterkünften wie dem „Blauen Hecht" oder dem „Grünen Kranz", die bevorzugt von Handwerkern aufgesucht wurden. Das „Weiße Lamm" konnte zehn große und sieben kleine Zimmer vorweisen, Stallungen für 36 Pferde, einen Speisesalon und mehrere Trinkstuben sowie „ein Abort samt Dungstätte".
Die Unterkunft lag direkt zu Füßen der Steinernen Brücke, sozusagen am wichtigsten Regensburger Verkehrsknotenpunkt, denn hier kreuzten sich die wichtigsten Ein- und Ausfallstraßen und die sogenannten Ordinari-Schiffe, die wöchentlich nach Wien fuhren, legten hier ab. 1790 übernachtete Mozart, unterwegs zur Krönung Kaiser Leopolds II. nach Frankfurt, ebenfalls im „Weißen Lamm" und vier Jahre später nahm Joseph Haydn, der sich auf einer Reise nach London befand, ebenfalls hier Aufenthalt. Im Gegensatz zu Goethe lobte Mozart ausdrücklich die Regensburger Gastlichkeit und schrieb an sein „liebstes, bestes Herzensweibchen": „In Regensburg speisten wir prächtig zu Mittag, hatten eine göttliche Tafel-Musick, eine Englische Bewirthung und einen herrlichen Mosler-Wein".
Von Goethe wissen wir nur, dass er einem alten Weibe, das ihm am Wasser begegnete ein paar Birnen abkaufte, die er „publice" verzehrte. Wieder macht sich Goethes Italiensehnsucht bemerkbar, wenn er in diesem Zusammenhang schreibt: „Nun gebe Gott bald Trauben und Feigen." Als es dann endlich von italienischer Sonne gereifte Obst auf dem Markt von Bozen gab, erinnerte sich

Goethe an einen Reim, den er am Fenster seines Regensburger Gasthauses gelesen hatte:

Comme les pěches et les melons
Sont pour la bouche d'un baron
Ainsi les verges et les bâtons
Sont pour les fous, dit Salomon.

Wie die Pfirische und die Melonen
für den Gaumen eines Barons sind,
so sind die Ruten und der Stock
für die Narren, sagt Salomon.

Dass Goethe incognito durch das Brücktor einreiste, hing damit zusammen, dass seine Abreise aus Karlsbad, wo er seinen Dienstherrn den Herzog Carl August und seine Geliebte Charlotte von Stein am Morgen nach seinem eigenen Geburtstagsfest zurückließ, einer Flucht gleichkam. Goethe floh vor den einengenden Dienstver-

Das Gasthaus „Zum weißen Lamm"

Ein Tafel erinnert an den prominenten Gast

pflichtungen in der Kleinstadt Weimar ebenso wie vor der etwas mütterlich-strengen Liebe der wesentlich älteren Frau von Stein, die ihm den Jupiterkopf mehrfach zurechtgesetzt hatte um aus dem stürmisch drängenden Jüngling einen passablen Kavalier zu machen.

Italien hieß das Ziel seiner Sehnsucht und dorthin wollte er so schnell wie möglich gelangen. Eine Reise nach Italien gehörte im 18. Jahrhundert zum Pflichtprogramm jedes gebildeten Europäers. Auf Goethe hatten die Schriften Winckelmanns einen tiefen Eindruck gemacht, dessen an der italienischen Antike gebildeten Ideal von „edler Einfalt und stiller Größe" ihm sein Lehrer Adam Friedrich Oeser in Leipzig nahe gebracht hatte. Der Anblick der Originale wird Goethe begeistern, besonders formen wird ihn aber das ungezwungene Leben in dem deutschen Künstlerkreis in Rom, dessen Charme sich Jahre später auch der bayerische Kronprinz Ludwig nicht entziehen kann. Seiner Frau Christiane wird er noch 1816 versichern: „Ja, ich kann sagen, dass ich nur in Rom empfunden habe, was eigentlich ein Mensch sei."

Aber der Weg nach Italien ist beschwerlich. In der Früh um drei Uhr stiehlt sich Goethe aus Karlsbad fort und erreicht um Zwölf Eger, eine Stadt, die er später als alter Herr noch oft besuchen wird. Dort lebten der Polizeirat Joseph Sebastian Grüner und der ehemalige Scharfrichter Karl Huss, mit denen er die geologisch interessante Umgebung erforschen wird.
Das erste was ihm in Bayern auffällt ist das Stift Waldsassen – „köstliche Besitzthümer der geistlichen Herren, die früher als andere Menschen klug waren.“ Über Tirschenreuth geht weiter: „Vor gedachtem Ort beginnt die treffliche Chaussee von Granitsand; es lässt sich keine vollkommenere denken; denn da der aufgelöste Granit aus Kiesel und Thonerde besteht, so gibt das zugleich einen festen Grund, und ein schönes Bindungsmittel, die Straße glatt wie eine Tenne zu machen.“ Kein zweiter Dichter hat jemals mit soviel Liebe und Ausdauer die Beschaffenheit von Chausseestraßen beschrieben wie Goethe. 39 Stunden brauchte er für die Fahrt von Karlsbad nach Regensburg. Das Reisen in den Postkutschen war unglaublich unbequem und, wie man aus Zedlers Universallexikon aus der Mitte des 18. Jahrhunderts erfahren kann, auch nicht ungefährlich: „Wenn du durch Wälder passierest, so schlaff nicht, und sonderlich bey Nacht, weil du nicht allein von den Aesten der Bäume leichtlich ein Unglück bekommen kannst, … sondern es finden sich auch böse Buben, die den Passagieren auflauern.“
Aber Goethe scheint die lange Fahrt nicht viel ausgemacht zu haben, denn – kaum in Regensburg angekommen – verfügte sich in das Jesuitenkolleg, wo er das Ende des Singspiels und den Anfang des Theaterstückes durchaus mit Vergnügen anschaute. Der wortgewaltige Dichter war wohl nicht wenig erheitert durch die schlichten Reime mit denen am Ende des Singspiels „Der lieblose Knecht“ der Herr an seinem Untergebenen Rache nimmt:

Aus meinem Angesichte!
Nichts wird mich mehr erweichen
Fort mit dem Bösewichte!
Fort werfet ihn hinein
In eben jenes Kellerloch, wo Siwald war.
Dort stirbst du ab. Es sey dann,
du bezahlst mich baar.

Die Aufführungen der Jesuiten – ursprünglich als Propaganda-Instrument der Gegenreformation ersonnen – hatten eine ungebrochene Tradition. Zur Ausbildung der Schüler gehörte das Schauspiel, neben den wissenschaftlichen Fächern, weil man der Meinung war, dass die gesamte Dichtkunst ohne Theater nicht existieren könne. Nach der vom Papst verfügten Auflösung des Jesuitenordens im Jahr 1773 betrieben die Ex-Patres in Regensburg das Schauspiel weiter, im Gegensatz zu den bayerischen Schulen, an denen unter Kurfürst Karl Theodor die Theateraufführungen der Jesuiten verboten wurden. Meist wurden die Stücke, vom jeweiligen Rethorikprofessor verfasst, am Ende des Schuljahres aufgeführt. Der Eintritt war frei, jedoch musste jeder Zuschauer einen eigenen Stuhl mitbringen.
Erst seit 1774 führten die Schüler Stücke in deutscher Sprache auf und in der Aufklärung hatte sich der Inhalt der Stücke von geistlich-religiösen Motiven hin zu Charakterkomödien und bürgerlichen Trauerspielen verändert.
Natürlich waren die Schülervorführungen in Regensburg nicht die einzige Möglichkeit in den Genuss von Theater zu kommen. Zu den Pflichten des Prinzipalkommissars, damals also des Fürsten von Thurn und Taxis, gehörte es auch für die Zerstreuung seiner Gesandten zu sorgen. Das fürstliche Hoftheater befand sich damals allerdings in einer Krise. Der Fürst war eigentlich ein Freund der italienischen Oper, trotzdem wurde 1777 das deutsche Schauspiel nach dem Vorbild des Nationaltheaters in Wien eingeführt. Dass der damalige für das fürstliche

Theater zuständige Geheimrat von Berberich nicht der findigste Kopf war, geht daraus hervor, dass er ein ihm exklusiv angebotenes, allerdings etwas sehr gewagtes Schauspiel, nicht uraufführte. Es handelte sich dabei um Schillers „Räuber“, die dann erst 1783 in Mannheim gezeigt werden durften.
1786, also in dem Jahr, in dem Goethe in Regensburg weilte, hatte man endlich einen neuen Intendanten gefunden, nämlich Emanuel Schikaneder. In den Sommermonaten hatten die Gesandten allerdings sitzungsfrei und deshalb fanden in dieser Zeit keine Theateraufführungen statt.
Als Herr Möller aus Leipzig hätte Goethe ohnehin nicht die nötige Reputation gehabt, die für den Erwerb einer Theaterkarte unerlässlich war. Als Herr von Goethe allerdings wäre ihm wohl eine der beiden Logen rechts und links der Fürstenloge angeboten worden, die man für prominente, durchreisende Besucher reservierte.
Das Sommerloch in Regensburg durch die Abwesenheit der Gesandten, stellte für Schikaneder ein großes finanzielles Problem dar. Um diesem abzuhelfen, institutionalisierte er die auch heute noch so beliebten Freilichtaufführungen, in deren Programm 1788 das vom Intendanten selbst verfasste Stück „Hanns Dollinger von Regensburg“ aufgeführt wurde, mit Schikaneder in der Hauptrolle und dem Bassisten Gerl als Krako, der später den Sarastro bei der Uraufführung der Zauberflöte spielte. Goethe selbst hat es übrigens sein ganzes Leben lang bedauert, dass keines seiner Stücke vertont worden ist.
Was Goethe am äußeren Erscheinungsbild Regensburgs auffällt sind die vielen Kirchen. In der Tat war Regensburg innerhalb der deutschen Städte ein konfessionelles Kuriosum. Die Reichsstadt war evangelisch und als Bürger musste man evangelisch getauft worden sein, aber ca. zwei Drittel der Bevölkerung gehörten dem katholischen Glauben an.
Wieder ist es die Jesuitenkirche, die Goethes Aufmerksamkeit erregt. Im Jahre 1588 waren die Jesuiten in das vormalige adelige Damenstift Mittelmünster mit seiner dem heiligen Paul geweihten Kirche, gegen den entschiedenen Protest der Freien Reichsstadt, eingezogen. Der Kirchenraum war um 1715 neu gestaltet worden und die tonnengewölbte Decke, auf die sich Goethes Beschreibungen wohl beziehen, war von Cosmas Damian Asam freskiert worden. Die Dekoration in Gold und Silber, den Prunk und die Pracht erkennt er als den Genius des katholischen Gottesdienstes. Leider wurde die Kirche am 23. April 1809 in der Schlacht zwischen den Österreichern und Napoleon völlig zerstört.
Es scheint als ob der protestantisch-pietistisch geprägte Goethe, wohl auch in Hinblick auf Italien, die Erscheinungsformen der katholischen Kirche wie ein exotisches Phänomen begierig in sich aufnahm. Über den Dom, der doch seinem geliebten Straßburger Münster so ähnlich ist, verliert er leider kein Wort. In Italien wird sich Goethes Verhältnis zur christlichen Kunst wandeln. Über die immer das Extreme und Übersinnliche darstellenden Motive urteilt er: „Man ist immer auf der Anatomie, dem Rabenstein, dem Schindanger, immer Leiden der Helden, nie Handlung. Nie ein gegenwärtiges Interesse, immer etwas phantastisch Erwartetes. Entweder Missetäter oder Verzückte, Verbrecher oder Narren … Da ist nichts, was nur einen Menschenbegriff gäbe.“ Die einzigen Künstler, die er bestehen lässt, und da ist er mit seiner Zeit wieder völlig konform, sind Raphael und Michelangelo. Insofern beinhalten Goethes Äußerungen über die Jesuitenkirche in Regensburg eine der originellsten Einschätzungen barocker Kunst inmitten des klassizistischen Zeitgeschmacks.
Im Großen und Ganzen scheint Goethe einen positiven Eindruck von Regensburg empfangen zu haben. Die Donau erinnert ihn an den „alten Main“, wo sich Fluss

und Brücke aber besser präsentieren, „hier sieht aber das gegenüberliegende Stadt am Hof recht artig aus." Vom Fluss aus fertigt er auch die Zeichnung der Stadt an, ungefähr von der Stelle wo sich heute die Eiserne Brücke befindet, stromabwärts. Eine ungewöhnliche Ansicht, die ganz atypisch die landschaftliche Umgebung Regensburgs zeigt und nicht die spätestens seit Merian charakteristische Stadtsilhouette mit der Steinernen Brücke im Vordergrund. „Regensburg liegt gar schön", sagt dann auch der Dichter ohne sich über die von uns heute so geschätzte Altstadt zu verbreiten.
Das tat Philip Ludwig Röder, der drei Jahre später schrieb: „Der äußere und innere Anblick der schwarzen rauchigen Reichsstadt Regensburg ist sich vollkommen gleich. Außen zeigen sich die dicht zusammen gereihte Häusermasse, die viele ungestaltete, gothische, geschmacklose Thürme und Kirchen, und innen enge finstere stinkende Gassen, hohe unregelmäßige beräucherte Häuser und wenige Menschen."
Lange Zeit sollte noch vergehen bevor Sir Norman Foster den nächsten marketing-verdächtigen Satz über Regensburg sprechen sollte: „One of the most beautiful cities of the world. It's amazing!"
Goethe schreibt nicht, dass er die Stadt als bedrückend empfunden habe. Er schreibt auch nicht, dass er am zweiten Tag seines Aufenthalts über den Neupfarrplatz schritt um den Superintendenten Jakob Christian Schäffer und dessen berühmtes Naturalienkabinett aufzusuchen. Das wissen wir nur aus Schäffers Gästebuch, in welchem der Besuch eines gewissen Joh. Philipp Moeller aus Leipzig vermerkt ist. In Goethes gewissenhaft geführten Ausgabenbuch findet sich schließlich der Eintrag, dass er für das „Schäfrisch Cabinet" einen Gulden Eintrittsgeld bezahlte, ein teures Vergnügen, entspricht diese Summe doch 30 DM im Verhältnis zur heutigen Kaufkraft. Vielleicht hat Goethe sich Schäffer gegenüber zu erkennen gegeben. Schließlich hatte er sich damals bereits als Naturforscher einen Namen gemacht und mit der Entdeckung des Zwischenkieferknochens seine weitreichendste Entdeckung auf diesem Gebiet veröffentlicht. Der evangelische Geistliche war ein Mann mit großer wissenschaftlicher Reputation, Mitglied der bayerischen Akademie der Wissenschaften und vieler ausländischer gelehrter Gesellschaften.
Das Schäffersche Naturalienkabinett enthielt eine stattliche Sammlung von Vögeln, Insekten, Pflanzen und Mineralien und war als Sehenswürdigkeit weit über die Grenzen Regensburgs bekannt. Schäffer verfertigte über seine botanischen Forschungen hinaus auch technische Geräte wie zum Beispiel eine Waschmaschine und machte richtungsweisende Versuche Papier aus Pflanzenfasern herzustellen.
Vielleicht haben die beiden Universalgelehrten und Erfinder sich auch über ein Experiment unterhalten, dass in diesen Tagen in Augsburg stattfand. Der in Thurn und Taxischen Diensten stehende Freiherr von Lütgendorf versuchte nämlich vergeblich einen bemannten Ballonflug durchzuführen. Er tat dies in Augsburg, weil er den Regensburger Handwerkern misstraute. Durch geschickte Öffentlichkeitsarbeit gelang es ihm schon vor dem Start die größte Aufmerksamkeit auf sich zu ziehen, was allerdings die Enttäuschung der Zuschauer nur noch vergrößerte als sich der aus rotem und weißen Taft hergestellte Ballon auch nach mehreren Versuchen nicht vom Boden rührte. Auch Goethe hatte sich in den Jahren zuvor intensiv mit der Verbrennung von Gasen beschäftigt. Als er später eine Gliederung für seine autobiographischen Studien verfasste, notierte er: „... Die Luftballone werden entdeckt. – Wie nah ich dieser Entdeckung gewesen. – Einiger Verdruss, es nicht selbst entdeckt zu haben." Der erste Ballonflug mit menschlicher Besatzung hatte 1783 in

Frankreich stattgefunden und in ganz Europa ein Ballon-Fieber ausgelöst.
Übrigens war einer der wichtigsten Anreger für Goethes naturwissenschaftliche Studien der damalige Erfurter Statthalter des Mainzer Erzstiftes, der Reichsfreiherr Carl von Dalberg, der ein eigenes chemisches Laboratorium besaß und den Goethe in Weimar zeitweilig täglich traf. „Bei aller wissenschaftlichen Arbeit bin ich ihm viel schuldig geworden, weil er das mir eigentümliche Hinstarren auf die Natur zu bewegen, zu beleben wusste," lobte Goethe den späteren Fürstprimas, der 1806, in seiner kurzen Regierungszeit in Regensburg, eine naturwissenschaftliche Akademie gründete, die ihren Sitz in dem Gartencasino des Grafen Sternberg hatte.
Obwohl der von Goethe 1786 aufgesuchte Schäffer schon 1790 starb, gilt er doch als einer der Gründerväter der Botanischen Gesellschaft in Regensburg. Einer der berühmtesten Mitglieder dieser Gesellschaft war der oben erwähnte Graf Kaspar Maria von Sternberg, den Goethe 1822 in Marienbad kennenlernte und mit dem ihn eine tiefe Freundschaft verbinden sollte, die bis zu seinem Tode dauerte. Zu dem Zeitpunkt von Goethes Besuch in Regensburg hatte sich der Graf allerdings noch nicht mit botanischen Fragen beschäftigt, sieht man davon ab, dass er gerade die Stelle für Forstangelegenheiten beim Domkapitel angenommen hatte, in das er ein Jahr zuvor eingetreten war. Sternberg hatte in seiner Studiumszeit am Collegium Germanicum in Rom die „Leiden des jungen Werther" heimlich und unter Tränen verschlungen und hatte seine Stelle als Geistlicher nicht gerade mit innerer Überzeugung angetreten.
Aus dem gleichen Diarium, das uns Goethes Ankunft in Regensburg vermeldet, geht hervor, dass Graf Sternberg am 30. August die Stadt durch eben jenes Steinerne Brücktor verlassen „per Posta" verlassen hatte. Jahre später trug Sternberg, der Gründer des Prager Nationalmuseums, allerdings zu einer weiteren Verbindung Goethes mit Regensburg bei, als er ihn zum Ehrenmitglied der Botanischen Gesellschaft vorschlug. Diese Ehre galt dem „geistreichen Begründer der Metamorphose der Pflanzen dem scharfsinnigen Vertrauten der Natur in ihren räthselhaften Gestaltungen, den bescheidenen Kranz der Blumengöttin huldigend darzureichen und in den Chor der Bewundernden, Dankenden und Verehrenden einzustimmen.", wie es in einem Brief der Gesellschaft an Goethe heißt.
Ein weiteres Mitglied dieser Botanischen Gesellschaft, das allerdings erst 1794 geboren wurde, stand später in regelmäßigem Kontakt mit Goethe. Es handelt sich um Karl Friedrich Philipp von Martius, dessen Vater ein Mitbegründer der Gesellschaft war. Seine Forschungsergebnisse, die er von der 1817 bis 1820 von Bayern und Österreich durchgeführten Brasilienexpedition mitbrachte, veranlassten wiederum den Grafen Sternberg einen internationalen Kongress der Naturforscher ins Leben zu rufen, um die preußischen und süddeutschen Forschungsergebnisse auf einen Nenner zu bringen. Dies war ein Plan, den Goethe mit Wohlwollen verfolgte, was aus den Briefen, die beide Männern wechselten, hervorgeht.
Die Beziehungen Goethes zu Regensburg waren also weitaus vielfältiger als es aus seinen wenigen Bemerkungen in der Italienischen Reise hervorgeht. Etwas länger als 24 Stunden hielt sich Goethe in der alten Reichsstadt auf bevor er Dachsranzen und Mantelsack packte, um sich wiederum per Post aus dem Peterstor in Richtung München zu begeben, eine Stadt, an die er nicht viele Worte verschwendete.
In der wirtschaftlich geschwächten Reichsstadt Regensburg ließ er immerhin für Frisör, Koffer, Quartiergeld, Postgebühr, Trinkgeld und dergleichen 17 Gulden und 39 Kreuzer zurück.

KONRAD MARIA FÄRBER

Der Sommer in Regensburg

Ein Dutzend „Events" mit knapp 800.000 Besuchern

Früher versank Regensburg im Sommer in einen tiefen Dornröschenschlaf – tote Hose war angesagt. Jetzt ist jede Menge los – was heute so viel wie „Events" heißt. Angefangen hat es mit der „Fiesta en Regensburg" am 4. Juni und zu Ende ging es in diesem Jahr mit dem Regensburger Kultursommer am 16. August – an jedem Wochenende war etwas geboten. In folgendem Beitrag lesen Sie, was Sie unter Umständen versäumt haben.

„Wenn es um Feste in der Altstadt geht, sind die Regensburger nicht zu bremsen", schrieb die Mittelbayerische Zeitung nach der „Fiesta espanol". Nicht zu bremsen sind sie vor allem nach einem ziemlich verregneten Frühjahr und einem eben erst überstandenen Pfingsthochwasser. Die Veranstalter, das Restaurant Orphée und die Galerie Hammer, hatten ihre „Fiesta" als kleines Kulturfest geplant. Man rechnete mit 2.000 Besuchern, im günstigsten Fall mit 5.000. Statt dessen kamen aber 30.000. Das hatte zur Folge, dass nicht alle am längsten Wirtshaustisch der Welt in der Unteren Bachgasse Platz fanden. (Kommt der eigentlich ins Guiness-Buch der Rekorde?) Aber wer keine Paella mehr ergatterte, war auch mit einer Pizza vom Haidplatz zufrieden. Höhepunkte der Fiesta waren die Flamenco-Messe, für die Zapf Sandner sogar den sonst streng unter Verschluss gehaltenen Domkreuzgang aufsperrte, und das Jungstiertreiben am Kohlenmarkt. Also öfter mal was Neues!
Am Wochenende darauf war ausnahmsweise kein Fest in der Altstadt. Der Grund: Europa-Wahl und Ratsbegehren. Die Veranstaltung, die den ganzen Sonntag über – es war ausgerechnet ein 13. – in 105 Wahllokalen stattfand, hatte insgesamt 45.000 Besucher. Auswärtige waren nicht dabei, weil an dem Ratsbegehren nur Regensburger Bürger teilnehmen durften. Abends um 22.15 Uhr stand folgendes fest: 76,2 Prozent aller abgegebenen und gültigen Stimmen waren dafür, dass in Regensburg

eine Stadthalle gebaut wird. 67,5 Prozent waren allerdings dagegen, dass sie am Donaumarkt gebaut wird. Wo sie statt dessen gebaut werden sollte, war leider nicht gefragt worden. Immerhin war das Ergebnis ein Grund zum Feiern. Die einen feierten die Europa-Wahl und die anderen den Donaumarkt.

Eine Woche später (18./19. Juni) ließ Bücher-Pustet zum drittenmal und seine damit schon traditionelle Buch-Kultur-Fete „Musik und Literatur" im Innenhof der Schnupftabakfabrik steigen. Kein Platz im Hinterhof war mehr, als der ostbayerische Bestseller-Autor Toni Lauerer („I glaub, i spinn") auftrat: „I bin halt do und soll an wenig a Gaudi machen." Mal sehen, ob die Schnupftabakfabrik im nächsten Jahr noch frei ist. Besucherzahl: 1.700.

Am darauf folgenden Sonntag (20. Juni) war Regensburg dann das Ziel von 5.000 Wallfahrern aus den Diözesen München-Freising, Augsburg, Passau und Regensburg. Sie pilgerten alle zum „Taufbecken des Bayernlandes", womit Kardinal Wetter die Alte Kapelle meinte. Es war jedenfalls der längste Tag des Jahres, denn die Sonne ging schon um 5.08 Uhr auf und erst um 21.20 Uhr wieder unter. Am Montag war Johanni und damit wurde der Verkauf des Abensberger Spargels und auch des Schrobenhauseners in Regensburg eingestellt.

Am nächsten Samstag (26. Juni) waren die Regensburger Punks angesagt. Der Stadtjugendring und die DGB-Jugend hatten zum Jahninselfest gerufen und etwa 2.000 kamen. „Punk's not dead" orakelte die MZ. Einziger Minuspunkt: Um 22.00 Uhr mussten die Lautsprecher ausgeschaltet werden. Es war aber trotzdem ganz schön laut.

Wieder war gerade mal eine Woche vergangen, als die Brauerei Bischofshof zu ihrer 850-Jahrfeier einlud (2.–4. Juli). Und wie es sich für eine anständige Brauerei gehört, brachte sie zu diesem Anlass auch Freibier mit – insgesamt acht 50-Liter-Banzen – was sich bei 28 Grad

Der Auftakt zum Sommer in Regensburg: „Fiesta espanol"

Hitze auch notwendig erweisen sollte. Es gab ferner einen Festabend mit dem nach Eggenfelden ausgewanderten Ex-Turmtheater-Direktor Peter Nüesch und einen Festzug mit 800 Teilnehmern, darunter 13 Trachtenvereine und 40 Frauen und Mädchen aus Passau, die allesamt goldene Hauben trugen. Die Besucherzahl lag bei schätzungsweise 2.652, Bischof Manfred und Wirtschaftsminister Wiesheu eingerechnet.
Und während die Bischofshof'ner im Stadtwesten schwitzend ihr Jubiläum feierten, wurde im Stadtosten das Villapark-Festival zum wiederholten Male im gleichnamigen Park gegeben. Es handelt sich hierbei um eine der ältesten Regensburger Freiluft-, bzw. Open-Air-Veranstaltungen, sofern man von den Museumsserenaden absehen will. Open-Air bedeutet hierzulande freilich mitunter Regenschirm und Anorak. Diesmal war's umgekehrt, d.h. es war so heiß, dass es den Veranstaltern schon fast zu heiß wurde. Die italienischen Hitzegrade dämpften nämlich – zumindest tagsüber – etwas die Stimmung. Günter Schließl erklärte das diesjährige Villapark-Festival kurzerhand zum heißesten seit Bestehen. Er muss es wohl wissen, denn er hat es vor vielen Jahren selbst gegründet. Besucher: 2.000.
Und während Jochen Distelmeyers „Tausend Tränen…" im Villapark trockneten, rüsteten schon die Jazzer zum 18. Bayerischen Jazz-Weekend (9.–11. Juli). Aber so heiß und trocken es eine Woche zuvor war, so kühl und regnerisch war es diesmal. Am Freitagabend pritschelte es den Jazzern so arg hinein, dass Richard Wiedamann abbrechen lassen musste. Am Haidplatz war trotz des überdachten Podiums ein Saxophon voll Wasser gelaufen. Am Samstag wurde es vorübergehend etwas besser, am Sonntag dafür wieder etwas schlechter. Insgesamt spielten 500 Musiker und 100 Bands an zehn verschiedenen Orten, wovon zwei trocken und acht feucht bis nass waren. Dass trotz des schlechten Wetters rund 50.000 Besucher kamen, grenzt fast an ein Wunder. Aber ein echter Jazzer ist eben von einer ganz besonderen Sorte.
Am nun folgenden Wochenende (16.–18.Juli) war die Altstadt wegen Bürgerfest geschlossen. Sogar die Maxstraße war ab der Hälfte gesperrt, und die stadteinwärts ziehenden Autos mussten vor einer Barriere rechts in die Königstraße abbiegen. Es war seit der Gründung im Jahr 1973 das 13. Bürgerfest, und OB Schaidinger erklärte, nachdem bei der Eröffnung am Domplatz die letzte dunkle Wolke verschwunden war, die 13 zur Glückszahl – und das trotz seiner Erfahrungen vom 13. Juni. Optimist muss man eben sein. Dafür überreichte ihm Bürgerfestmacher Peter Kittel den Bürgerfest-Maßkrug Nr. 0001, und kurz darauf ließ Stefanie Bauer zum erstenmal den eigens zum Bürgerfest getexteten und komponierten Bürgerfest-Song erklingen: „Regensburg lädt alle ein…". Ob der Song einmal so populär werden wird wie „Als wir jüngst in Regensburg waren" wird sich noch weisen.
Das 13. Bürgerfest hatte so manches Neue gebracht: Mit am schönsten war es in der Jakobstraße, bzw. vor dem eingerüsteten Schottenportal: Die Mitglieder des Nürnberger Vereins „Löwenlanze" aßen aus irdenen Töpfen, tranken aus steinernen Krügen und webten eiserne Kettenhemden. Und während die Männer beim Würfelspiel saßen oder ihre Schwerter klirren ließen, hockten die Frauen am Spinnrad oder waren mit der Herstellung von selbstgebackenen Fladenbrot beschäftigt. Grad schön war's. Dazwischen Hühner, Ziegen und Schafe – eben „Mittelalter live".
Einer der Höhepunkte des Bürgerfestes war aber zweifellos das Strudel-Rennen vor zehntausenden an den Donauufern versammelten Zuschauern. Die Donau führte noch Hochwasser, und das machte die Sache doch etwas schwieriger, als mancher gehofft hatt. Etlichen der Boote, darunter die „Arche Noah", „Robinson

„Giga-In": das Feuerwerk beim Bürgerfest 1999 in Regensburg

Cruose“ und der von drei Stammtischbrüdern gesteuerte „Dursti“ erging es so, wie es im Lied vom großen Donau-Nix heißt – sie fuhren mit ihm auf des Strudels Grund. Um ein Haar hätte auch das Polizeiboot des bayerischen Kultusministers Hans Zehetmair dran glauben müssen. Es konnte wegen der reißenden Strömung nicht anlegen und der Minister daher nicht an Bord gehen. Wenigstens blieben die bayerischen und schwäbischen Dirndln verschont – jucheirassa.

Ein Jucheirassa erscholl auch für die MZ-Piratenente, die unter ihrem Kapitän Gerd Otto in rasender Fahrt an der Wurstkuchl vorbeischoss, sich erfolgreich gegen neun Konkurrenten durchsetzte und damit den ersten Preis gewann. Zweiter wurde die „Ratisbona“ der CSU-Fraktionsvorsitzenden Vanino und Eberwein, die ebenfalls schwer mit dem Nix zu kämpfen hatten. Das Boot war vermutlich zu rechtslastig – (Originalton: Zehetmair).

Zum Abschluss gab es ein Riesenfeuerwerk mit Musik, ein vorgezogenes Jahrtausendwende-Spektakel und ohne Zweifel das größte und längste Feuerwerk, das jemals in Regensburg abgeschossen wurde. Dafür dem Bürgerfestmacher, um im Tonfall seines Stadtmagazins zu sprechen, ein klares und deutliches „Giga-in“. Besucherzahl: 600.000

Ein Wochenende später kam das nächste Fest – das „Fest am Fluss“, das nach seinem Erfinder, dem Caspers Klaus, eigentlich „Festl am Fluss“ heißen müsste. Und wenn es auch ein Fluss-Fest war – so nass wie es am Eröffnungsabend (23. Juli) war, hätte es nicht unbedingt sein müssen. Der Stimmung tat dies trotzdem keinen Abbruch, vor allem als Gerhard Polt mit den „Mehlprimeln“ in der Schiffsarena seinen Teil dazu beitrug. Um so schöner war es dann am folgenden Samstag und Sonntag: Die Besucher frühstückten auf den Donauwiesen, die Bratwürstl, nach altem reichsstädtischen Rezept vom Metzgermeiser Hans Dolmann zubereitet, bruzzelten vor sich hin, die Kinder badeten, die Erwachsenen nicht – bis auf die tapferen Teilnehmer des „Volksschwumms“ – weil die Donau halt doch noch recht frisch war. Und wenn man dann in Aki Schindlers Donau-Heurigen saß und die Kaiser-Jazzer oder das Grammophon-Orchester herüber klingen hörte, dann wusste man, dass sich die Regensburger ihre Donau zurückerobert hatten. Frei geschätzte Besucherzahl: 30.000.

Ähnlich wie zunächst die Fluss-Festler waren auch die Veranstalter des Regensburger Kultursommers von anfänglichem Wetterpech verfolgt. Hoffen und Bangen am Eröffnungsabend bis zuletzt. Die Zuschauertribüne am Haidplatz war voll besetzt, und Regensburgs neuer Kultusminister Klemens Unger erwies sich als optimistischer Wetterfrosch: „Ihr werdt's sehn – es reißt auf.“ Aber kurz bevor die Musiker des Philharmonischen Orchesters mit der Ouvertüre von Mozarts „Don Giovanni“ begannen, spannten die Zuschauer die Regenschirme auf und der neue GMD Guido Rumstadt musste die Verlegung der Premiere ins Audimax bekanntgeben. Eine Oper open air ist halt nördlich der Alpen immer noch mit einem gewissen Risiko behaftet, und das Audimax nicht gerade die attraktivste Ausweichspielstätte.

Dafür am Samstagabend darauf: ein blauer Himmel mit ein paar rosa Altdorfer-Wölkchen über der Stadt – die eigentliche Eröffnungspremiere konnte über die Bühne gehen. Der Theatermacher Georg Greiwe hatte sie mit sicherem Griff wirkungsvoll vor die Kulisse der Neuen Waag gebaut und seine Inszenierung war mit einer raffinierten Lichtregie für eine Freilicht-Aufführung genau richtig. Erstaunlich auch, wie er es immer wieder schafft, aus aller Herren Länder hochbegabte junge Sänger zu engagieren. Auch die übrigen Veranstaltungen waren hervorragend. Besucherbilanz: 18.000.

Schade war nur, dass der geplante „Eingebildete Kranke“ entfallen musste – ein Schauspiel, besser gesagt eine Ko-

Kultursommer mit Barbara Baier (Zerlina), Thomas de Vries (Don Giovanni) und Marcus Schmidl (Masetto)

mödie, hätte der Mischung gut getan. Eines steht jedenfalls fest: Der Regensburger Kultursommer hat sein Profil gefunden. Keine kracherte Gaudi-Veranstaltung, aber auch kein hochgestochenes Intellektuellen-Theater, kein Festival für die oberen Zehntausend, sondern ein Sommertheater für die kulturell interessierte bürgerliche Mittelschicht. Dem Ritter Dollinger hat jedenfalls keiner mehr nachgetrauert.

LUDWIG ZEHETNER

„Rengschbuacharisch“

Der Regensburger Stadtdialekt – wissenschaftlich unter die Lupe genommen

Regensburg hat viele Eigenheiten und auch seine ganz eigene Stadtmundart. Der echte Regensburger Dialekt wird aber nur innerhalb des Burgfriedens der ehemaligen Reichsstadt gesprochen, allenfalls noch im inneren Stadtwesten und in Kumpfmühl. Das behauptet zumindest der bayerische Dialektforscher Prof. Dr. Ludwig Zehetner. In dem folgenden Beitrag beschreibt er, warum das so ist und wie das zu erklären ist.

Bairisch ist sie zweifellos, die Sprache der ehemaligen Hauptstadt des Herzogtums Baiern. Aber die Klärung der Frage, welche Art von Bairisch in Regensburg gilt, ist gar nicht so einfach. Viel leichter lassen sich summarische Befunde über München, Passau, Nürnberg oder Wien treffen; denn diese Städte sind in ihr dialektgeographisches Umfeld eingebettet bzw. strahlen auf dieses aus und prägen es. Bei Regensburg liegt insofern ein komplizierterer Fall vor, als die Stadt in gewisser Weise eine Sprachinsel darstellt.

Es ist allgemein bekannt, dass der gesamtbairische Dialektraum Altbayern und fast ganz Österreich sowie Südtirol umfasst. Während die südliche Variante des Bairischen auf den Alpenraum beschränkt ist und in unserem Zusammenhang keine Rolle spielt, überschneiden sich die beiden anderen Ausprägungen, das Mittel- und das Nordbairische, in der Gegend von Regensburg.

Merkmale des Mittelbairischen

Es gilt als ein ganz wesentliches Kennzeichen des Mittelbairischen – das ist der Dialekt, der überwiegend in Ober- und Niederbayern gesprochen wird und der sich dann nach Osten hin in Österreich fortsetzt –, dass das *l* in bestimmten Stellungen seinen konsonantischen Charakter verliert und zu einem offenen *i* wird, das mit dem Vokal davor zu einem neuen Laut verschmelzen kann. Es handelt sich dabei um eine ganz wesentliche Neuerung der Mundarten im verkehrsoffenen Siedlungsraum entlang der Isar und Donau zwischen München und Wien. Beispielsweise: *òid, hòitn, Gèid/Göid/Gööd, vèi/vui/vüü, Hoiz, woin, i wèi/wui/wüü, Schuid, Gfèi/Gfui/Gfüü, Èi/Öö, Himme/-i, Kàiwe/-i* („alt, halten, Geld, viel, Holz, wollen, ich will, Schuld, Gefühl, Öl, Himmel, Kälbl(ein)"). Beim zweiten auffälligen Merkmal handelt es sich um die Bewahrung alter Lautstände bzw. um deren Weiterentwicklung. Die Zwielaute *ie, uo, üe* des Mittelhochdeutschen behalten nämlich ihren Charakter als fallende Diphthonge bei: *Briaf, wia, guad, huastn, fria, miad,* und altes *ei/ai* wird einheitlich zu *oa: oa Oa(r), zwoa Oa(r), broad, zoang* („Brief, wie, gut, husten, früh, müde; ein Ei, zwei Eier, breit, zeigen").

Dialektgeographisch betrachtet, befindet sich Regensburg außerhalb des Bereiches, für den diese Merkmale gelten. Die Hauptstadt der Oberpfalz ist umschlossen von nordbairischem Gebiet, genauer gesagt, es liegt inmitten des Keils der nord-mittelbairischen Mundarten, einer Stufenlandschaft, in der die mittelbairischen Lautungen allmählich von den nordbairischen abgelöst werden.

Merkmale des Nordbairischen

Das Nordbairische zeichnet sich aus durch die Bewahrung der konsonantischen Qualität des *l* in all den Stellungen, wo es im Mittelbairischen vokalisiert wird. Dabei nimmt der Laut eine eigentümlich „dicke", *u*- oder *ü*-haltige Artikulation an (hier mit dem Zeichen zum Ausdruck gebracht), so dass der Vokal davor verdunkelt erscheint oder gänzlich im silbentragenden dicken *l* verschwinden kann. Die heutige Erscheinungsform der alten Zwielaute *ie, uo, üe* sind steigende Diphthonge, wobei man den Eindruck hat, als seien ihre Bestandteile umgestürzt worden – daher die Bezeichnung „gestürzte Diphthonge" –, und altes *ei/ai* ist zu *oa* oder *òi* weiter entwickelt, je nachdem, ob eine Wortform ein- oder mehrsilbig ist. Zum Beispiel: *od, hòtn, Gèd/Göd, fu/fü/f, Hods/Huuds, won, i wü/w, Schud, Gfü/ Gf, Ö/ ü, Himm, Kàw; Brèif, wèi, Bloud, houstn, frèia, mèid; oa Oa, zwoa Òia, broad, zòing* („alt, halten, Geld, viel, Holz, wollen, ich will, Schuld, Gefühl, Öl, Himmel, Kälbl(ein); Brief, wie, Blut, husten, früher, müde; ein Ei, zwei Eier, breit, zeigen").

Umfangreiche Diphthongierungen sind ein weiteres Charakteristikum des Nordbairischen, so etwa die Verzwielautung sämtlicher alten Langvokale: neben *ô*, das auch im ländlichen Mittelbairisch als *ou* auftritt (*Broud, grouß*), auch *â, ê* und *æ*: *Stråuss, schlåuffa, Håua, Schnêi, wêi, bêis* („Brot, groß, Straße, schlafen, Haar(e), Schnee, weh, böse"), und in seiner nördlichsten Ausprägung sogar der erst später gelängten Vokale (*Iasl, Kian, Buan, Uafm* für „Esel, Kette, Boden, Ofen"). Besonders charakteristisch ist die diphthongische Form *niad* gegenüber mittelbairischem *ned* für „nicht".

Das Regensburger Umland

Mit Ausnahme der letztgenannten Diphthongierungen gelten die Merkmale des Nordbairischen – in unterschiedlicher Dichte – im Umland von Regensburg, so etwa in Kelheim, Hemau, Pielenhofen, Regenstauf, Wenzenbach, Wörth an der Donau, und auch südlich der Donau, etwa in Bad Abbach, Alteglofsheim, Barbing, Thalmassing, Aufhausen, Mintraching oder Pfatter. Wie zu erwarten, trifft man die nordbairischen Lautungen bei den dialektfesten älteren Einheimischen in stadtnahen Gemeinden wie Pentling, Sinzing, Nittendorf, Undorf,

Etterzhausen, Kneiting, Pettendorf, Lappersdorf, Zeitlarn, Tegernheim oder Donaustauf. Keine Ausnahme machen hier auch die 1924 eingemeindeten Ortschaften Winzer, Reinhausen, Steinweg, Sallern, Schwabelweis und Weichs. Selbst die ebenfalls erst 1924 zu Regensburg geschlagene ehemalige Kreisstadt Stadtamhof, nur durch den Fluss von der einstigen Reichsstadt getrennt und durch die Steinerne Brücke damit verbunden, gehört von Haus aus zum nordbairischen Dialektgebiet. Das gilt natürlich erst recht auch für Ziegetsdorf, Dechbetten und Großprüfening, die 1938 „regensburgisch" wurden.
Selbstverständlich treffen diese Feststellungen nur für die wirklich einheimische Bevölkerung zu. Es ist ja eine Tatsache, dass heutzutage in Großstadtnähe die bodenständigen Familien in der Minderzahl sind, weil das Gros der Bewohner erst später dort zugezogen ist. Für die jüngeren Stadtteile Regensburgs trifft dies ebenso zu wie für die Umlandgemeinden, insbesondere für Siedlungsbereiche wie beispielsweise Sallerner Berg, Großprüfening, Oberisling oder Burgweinting, für Hainsacker und den Hohen Sand in der Marktgemeinde Lappersdorf oder für Sinzing, Eilsbrunn und andere Gemeindeteile von Nittendorf.
Zudem ist im gesamten nordbairischen Gebiet, vor allem in seinen südlichen Regionen, zu beobachten, dass in den letzten paar Jahrzehnten die mittelbairischen Lautungen immer stärker an Boden gewinnen und die nordbairischen verdrängen, d. h. es findet ein sich schrittweise vollziehender Dialektwandel statt, wobei sich *ia, ua* immer mehr durchsetzen und das ursprüngliche *èi, ou* verdrängen. Begründet wird eine Aversion gegen das Oberpfälzische mit der angeblichen Hässlichkeit der gestürzten Diphthonge. Sie gelten als „unfein, geschert" und sind mit einem Ruch des Grobmundartlichen, des Ländlich-Hinterwäldlerischen behaftet. Gerade in Regensburg ist diese Ansicht sehr stark vertreten, und die Witze über die „bellenden Oberpfälzer" (*Wou? Wou?*) nehmen schon fast rassistische Züge an, wie Robert Hinderling befindet (a. a. O., S. 127).

Die Stadt Regensburg

Wir haben bisher den Stadtkern, die Altstadt von Regensburg, umkreist und festgestellt, dass rundherum von Haus aus nordbairische Lautmerkmale verbreitet sind: mit gestürzten Diphthongen und mit dem besonders charakteristischen und schwer zu verbergenden dicken *l*. Davon ausgenommen war und ist allerdings die alte Reichsstadt – das ist der Bereich innerhalb des Burgfriedens der mittelalterlichen Großstadt zwischen Prebrunn- und Ostentor, zwischen der Donau und der südlichen Befestigung entlang dem heutigen Alleengürtel – sowie die älteren Ausweitungen des Stadtkerns wie etwa das 1810/18 eingemeindete Kumpfmühl oder der innere Westen.
In Guido Hables Geschichte Regensburgs findet sich folgende knappe Zusammenfassung: *Die Mundart von Regensburg zeigt überwiegend mittelbairische Elemente,*

1	***Housdn***	Husten
2	***Kou***	Kuh
3	***Bou***	Bub
4	***dou***	tun
5	***Woud***	Wut
6	***Flouch***	Fluch
7	***Bloud***	Blut
8	***Schnoua***	Schnur
9	***Brouda***	Bruder
10	***Mouda***	Mutter
11	***goud***	gut
12	NW-Grenze von ***ou*** für mhd. ***uo***	
13	mittelbairische Sprachinsel Regensburg	

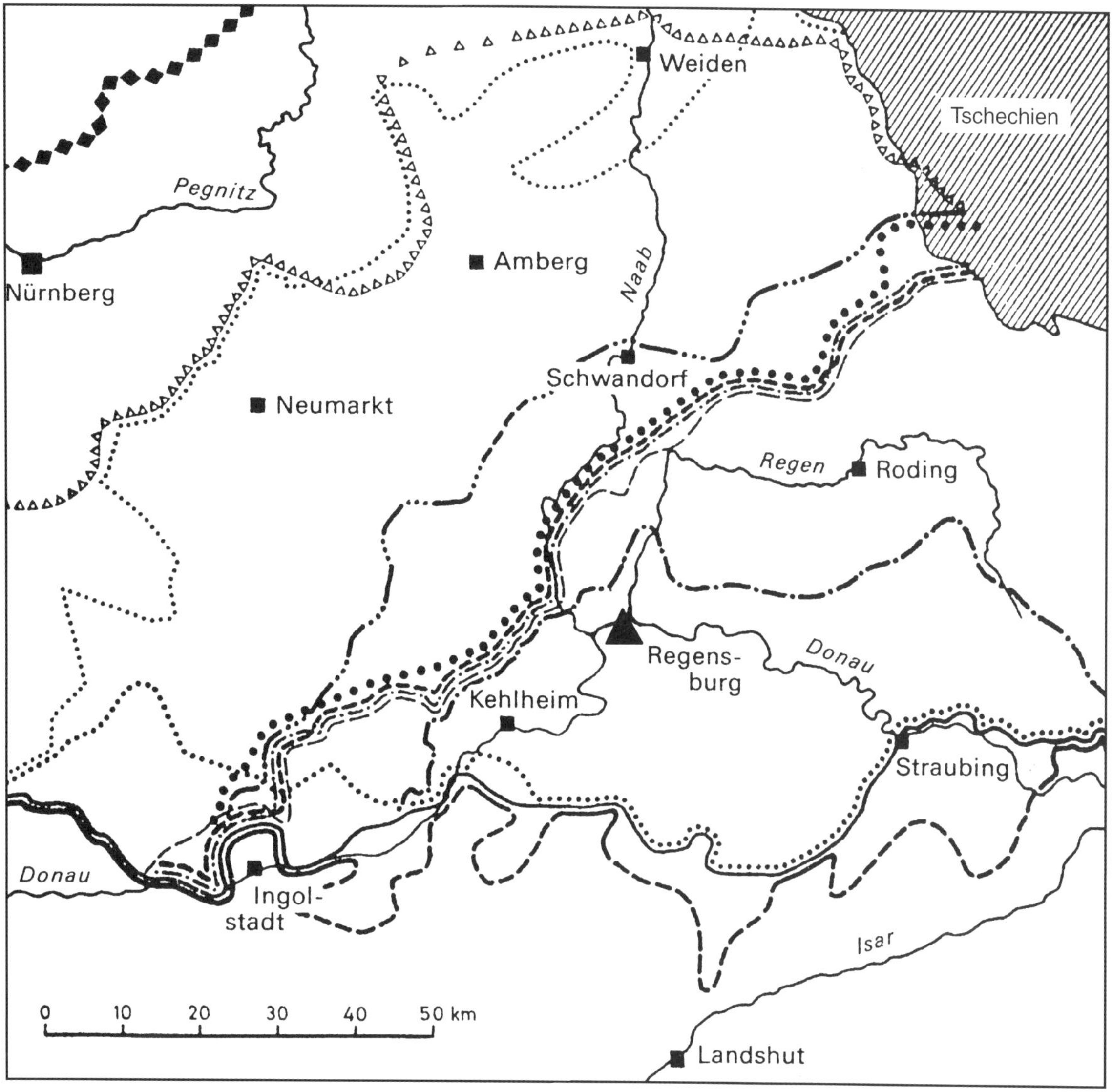

Der nordgauische Fächer: Die Linien 1-11 stellen die Südgrenze der nordbairischen Entsprechung für mhd. ***uo*** *dar; südlich davon gilt mittelbairisch* ***ua****. Die Linie 12 gibt die Nordwestgrenze der nordbairischen Lautung für mhd.* ***uo*** *an; nordwestlich davon gilt mitteldeutsch* ***uu****.*

obgleich in der Umgebung das Nordbairische gesprochen wird. Übernahme des Mittelbairischen (bereits im Mittelalter?) war bedingt durch den starken Zuzug aus mittelbairischen Sprachräumen, durch den Handel mit diesen Gebieten (Donauhandelsstraße) und die Absperrung der Stadt gegen oberpfälzische Territorien (a.a.O., S. 15). Diese Version wurde wortwörtlich in das später erschienene Bayerische Städtebuch übernommen (a.a.O., S. 579).

Historische Gründe

Ein Blick in die Geschichte der Stadt soll diesen Befund etwas vertiefen und ergänzende Gesichtspunkte einbringen. Bereits im 6. und 7. Jahrhundert war Regensburg Sitz eines agilolfingischen Herzogs, seit Anfang des 8. Jahrhunderts auch Bischofssitz. Von karolingischer Zeit an entwickelte es sich zur bedeutenden Handelsstadt am Kreuzungspunkt wichtiger Handelsstraßen, so dass es im 13. Jahrhundert zur volkreichsten und wohlhabendsten Stadt Süddeutschlands geworden war. 1250 erlangte Regensburg den Status einer Freien Reichsstadt und war damit unabhängig von seinem Umland, aber auch ausgegrenzt. Kaum ein Bürger verfügte über Landbesitz außerhalb des Burgfriedens. Ohne eigenes Land vor den Stadtmauern, rundum eingeschlossen von bairischem Territorium, war die Stadt vom Umland isoliert. Um so mehr wurden alte Handelsbeziehungen mit Partnern in weiterer Entfernung gepflegt. Die reiche, renommierte und attraktive Großstadt zog aus dem gesamten oberdeutschen Raum, insbesondere aus mittelbairisch geprägten Gebieten, zahlreiche Handwerker und Handelsleute an, die sich oft in Regensburg niederließen. Es ist anzunehmen, dass diese ihre Ehepartner teilweise aus der alten Heimat holten und dass sie ihre Kinder oft mit denen von auswärtigen Geschäftspartnern verehelichten. Kaum ein Bürger Regensburgs wird eine Frau aus dem armen ländlichen Nordgau genommen haben, und es war umgekehrt ebenso unerwünscht, dass die Tochter eines Regensburger Bürgers einen armen Oberpfälzer heiratete.

Als im 14. Jahrhundert andere süddeutsche Städte ihren Aufschwung nahmen – Augsburg und das nahe Nürnberg, donauaufwärts Ulm und donauabwärts Wien – erwies sich die Reichsunmittelbarkeit Regensburg als wirtschaftlich nachteilig. Mit dem Bekenntnis zur neuen Lehre Martin Luthers im Jahr 1542 stellte Regensburg als protestantische Reichsstadt inmitten des katholischen Herzogtums Baiern eine Kuriosität dar. Konfessionell und wirtschaftlich blieben die Regensburger nunmehr in verstärktem Umfang auf ihr Stadtgebiet beschränkt und somit von dem sie umgebenden bairischen Umland mit seinem nordbairischen Dialekt weitgehend abgekapselt.

Hinzu kam, dass im Zeitalter der Gegenreformation viele österreichische Protestanten, zumal aus dem Salzburgischen, die ihres Glaubens wegen die Heimat verlassen mussten, in der protestantischen Reichsstadt Regensburg Zuflucht suchten und fanden. Diese protestantischen Neubürger, die meistens relativ rasch in das bürgerliche Patriziat aufrückten, verstärkten die mittelbairische und österreichisch gefärbte Prägung der Regensburger Stadtsprache. Die protestantischen Bürgerfamilien Regensburg, die noch bis zum Beginn des 20. Jahrhunderts den Magistrat beherrschten und sozusagen Vorbildcharakter besaßen, bestimmten damit auch die Sprache der Stadt.

Nicht zuletzt hatte an dieser Entwicklung auch die Anwesenheit des seit 1663 in Regensburg tagenden Immerwährenden Reichstags mit dem im wahrsten Sinne des Wortes tonangebenden Gesandtschaftspersonal des Wiener Hofes einen wesentlichen Anteil. Und dann die Fürsten von Thurn und Taxis, gewissermaßen das letzte Überbleibsel des Immerwährenden Reichstags, die an ihrem Hof bis in die Zeit nach dem Zweiten Weltkrieg ebenfalls ein stark österreichisch anmutendes Salon-Bairisch pflegten, was wiederum auf die großbürgerliche Regensburger Gesellschaft abfärbte.

Die Industrialisierung des 19. und frühen 20. Jahrhunderts berührte Regensburg, im Gegensatz zu anderen großen Städten Bayerns, nur wenig. Ein nennenswerter Bevölkerungsschub aus dem Umland, der eine Veränderung der Stadtsprache bewirkt haben könnte, unterblieb daher.

Allenfalls das Dienstpersonal holte man sich von Stadtamhof jenseits der Steinernen Brücke oder aus den Bauerndörfern der Oberpfalz, die Regensburg an allen Seiten umschloss. Das Nordbairische, also gestürzte Diphthonge oder das dicke *l* zu verwenden, war daher stigmatisiert als Dialekt der Dienstboten vom Land. Davon hat sich die Herrschaft, haben sich die Angehörigen der bürgerlichen Patrizierfamilien bewusst distanziert. Sie pflegten mit Vorliebe – vielleicht aus einem gewissen reichsstädtischen Dünkel heraus – eine Art „Salonbairisch", wie es in München, Landshut oder Salzburg üblich war, eine Art Regensburger Honoratioren-Bairisch mit Merkmalen des Mittelbairischen. Das Oberpfälzische war als derbmundartlich verpönt.

Gerade dieser Gesichtspunkt scheint besonders bedeutsam zu sein dafür, dass sich der Dialekt der alteingesessenen „echten" Regensburger deutlich unterscheidet von dem der neueren Außenbezirke und des Umlandes, dass also das alte Regensburg so etwas wie eine Binnensprachinsel im oberpfälzisch-nordbairischen Gebiet darstellt.

Merkmale des Regensburger Dialekts

Vorrangig ist hier die Vermeidung der gestürzten Zwielaute zu nennen. Im Regensburger Dialekt heißt es: *Da Bua muaß huastn. Låss-ma-s schlåffa, sie sàn miad. Suachts ia de diaffe Gruam? Da Schnèè woa friaba/früaba meabra wia baid. Etz kummt a scheens Màdl, a liawa Briaf,* und nicht, wie sonst in der Oberpfalz: *Da Bou mou houstn. Låu-/Lèi-ma-s schlåuffa/schlåufm, sie sàn/bàn mèid. Souchts ees/deds/diats de/dia dèiffe/duiffe Groum? Da Schnêi woa frèias mêiara wèi beind. Èitz(ad) kimmt a schêins Mòidl, a lèiwa Brèif.* („Der Bub muss husten. Lassen wir sie schlafen, sie sind müde. Sucht ihr die tiefe Grube? Der Schnee war früher mehr(er) wie (= als) heute. Jetzt kommt ein schönes Mädchen, ein lieber Brief").

Die fürs Nordbairische typische Lautung *òi* für altes (alt- und mittelhochdeutsches) *ei* in mehrsilbigen Wörtern ist in Regensburg-Stadt ebenfalls nicht üblich. Es heißt also, wenn überhaupt eine dialektale Entsprechung für den Diphthong *ei/ai* gebraucht wird: *oa Oa, zwoa Oa(r), zoang, Loadda* („ein Ei, zwei Eier, zeigen, Leiter").

Wer als Ober- oder Niederbayer auf das Stadtregensburgische zugeht, registriert Lautungen, die er für oberpfälzisch hält. Tatsächlich gibt es Lautformen, die sich ganz oder teilweise mit dem oberpfälzischen Umland decken. Von den gestürzten Diphthongen allerdings finden sich in der Stadt kaum Spuren.

In in erster Linie ist das Fehlen der *l*-Vokalisierung zu nennen. Es heißt in Regensburg *Apfl, Newl, voll* und *Haid gehma-r auf d Duld, göll!* In München oder Freising werden die *l*-haltigen Wörter *Apfe, Newe, voi, Duid, gèi* („Apfel, Nebel, voll, Dult, gell") ausgesprochen. Konsonantisches *l* ist in Regensburg fest etabliert. Es zeigt zwar nicht unbedingt die stark palatale Artikulation wie im ländlichen Oberpfälzischen, die Rundung des Vokals davor ist jedoch sehr wohl vorhanden. Es liegt ein recht breites Spektrum von Varianten vor, was sich an dem Beispiel des Wortes „Bildl(ein)" zeigen lässt: neben *Büldl* (nordbairisch) hört man auch *Buitl* (mittelbairisch) und *Bildl*.

Auffällig ist ferner die Spirantisierung des *-g-* im In- und Auslaut, eine Lautentwicklung, die die Oberpfalz mit den angrenzenden ostfränkischen und anderen deutschen Mundarten teilt. Man hört in Regensburg *mòòcha, Jààcha, Weech, Beach, oach* („mager, Jäger, Weg, Berg, arg"). Während die gängige bairische Ausspracheform des Namens der Stadt *Rengschbuag* ist, hört man von älteren Stadtbürgern die irgendwie fränkisch anmutende Lautung *Reechnsbuich*. Mit Lautungen wie *der allmächtiche, ewiche Gott* oder *genehmichn, genehmicht* nähert sich das Regensburgische merkwürdigerweise der Ausspracheregelung der deutschen Hochlautung (*Könich* „König"), die sonst in Altbayern verpönt ist.

Die Lautfolge *ar* wird als *oa* realisiert wie in der Oberpfalz (und übrigens auch in großen Teilen Österreichs): *foan, Oawad*, wofür man etwa in der Hallertau *fåån/fòòn, Årwad/Ååwad* hört („fahren, Arbeit").

Eine Besonderheit stellen Verben wie *gehen, stehen, bauen, hauen, schauen, schreien, freuen, reuen, knien* dar, deren Endung *-en* im Infinitiv und in den Pluralformen („wir/sie bauen" usw.) durchwegs vokalisiert als *-a* erscheint: *geha, steha, baua, haua, schaua, schraia, fraia, raia, kniia*, was mit südlichem *gen, sten, baun, haun, schaung, schrain, frain, rain, knian* kontrastiert. Hierbei hat sich eine im Ostfränkischen übliche Entwicklung bis Regensburg verbreitet.

Einem Ober- oder Niederbayern fällt auch im Regensburger Wortschatz einiges auf, was ihm ungewohnt ist: so etwa *Dullacken, Dotsch, Sterz, Budlkiah*, wofür ihm *Dèin/Dòin/Duin, Dàtschi, Stampf, Butzkiah* vertraut ist („Delle, flacher Blechkuchen, Kartoffelbrei, Fichtenzapfen"). Als einzelne Form ist die nordbairische Lautung *bêis* in die Stadtsprache übernommen worden. In *Bist a bêisa Bua!* („Bist ein böser Bub!") stehen Nord- und Mittelbairisch unmittelbar hintereinander.

Während die bisher erwähnten Lautmerkmale eher mit dem Oberpfälzischen konform gehen, decken sich andere mit dem Mittelbairischen. Das gilt etwa für die gedoppelte Endung *-an* (< *-a-n* < *-enen*): *mia nehman, singan, sie deaffan, steckan* statt *nehma, singa, deaffa, stecka* („wir/sie nehmen, singen, dürfen, stecken"), ebenso für die Hinzufügung des zu *-ma* verkürzten Personalpronomens *wir* an die Flexionsendung: „Wir lesen, gehen" kann auftreten als *mia lesn, geha* oder aber als *mia lesma, gehma, gemma* (< *wir lesen-wir, gehen-wir*). Ebenfalls um Endungen und Wortausgänge geht es bei zwei weiteren Ausspracheeigentümlichkeiten. Eine Art Bedürfnis, der bei mundartlichem Sprechen üblichen Silbenreduktion, also dem Schrumpfen des Wortkörpers, entgegenzuwirken, führt insbesondere nach Verschlusslaut + Nasal dazu, ein vokalisches Anhängsel nachklappen zu lassen. Ein Geistlicher an einer Regensburger Pfarrkirche pflegte seine Predigten mit der Anrede *Liebe Christna!* zu beginnen. Häufig hört man Lautungen wie *Stundna, fintna, untna, haltna, a Kistna, wirkna, stoppma* („Christen, Stunden, finden, halten, unten, eine Kiste, wirken, stoppen").

Die bairische Verkleinerungssilbe *-erl* wird nicht *-al* gesprochen, sondern *-adl* mit einem mehr oder weniger deutlich artikulierten *-d-*: *a bissadl, im Eckadl, a Vogadl,*

des Màrtaal („ein bisserl, im Eckerl, ein Vogerl, dieses Marterl").
Manche Eigenarten des Regensburgischen heben sich sowohl vom Nord- als auch vom Mittelbairischen ab, so etwa die Formen des Verbs *tun*: „wir/sie tun, ihr tut, wir haben getan" heißt in Regensburg meist *dàn, dàts, mir ham doa,* was gegen südlich *dean, deats, do* und nördlich *doun/dèin, douts/dèits, dou* steht. Für „Mädchen" heißt es in Regensburg *Màdl* und weder *Mòidl* wie in den nord- noch *Dirndl/Deandl* in den mittelbairischen Mundarten.

Ergebnisse

Zusammenfassend kann man feststellen, dass die Hauptstadt der Oberpfalz in sprachlicher Hinsicht eine Enklave darstellt, in welcher einerseits typische Merkmale der sie umgebenden Region fehlen, die aber andererseits in sich keinesfalls ein homogenes Bild aufweist, sondern eine große Vielfalt an Varianten, die allein durch das unterschiedliche Sprachverhalten von Alten und Jungen, von Frauen und Männern nicht erklärt werden kann. Bemerkenswert ist, dass in der dialektgeographischen Literatur der Inselcharakter der Regensburger Stadtsprache erst recht spät Beachtung gefunden hat (kaum vor 1970); die Sprachkarten von Kranzmayer, Gütter und Kollmer ignorieren diese Tatsache und erwecken den Anschein, auch das Stadtgebiet von Regensburg gehöre zum nord-mittelbairischen Mundartraum, wie das für Städte wie Kelheim, Burglengenfeld oder Cham durchaus zutrifft.

Gründe für den Sonderstatus der Regensburger Stadtsprache sind oben aufgeführt worden. Es überrascht daher kaum, dass die Stadt trotz ihrer wirtschaftlichen, kulturellen und administrativen Bedeutung fast gar keine nachweisbare Ausstrahlung auf ihr Umland gehabt hat, also nicht zu den sprachraumbildenden Zentren zählt. Sprachliche Impulse gingen vom südöstlichen Donauraum – in besonderem Maß von Wien – aus, innerhalb Bayerns dann von Passau und auch von Straubing, nicht aber von Regensburg.

Es ist bekannt, dass sich die Verkehrssprache auf dem Land immer mehr derjenigen der Städte annähert, die ihrerseits auf ein Allgemeinbairisch von eher münchnerisch-oberbayerischer Prägung zusteuern, wofern nicht in einem fortschreitenden Dialektabbau immer mehr mundartliche Lautungen, Formen und Wörter durch ihre standardsprachlichen Entsprechungen ersetzt werden. Diese Tatsache gilt selbstverständlich auch für die Oberpfalz. Seit etlichen Jahrzehnten registriert man hier eine sich verstärkende Tendenz weg vom Nordbairischen, hin zu eher mittelbairisch klingenden Formen, soweit nicht gleich hochsprachlicher Ersatz eintritt. Doch diese Entwicklung findet ohne wesentliche Beeinflussung durch Regensburg statt. Es ist „(Mit-)Objekt eher als Subjekt der sprachlichen Veränderungen" (Hinderling a.a.O., S. 146).Im Gegensatz zu weit jüngeren Zentren wie München und Nürnberg hat die alte Haupt- und Bischofsstadt Regensburg in ihrer Geschichte kaum eine nennenswerte sprachliche Strahlkraft besessen.

Heute kann man den sprachlichen Sonderweg Regensburgs auch positiv sehen. Da seine Stadtmundart bereits seit Jahrhunderten weitgehend am Mittelbairischen orientiert ist und alle Stadtsprachen der Hochsprache grundsätzlich näher stehen als die ländlichen Mundarten, hat Regensburg quasi eine Entwicklung vorweggenommen, die sich in der übrigen Oberpfalz erst in unserer Zeit vollzieht: nämlich die Annäherung an die sprachlichen Zentren südlich der Donau. Als Enklave fällt Regensburg immer weniger aus dem Rahmen, weil sich eben dieser Rahmen verändert. Damit bleibt Regensburg von dem um sich greifenden Abbau nordbairischer Merkmale weitgehend unberührt, und seine Sprache erhält sich relativ unverändert und stabil.

Sprachgeschichtliche Bedeutung

Nicht übergangen sei die Bedeutung Regensburgs im Prozess der Ausbildung einer neuhochdeutschen Schriftsprache. Sehr früh, bereits 1259, wurde eine Satzung der Stadtverwaltung in deutscher Sprache abgefasst. Die Urkunden und Amtsbücher der Stadt wurden seit dem 14. Jahrhundert fast ausschließlich in deutscher Sprache geschrieben, während die bischöfliche Kanzlei das Lateinische bevorzugte, wenngleich es eine erste deutsche Regensburger Bischofsurkunde aus dem Jahre 1267 gibt. Sowohl die Kanzlei- als auch später die Druckersprache Regensburgs weisen viele Merkmale einer städtischen Ausgleichssprache auf und lassen das Bemühen erkennen, sich ostmitteldeutschen Gepflogenheiten (Luther!) anzupassen.

Aus keiner anderen Stadt Bayerns existiert eine Sammlung von Mundartwörtern aus dem 17. Jahrhundert; Regensburg aber kann eine solche vorweisen. Das 1689 gedruckte *Glossarium Bavaricum* des Regensburger Barock-Gelehrten und Dichters Johann Ludwig Prasch stellt sogar die allererste Sammlung von Dialektwörtern im gesamten deutschsprachigen Raum dar. Diesem Glossar, auch wenn es nur an die zehn Seiten umfasst, kommt deshalb besondere Bedeutung zu, weil damit das Bairische erstmals wissenschaftliche Beachtung gefunden hat – und zwar in seiner regensburgischen Ausprägung.

Verwendete Literatur:

Rainald Bücherl: *Regularitäten bei Dialektveränderung und Dialektvariation, empirisch untersucht am Vokalismus nord-/mittelbairischer Übergangsdialekte.* In: Zeitschrift für Dialektologie und Linguistik, Bd. 49 (1982), S. 1–27

Siegmar Gerndt: *Unsere bayerische Heimat.* München 1962. 8., neu bearb. Aufl. München 1976

Rudolf Große: Tradition und Innovation in der Umgangssprache der Großstadt. In: Beiträge zur Sprachgeschichte und Soziolinguistik 1953–1983. Leipzig 1989, S. 72–83

Adolf Gütter: *Nordbairischer Sprachatlas.* München 1971

Guido Hable: Geschichte Regensburgs (= Studien und Quellen zur Geschichte Regensburgs, Bd. 1) Regensburg 1970

Robert Hinderling: *Passau und Regensburg als „sprachraumbildende" Zentren.* In: H.-W. Eroms, H. Scheuringer (Hrsg.): Sprache an Donau, Inn und Enns (= Schriften zur Literatur und Sprache in Oberösterreich, Folge 5). Linz 1996, S. 124–136

Thomas L. Keller: *The City Dialect of Regensburg* (= Hamburger phonetische Beiträge 19). Hamburg 1976

Erich Keyser, Heinz Stoob (Hrsg.): *Bayerisches Städtebuch,* Teil 2

(= Deutsches Städtebuch, Bd. V, Bayern, Teil 2). Stuttgart 1974

Michael Kollmer: *Die schöne Waldlersprach von Wegscheid bis Waldmünchen, von Passau bis Regensburg.* 1. Band. Prackenbach 1987

Eberhard Kranzmayer: *Historische Lautgeographie des gesamtbairischen Dialektraumes.* Wien 1956

Peter Wiesinger: *Die Flexionsmorphologie des Verbums im Bairischen* (= Österreichische Akademie der Wissenschaften, phil.-histor. Klasse, Sitzungsberichte Bd. 523). Wien 1989

Ludwig Zehetner: *Das bairische Dialektbuch.* München 1985

KURT HOFNER

Kultur oder die Möglichkeit, sie zu machen

Anlässlich eines Amtswechsels: Anmerkungen zu den Kulturreferenten der Stadt Regensburg

Im Juni 1999 wählte der Stadtrat den bisherigen Direktor des Tourismusverbandes Ostbayern, Clemens Unger, zum neuen Kulturreferenten der Stadt Regensburg. Der gebürtige Regensburger (Jahrgang 1954) ist jetzt nach Walter Boll, Wolf Peter Schnetz, Bernd Meyer und Egon Greipl der oberste städtische Kulturchef. Wir nehmen seine Wahl zum Anlass für einen Beitrag über das seit 1950 bestehende städtische Kulturdezernat (seit 1993 Kulturreferat) und seine jeweiligen Amtsinhaber.

Die Kultur einer Stadt ist ein vielgestaltiges Ereignis, ein sich täglich neu Ereignendes. Ob ein Gymnasiast ein Gedicht schreibt oder ob der Kulturreferent der Stadt Regensburg über der Kalkulation einer Veranstaltung brütet, Kultur speist sich aus unzähligen Quellen. Meist erst im Nachhinein wird sichtbar, ob sich die Quellen, Rinnsale und Bäche zu einem Strom vereinen, der dann als Metapher für das kulturelle Profil einer Stadt dienen kann. Weit verzweigt und vernetzt wie ein Ökosystem ist dieses fragile Kultursystem, an dem viele Anteil haben und in dem alles mit allem zu tun hat. Weil das so ist und weil jeder Eingriff hier die Netzgeometrie an ganz anderer Stelle zum Guten oder Schlechten verändert, ist es ein heikles Feld zumindest für Macher, für Gestalter, für die, die mit ihrer Amtszeit gerne „Eindruck“ machen wollen. Verständlich aber für einen Kulturreferenten einer Stadt höchst problematisch.

Kultur ist nur bedingt machbar, bedingt und indirekt. Dass sie sich ereignen kann, dazu bedarf es guter Rahmen- und Wachstumsbedingungen und für die ist ein Kulturreferent zuständig. Er muss zulassen, geschehen lassen, er muss wissen was ist, er muss denken können, was sein könnte, er kann anregen, aber er sollte nicht inhaltlich steuern wollen. Also ein komplizierter Job.
Konsens in der kommunalen Kulturpolitik besteht allenfalls darin, dass Kultur das Image einer Stadt positiv

tönen solle, dass Kultur als sogenannter weicher Standortfaktor die Wirtschafts-Entwicklung einer Stadt indirekt und positiv befördern solle. Ist diese Anforderung am ehesten noch an Zahl und Aktivität der Kultureinrichtungen festzumachen, ist darüber, was denn nun die Kultur einer Stadt in ihrer ganzen Breite und Vielfalt wirklich ausmache, mit Konsens kaum mehr zu rechnen. Zum existenziellen Wesensmerkmal von Kunst und Kultur gehören nun mal Konflikt und Auseinandersetzung, Widerstreit und Meinungen und Interessens-Rivalitäten, suchende Vorläufigkeit und die Provokation. Zu den unterschiedlichen Vorstellungen darüber, was Kultur sei, was städtische Kultur sei, kommen die Irrungen, Wirrungen und Parteiungen mit ihren oft widersprüchlichen Anforderungen an sogenannte Kulturrepräsentanten. Der Streit über Inhalte und Richtungen ist, und das ist gut so, wohl selten so erbittert in einer Gesellschaft wie im Bereich der Kultur. Die Gesellschaft ist multikultureller als sie gelegentlich selber gern wahr haben will. Der Kulturreferent ist nun seinerseits ja nun kein kulturelles Neutrum, was wirklich kann er da bewirken, was soll er bewirken wollen? Eine Frage, die sich allen Regensburger Kulturreferenten gestellt hat. Und die sie naturgemäß unterschiedlich beantwortet haben, personen-spezifisch vielleicht, generationen-verhaftet sicherlich, situationsbedingt wohl auch, schließlich hat Kultur mit Politik und Politik mit Parteien und mit der allfälligen Suche nach Mehrheiten zu tun. Eigentlich ein unmöglicher Job, der des Kulturreferenten.

Wenn es nun stimmt, dass Stadtkultur im Zusammenwirken von „städtischer" und „freier" Kultur ein empfindliches, leicht zu störendes System ist, und diese hochkomplexe Kultur nie etwas schlüssig Fertiges ist, sondern ein nie aufhörender, Vergangenheit, Gegenwart und Zukunft stets gleichermaßen berührender Prozess ist, wie kann denn ein städtischer Angestellter verwalten, womöglich gestalten? Er kann es nicht. Was er kann: er stellt Räume bereit, in denen dieses Gespräch darüber stattfinden kann, was ist, was war, was sein könnte, was werden wird. Diesen öffentlichen Diskurs einer Stadtgesellschaft darüber, was sie sich unter Kultur vorstellen wolle, den allerdings kann ein Kulturreferent doch deutlich mitgestalten. Indirekt zwar auch hier, doch wirksam, indem er Foren schafft, Begegnung und Austausch ermöglicht, Gemeinschaft herstellt (und nicht vor der Zeit Einigkeit), indem er die Werkstatt bereitstellt, in der über Ideen und Konzepte und Lösungsvorschläge diskutiert und gerungen werden kann. Jede Kultur im öffentlichen Raum lebt, wenn sie denn lebt, von Auseinandersetzung und Kritik und Gespräch und Diskussion. Sich dieser Gesprächs- und Diskussionskultur anzunehmen, heißt dann im Letzten, Kultur zu ermöglichen. Wie man Bedingungen für Kultur schafft, ohne Bedingungen zu stellen, wie man die Bürokratie in den Dienst an der kulturellen Anarchie zwingt, wie man verwaltet, ohne die Kultur in ihrem nicht verwaltbaren Lauf zu hindern, wie man fördert und fordert gleichermaßen es ist ein verführerisch verrückter Job, der des Kulturreferenten.

Vier Regensburger Kulturreferenten nach dem Kriege haben auf ihre je eigene Art städtische Kulturpolitik gemacht. Jetzt schickte sich ein fünfter an, das Kunststück erneut zu probieren, den Künstlern ein kongenialer Traumtänzer und den Politikern ein kongenialer Realist zu sein. Erfolge, die sind schwer zu messen, es sei denn, man macht sie fest an Ereignissen und Errungenschaften, die mit ihren Amtszeiten sichtbar verknüpft werden können. Den letztlich wichtigeren Teil ihrer Erfolge, denjenigen Beitrag, den sie zum geistigen Klima dieser Stadt geleistet haben, den definieren sowieso die Spätgeborenen im Rückblick. Moderieren ohne zu mäßigen, anregen ohne vorher zu bestimmen, Utopien haben und die Kassenlage im Auge zu haben, kulturelle Ereignisse anstoßen und nie wissen, ob im Bewusstsein der Nachkommenden es tatsächlich ein großes Kulturereignis war, ständig im Fadenkreuz der Kritik von links und rechts, von oben, von den Vertretern der „Hochkultur", und von unten, von der Basis, von Fachleuten und Amateuren, von Akteuren und Zuschauern es braucht schon ein gutes Stück Selbstbewusstsein, um das eigentlich Unvereinbare doch immer zu vereinen zu suchen. Grundbefindlichkeit aller Kulturreferenten, ob nun eher Rhetoriker oder eher Rechenkünstler, Ästheten, Dichter gar oder Pragmatiker, Innovateure oder Verwalter, Künstler oder Kulturfunktionär, Vordenker oder nachdenklicher Amts-Chef: Sie kämpften mit dem finanziellen Mangel, sie verwalteten den Mangel, sie verteilten Mangel, sie argumentierten mit dem Mangel, sie schlossen permanent Kompromisse mit dem Mangel. Sie mussten es tun, doch sie stehen dank ihrer ausgeprägten Fähigkeit, aus Nöten gelegentlich produktiv Tugenden zu machen, in der Bilanz so schlecht nicht da. Aus jeder Amtszeit gibt es Hinterlassenschaften, ohne die das Stadtbild um vieles ärmer wäre. Ein wichtiger Job, der des Kulturreferenten.

Wenn Albrecht Göschel mit seiner Theorie vom Wandel des Kulturbegriffs in vier Generationen („Die Ungleichzeitigkeit in der Kultur", Verlag W. Kohlhammer) Recht hat, könnten die bisherigen vier Regensburger Kulturreferenten annäherungsweise dafür durchaus die Belege stellen. In Regensburg hatte es gleich mit einem veritablen „Kulturpapst" begonnen 1950 wurde aus dem Konservator des städtischen Museums Dr. Walter Boll der erste Regensburger Kulturdezernent in der Nachkriegszeit. Dass Boll innerhalb weniger Jahre zum „Kulturpapst" wurde, hat mit seinen für Regensburg unschätzbaren Leistungen zu tun, wohl aber auch mit seinem eigenen Kulturbegriff, den

Dr. Walter Boll mit einer Büste seiner selbst

man unschwer aus der Dreißiger-Jahre-Generation herleiten kann. Er folgte der Idee vom Kunstgegenstand als Bekundung objektiven Geistes. Betont wurde der Wert, die Wertschaffung, die Werterhaltung. Zum Ausdruck kommt dieser Wertbegriff in den großen klassischen deutschen Kultureinrichtungen der Theater, Museen, Opernhäuser, Orchester, wo kulturelle Traditionen bewahrt und gepflegt werden. Nicht dass Boll Neuem gegenüber nicht aufgeschlossen gewesen wäre, doch mit seinem Namen verbunden bleibt „die Rettung des alten Regensburg", wie es eine Zeitung beschrieb.

Der gebürtige Darmstädter trat 1928 in den Dienst Regensburgs und er fand die Stadt, die er vorher nicht kannte, „trostlos". Zeit der Massenarbeitslosigkeit, Zeit des Elends. „Auf kulturellem Gebiet war nichts los." Ein städtisches Museum sollte entstehen, aus dem Nichts heraus, mit fast nichts. Kein Gebäude für das Museum, kein Büro für Boll und er hat den ersten Schritt auf einem langen Weg getan. „Damals musste man den Beruf als Berufung auffassen." Die Kultur als Berufung, das Museum als Ort, an dem geschichtliche Identität sich als Sammlung von Kunst- und Kulturgegenständen sichtbaren Ausdruck verschaffen konnte: Unendliche Schwierigkeiten, unendliche Arbeit, der Name Boll wird mit dem Stadtmuseum immer verbunden bleiben, dessen erster Direktor er auch war. Verknüpfte sich hier ein Neuaufbau mit dem Zweck des Bewahrens, sind Bolls Leistungen im Bereich der Denkmalpflege Belege dafür, dass dem die Zukunft gehört, der nur lange genug Vergangenes zu bewahren sucht. Sein jahrelanger, mit Haken und Ösen ausgetragener Kampf gegen die vor- und nachkriegszeitlichen Modernisierer, die zum Beispiel mitten durch die Altstadt eine Autoschneise schlagen und dabei u. a. das heutige Haus Heuport schleifen wollten, war erfolgreich: Im Namen der Vergangenheit blieb seine Zukunft unsere Gegenwart. Wir wissen es ihm zu danken. Rathausmuseum, Reichssaal, Dollingersaal, Herzogshof, Thon-Dittmer-Palais, Kunsthalle, Ostdeutsche Galerie, Kepler-Museum, es waren die sprichwörtlich gewordenen „Boll-Werke" mit Zukunft, auch und gerade da, wo er sie ganz aus ihrer Vergangenheit her verstand und für Regensburg erschloss. Konservator, Leiter der Kreisbibliothek, Denkmalpfleger, Kulturdezernent, Stadtarchivar, Museumsdirektor, Direktor des Deutsch-Amerikanischen Instituts, Direkter der Ostdeutschen Galerie, Naturschutzbeauftragter mit großer Liebe zu den Parks der Stadt die Liste ist nicht vollständig und zeigt doch, wie tragfähig ein eigentlich rückwärtsgewandter Blick auf die Geschichte, ist er nur leidenschaftlich und intensiv, für die Kultur einer Stadt auch sein kann.

Vielleicht nicht auf Dauer, doch am Anfang stehen immer die großen Patriarchen, die großen gebildeten „Unternehmer", die Macher mit fundiertem Tiefgang, die Werte schaffen, weil sie an Werte glauben. Dr. Boll war der richtige Mann zur richtigen Zeit – Regensburg sähe ohne ihn als Kulturbeweger anders aus. „Hüter der Kultur, Heger der Kunst", so nannte ihn einst Prof. Dr. Ernst Emmerig, so einen Kulturreferenten charakterisierend, dessen bleibende Leistung es war, dass Regensburg sein kulturelles Gesicht wahrte. Regensburg darf nicht Krähwinkel sein, das hatte sich der Darmstädter Wahl-Regensburger geschworen seine beträchtliche Potenz an kämpferischer Unbequemheit haben ihn erfolgreich sein lassen, auch da, wo er seine Hauptarbeit gelegentlich im „Verhindern" sah: Verhindern, dass wieder ein Stück Baugeschichte wegbricht, verhindern, dass das Stadtbild wieder eine Narbe bekam, verhindern, dass kaputt geht, was bleiben soll.

„Ich geh kaputt. Gehst du mit?" Mit Gusto zitiert Dr. Wolf Peter Schnetz, der 1968 Bolls Nachfolger im Amt des

Regensburger Kulturdezernenten wurde, bei einer Ausstellung von Künstlerplakaten diesen Wandspruch. Schnetz der mit 28 Jahren damals der jüngste Kulturreferent der Bundesrepublik war fügt an: „Damit wir nicht kaputt gehen, haben wir uns den freien Raum der Kunst und die Kunst als Freiraum geschaffen und bis heute erhalten. Wo immer Menschen sind, sollen sie sich über Kunst freuen. Freude ist aber immer auch verbunden mit ein wenig Arbeit. Etwas neu und anders sehen, erfordert eine gewisse Mühe. Uns als Betrachtern bleibt es überlassen, die Aufforderung zur Freude in dieser umgetriebenen Zeit des hektischen Stillstands ernst zu nehmen und uns bewegen zu lassen." 1968 war Schnetz, als Leichtathlet und mittlerweile als renommierter Autor hervorgetreten, in Regensburg für städtische Kulturarbeit zuständig, unter anderem. Der Ton wird anders, respektloser, freier. Der aufklärerische Diskurs ersetzt die Traditionspflege. Der Kunst- und Kulturbegriff will die Position des kritischen Wissenschaftlers widerspiegeln, er ist analytisch theoretisch geprägt. Kein Platz für Andachtshaltungen vor dem weihevollen Kunstwerk. Regensburg ist seit einem Jahr Universitätsstadt. Auch dies verändert das kulturelle Klima der Stadt.

In unzähligen Programm-Kinos, Kulturkneipen, „linken" Buchläden, kritisch gestimmten Theatergruppen artikuliert sich eine Kultur, die nicht nur unter Talaren den Muff von tausend Jahren roch. Frische Kultur-Luft strömt in die Stadt, Austausch und Begegnung sind die Zauberworte: Regensburger Kulturtage bekommen ein Kontrastprogramm junger Kunst. Kunst geht mit großen Ausstellungen von Barlach bis Vasarely ins Donaueinkaufszentrum, Regensburger Kunst und Kultur sucht die Begegnung mit Kunst aus CSSR, Rumänien, Österreich, Jugoslawien und Ungarn. Das Thon-Dittmer-Haus wird zum Kulturzentrum ausgebaut. Im Rathaus beginnt das

Dr. Wolf Peter Schnetz – jüngster Kulturdezernent

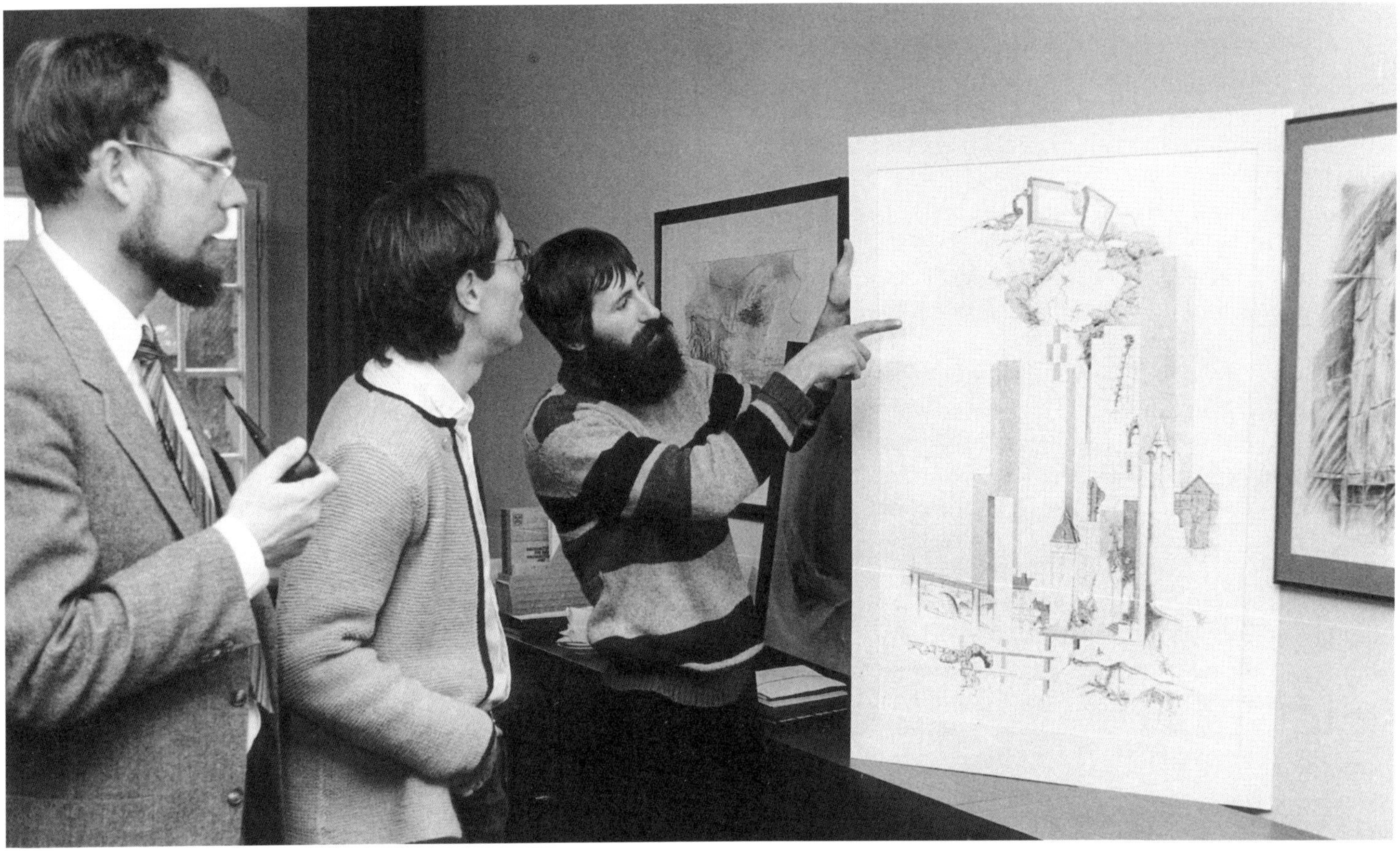

Dr. Bernd Meyer mit Alexander Rogl (mitte) und Ludwig Bäuml (rechts)

Kulturamt Konzerte zu veranstalten. Die Initiativen aus dem Kulturdezernat reichen von der Gründung einer Galerie des 20. Jahrhunderts bis zur Einrichtung der Arbeitsgemeinschaft kommunaler Theater Bayerns, von der Gründung des Kulturbeirates bis zur Hilfe bei den Einrichtungen von Musikschule und der Malschule im Museum. Kultur und Sport suchen die Nähe, was zum einen dadurch zum Ausdruck kommt, dass Schnetz im Kulturprogramm der Olympischen Spiele in München mitwirkt und zum anderen unter seiner Federführung das Raumprogramm des Regensburger Westbades entsteht, das 1972, noch während seiner Amtszeit in Betrieb geht. Der hellenistische Traum von der Einheit von Sport und Kunst, er blitzte auf er blieb ein Traum. Der aufklärerische Impetus jener Jahre, in denen alles erlernbar und erfahrbar schien, in denen Kultur jung und frisch und sehr gegenwärtig daherkam, in denen große Kunst in kleinen Kneipen und an den ungewöhnlichsten Orten begegnen konnte Lyrik an den Litfaßsäulen und Theater auf den Straßen wo ist er geblieben? Hat er den Rückzug ins Private überstanden? Die Kunst hat ihren Freiraum, gewiss, doch dort besuchen sie nicht allzu viele.

Weniger der Aufbruch mit emanzipatorischem Anspruch bestimmt die Kulturjahre ungefähr in der Zeit, als Dr. Bernd Meyer Kulturdezernent in Regensburg war (1973 bis 1993). Moralische Kategorien sind es eher, die zur Forderung nach der Entfaltung alltäglicher Lebenswelten und Kulturen führen folgen wir weiterhin der Generationen-Einteilung Göschels. Es dominieren nicht so sehr die Analyse, sondern die Kommunikation, die zu ganzheitlicher Lebenserfahrung führen kann. Die sogenannte Hochkultur in ihrer professionellen Perfektion gerät eher in Verdacht, unwahrhaftig zu sein. Gesucht wird Innerlichkeit, die Gefühlswahrnehmung, die unmittelbare Erfahrung. Als typisch gilt jetzt eher die Stadtteil- oder Soziokultur. Dass solche Raster nur höchst kursorisch anwendbar sind, versteht sich, dennoch: Bei seinem Amtsantritt nennt Meyer als Ziele: Verbesserung der Informations- und Bildungsmöglichkeiten für Bürger aller Altersgruppen. Herstellung von Chancengleichheit bei der Lebensbewältigung durch Information und Bildung, vor allem auch für die Menschen, die aufgrund ihrer persönlichen Lebensumstände weniger beweglich sind, z.B. Kinder, Hausfrauen und alte Menschen. Ausbau des Thon-Dittmer-Hauses zu einem Bildungs- und Informationszentrum und Schaffung von Bibliotheken und Bildungszentren in den Stadtteilen, enge Zusammenarbeit aller Institutionen der Stadt, die der Bildung, Ausbildung, Kultur und Freizeitgestaltung dienen, seien es Schulen, Museen, Volkshochschule, Bibliotheken, Sporteinrichtungen oder das Theater usw. Es ist Kärrnerarbeit, die Dr. Meyer sich damals aufgeladen hatte und sie ist geleistet worden, wie man heute konstatieren kann. Meyer, der gerne und erfolgreich im Team zu arbeiten wusste, ist im Bewusstsein der Regensburger trotz seiner 20-jährigen Tätigkeit vielleicht etwas blass geblieben es fehlten die Konturen des Spektakulären und des Innovativen, doch die Erfolgsbilanz ist stattlich und substanziell: Ausgebaut wurden in seiner Amtszeit das Runtingerhaus, das Thon-Dittmer-Palais als Bildungs- und Begegnungszentrum, der Leere Beutel zu einem Zentrum für Bildende Kunst und zum Veranstaltungszentrum, das Naturkundemuseum. Die freie Kunst- und Kulturszene wurde im Rahmen der begrenzten Möglichkeiten deutlich stärker unterstützt, die Jazzszene erfuhr Förderung wie das Figurentheater. Die Liste kann naturgemäß nicht vollständig sein. Die Breite des kulturellen Engagements der Stadt fällt im Überblick auf und die, den Kulturdezernenten stetig fordernde Bautätigkeit. Meyer war ein Kulturdezernent mit langem Atem und mit einer sehr heilsamen Grundüberzeugung: „Das Schlimmste, das ist eine total verwaltete Kultur." Kultur, eine Lehre, die Meyer uns nachdrücklich erteilt hat, das ist im Wesentlichen das, was die Bürger selber machen. Mit Augenmaß und einem realistischen Sinn für das finanziell Machbare, hat er so still wie beharrlich, Zentren der Begegnung geschaffen, in denen alles möglich ist: Information und Gespräch, Kommunikation und Kultur, Austausch und auch nicht unwichtig wechselseitige Hilfen bei der Lebensbewältigung. Die Verteilung kultureller Güter und Werte musste da etwas hintan stehen. In der Regensburger Stadtkultur ist mehr Meyer drin als gelegentlich draufsteht.

Sehr viel mehr als sein Vorgänger, bekam es Dr. Egon Johannes Greipl als Kulturreferent (1993 bis 1999) mit einer neuen Generation zu tun, deren Ansprüche an die Kultur doch stark bestimmt waren (und es weiterhin sind) von der Aufwendigkeit brillanter ästhetischer In-

Der Macher: Dr. Egon Johannes Greipl

szenierungen. Diese Sechziger-Jahre-Generation kultiviert Erwartungen, die ihren Kick aus der Montage, aus der Ästhetisierung der Oberfläche beziehen. Kulturelle „events" sollen das sinnliche Erleben steigern, aus Kulturereignissen werden massenhaft besuchte Kult-Ereignisse, die Kultur schwappt über in die Mode, das ästhetische Lebensgefühl hin zum Design. Es sind Großereignisse, mit großen Namen, mit großer multimedialer Technik alles Erwartungen, die städtische Kulturpolitik mit traditionell schmalem Geldbeutel eher vom Kommerziellen erfüllt sieht. In diese „Konkurrenz" einzutreten, fällt doppelt schwer in einer Stadt, die erst seit jüngster Zeit Platz für „events" dieser rein technischen Dimension bietet. Einem Kulturreferenten bleibt da nur übrig, das Feld kommerziellen Anbietern zu überlassen, oder wie Greipl das machte mit intelligenten Kooperationen und Partnerschaften wenigstens insoweit präsent zu bleiben, dass man Ungewöhnliches an möglichst ungewohntem Ort anbietet und das finanzielle Risiko zu teilen sucht. Der Kulturreferent ist zum Kulturmanager geworden, nolens volens.

Ist kommunale Kulturarbeit damit aber weitergekommen, hat das kulturelle Profil der Stadt dadurch gewonnen? Der Kulturbegriff wird weit und tolerant genug sein müssen, um Menschen in ihren Bedürfnissen da abzuholen, wo sie sind der Kulturbegriff wird aber auch soweit reichen müssen, dass er einen Beitrag für die Zukunft dieser Stadt einfordert. Unterhaltung ist das legitime eine, Nachdenken über künftige Möglichkeiten kultureller Selbstorganisation bleibt aber das ganz andere. Phantasievolle Finanzierungsmodelle sind unvermeidlich, aber sie ersetzen nicht phantasievolle Kultur. Als kooperativer Pragmatiker war Dr. Greipl angetreten, der kurze Entscheidungswege liebt und der die kommunale Kulturarbeit aus der Finanznot herausführt. Er hat da Einiges vorzuweisen die Theatersanierung, die Museen, die Fertigstellung des Velodrom, doch es bleibt viel zu tun. Der nächste, der's anpackt, ist nun Klemens Unger, Kunsthistoriker, Reiseverkehrskaufmann, Handelsfachwirt und seit 1984 Geschäftsführer des Tourismusverbandes Ostbayern. Auch er ein bekennender Pragmatiker und Mann für das Machbare wie Greipl. Es steht zu erwarten, dass die Verteilungskämpfe im Kulturbereich härter werden, dass die Segmente einzelner Kultursparten schärfer auch gegeneinander abgegrenzt werden. Jede Prioritätensetzung wird erhöhten Überzeugungsaufwand kosten, um plausibel zu machen, warum Förderhilfen in die eine oder andere Richtung gelenkt werden. Wenn, wie vermutet wird, die viel kritisierte Beliebigkeit eher einer neuen Ernsthaftigkeit und Verbindlichkeit und Rigorosität im Versuch, Partikularinteressen durchzusetzen, weicht, werden Entscheidungen noch schwieriger als sie eh schon sind. Schwieriger, aber umso drängender und dringender wird es sein, dass darüber die gemeinschafts-stiftende Kraft einer städtischen Kultur nicht erlahmt. Nichts gegen vielleicht auch noch maßstabsetzende „Import-Kultur", doch die Frage bleibt: Wie finden wir zu so etwas wie einem kulturellen Konzept, das etwas von der doch viel behaupteten und geschichtlich auch wahren Einmaligkeit und Unverwechselbarkeit dieser Stadt zum Ausdruck bringt? Europäische Stadt an einem europäischen Strom, mit der uns ganz natürlich zugefallenen Aufgabe, Drehscheibe im kulturellen Austausch zwischen Ost und West zu werden wir werden uns fragen lassen müssen, wie wir diese Aufgabe nun ernsthaft anzugehen gedenken. Nicht nur ansiedlungswillige Wirtschafts-Bosse, die in diesem Zusammenhang immer gerne zitiert werden, werden wissen wollen, wessen Geistes Kind wir sind. Wir sollten es herausfinden. Vielleicht stellt ja Klemens Unger die richtigen Fragen.

Der Neue: Clemens Unger mit Bischof Manfred

MARIETHERES LIST / GERHARD HELDT

Vom Stadttheater ins Velodrom und zurück

Umzug – Renovierung – Rückumzug: Drei Abenteuer

Das Regensburger Stadttheater, das neuerdings „theater regensburg" heißt und in diesem Jahr vom städtischen Amt in einen kommunalen Eigenbetrieb umgewandelt wurde, blickt zurück auf seine erste Spielzeit im Velodrom.

Theater gibt es in Regensburg seit Jahrhunderten. Tradition wird also auch auf diesem Gebiet in der alten Reichsstadt groß geschrieben. Bedeutend wurde die theatrale Unterhaltung der Bevölkerung spätestens seit der Erhebung der Stadt zum Sitz des Immerwährenden Reichstages.

Institutionalisiert wurde das Theater als höfische Einrichtung vor mehr als 250 Jahren, als Fürst Alexander Ferdinand von Thurn und Taxis zum Kaiserlichen Prinzipalkommissar – zum Vertreter des Kaisers am Ort der Reichstage also – ernannt wurde.

Fortan hatten die Fürsten es sich zur Aufgabe gemacht, den Gesandten aller im Reichstag vertretenen Länder eine adäquate Theaterunterhaltung anzubieten, wie sie sie aus ihrer jeweiligen Heimat gewohnt waren.

Zunächst funktionierte man ein dem Hofe nahegelegenes Ballhaus am Emmeramsplatz in ein Theater um, was dann bald nicht mehr den Ansprüchen des Fürsten und der Gesandten genügte.

Fürstliches Mäzenatentum und bürgerliches Selbstbewusstsein schufen zu Beginn des 19. Jahrhunderts einen einmaligen Neubau in Regensburg: Ein „Doppelhaus" – Bürgerliches Gesellschaftshaus („Neues Haus") mit nebenliegendem Hoftheater entstanden unter einem Dach – ein frühes „Kulturzentrum", wie es noch heute in Deutschland seinesgleichen sucht.

Beide Gebäude waren durch eine Durchfahrt voneinander getrennt, die noch bis in die dreißiger Jahre unseres Jahrhunderts fortbestand: Vom Bismarckplatz aus fuhren die Gespanne in die Durchfahrt; die Herrschaften gingen

nach rechts ins Theater oder nach links in die Gesellschaftsräume des „Neuen Hauses“. Die Kutschen fuhren durch die Passage zum Arnulfsplatz hinaus.
Emanuel von Herigoyen, der Architekt so mancher klassizistischer Bauten in Regensburg, war der Schöpfer dieses in Deutschland einmaligen „Kultur- und Unterhaltungszentrums“. Das 1804 eröffnete Theater hatte nahezu 1.000 Plätze, verteilt auf Parkett und 3 Ränge.

Brand und Neubau

Wohl durch eine Ungeschicklichkeit beim Löschen des Kronleuchters brannte das Theater 1849 bis auf die Grundmauern ab. Menschen kamen dabei nicht zu Schaden.
Schnell wurde es – nach den Plänen von Herigoyen und mit kräftiger bürgerlicher Unterstützung – bis 1852 wiederaufgebaut und schöner und größer wieder eröffnet. Die Architektur eines Hoftheaters (Parkett, fürstliche Loge, Ränge) blieb bestehen.

Das neue Gesellschaftshaus (Neues Haus)

Das 1804 eröffnete Stadttheater in historischer Ansicht

Hier gibt es unübersehbare Parallelen zum Münchner Hof- und Nationaltheater, das etwa zur gleichen Zeit wie das Regensburger Haus neu errichtet wurde, früher abbrannte und – ebenfalls nach den Plänen des Erbauers – sehr bald größer und schöner wieder aufgebaut wurde. In München half dazu die Einführung eines „Bierpfennigs“, in Regensburg wurde eine Aktiengesellschaft mit starker bürgerlicher Beteiligung gegründet, und der Fürst gab sein Scherflein ebenso dazu wie das Königreich Bayern.

Dieser zweite Bau musste bis in die 70er Jahre unseres Jahrhunderts immer wieder Renovierungen, die allesamt Stückwerk blieben, über sich ergehen lassen.

Was am Zuschauerraum, in den Foyers und im äußeren Bereich des Hauses „renoviert“ wurde, waren mehr oder weniger Schönheitsreparaturen, die den ursprünglich klassizistischen Stil immer mehr verschwinden ließen.

Veraltete Bühnentechnik

Es kam hingegen zu keinen umfassenden Erneuerungen der Bühnentechnik, die im Prinzip immer die alte blieb. Das bedeutete, dass vor allem der hölzerne Dachstuhl des Bühnenhauses spätestens seit der Nachkriegszeit nicht mehr den anspruchsvoller gewordenen Ausstattungen genügte. Die Tragkraft der einzelnen Züge lag um ein Vielfaches unter dem vergleichbarer Häuser, die nach dem Krieg eine Instandsetzung und Modernisierung der Bühnentechnik nicht versäumt hatten.
So war es schließlich der technische Überwachungsverein, der aus Sicherheitsgründen immer weiterreichende Einschränkungen der Bühnentechnik verfügen musste.

Die Renovierung – Pläne und ihre Realisierung

Lange Jahre befasste sich der Regensburger Stadtrat mit den Plänen zu einer Renovierung des Stadttheaters, aber erst im Dezember 1996 wurde ein entsprechender Ratsbeschluss gefasst. Mit der Renovierung sollte begonnen werden, nachdem für das Theater eine adäquate Ausweichspielstätte gefunden worden war.
Es wurden zeitweilig Überlegungen angestellt, den Theaterbetrieb während der Renovierung ganz ruhen zu lassen; diese Idee wurde Gott sei Dank ebenso verworfen wie die Errichtung eines Theaterzeltes auf dem Wöhrd (Nähe Dultplatz) oder in der Nähe der Universität.
1997 wurde das völlig verwahrloste Velodrom in die Hände des Investors Oswald Zitzelsberger gegeben, der es binnen Jahresfrist für den Theaterbetrieb herrichtete.
Die Pläne zur Renovierung des Stadttheaters und des Neuhaussaals wurden „festgeklopft“: Das Theater bekommt eine komplett neue Bühnentechnik, für deren Einbau das alte Bühnenhaus entkernt werden muss. Der Zuschauerraum wird nach altem Vorbild restauriert, das Parkett leicht angehoben, damit die Sichtverhältnisse besser werden. Die Logen und Ränge bleiben bzw. werden ebenfalls so stilgerecht wie möglich restauriert.
Völlig neu gestaltet werden die Foyers, die Räumlichkeiten für die Kasse, die Garderoben und die Treppenhäuser. Die alte Durchfahrt vom Bismarckplatz zum Arnulfsplatz wird architektonisch wieder sicht- und erlebbar gemacht. Der Neuhaussaal bekommt einen neuen Zugang, ein größeres Foyer und wird in seinem Inneren ebenfalls sorgsam restauriert.
Für die Intendanz und die Verwaltung gibt es im Neuhaustrakt neue Räumlichkeiten; der Südteil wird unterkellert. Das bedeutet, dass auch dieser Teil des alten Hauses entkernt und von innen her völlig neu gestaltet wird. Dem künstlerischen Personal (Darsteller, Orchester, Chor, Ballett) werden verbesserte Räumlichkeiten bereitgestellt. Das Haus erhält zwei Probebühnen (an der Stelle des alten Theatercafés); die Werkstätten erhalten im Haus neue Räumlichkeiten, und an der Seite zur Dreimohrengasse wird für die unkompliziertere Anlieferung der Dekorationen ein Anbau erstellt, der auch gleichzeitig als Lager gelten kann.
Die Kosten für den gesamten Umbau wurden auf ca. 52 Millionen DM festgelegt, worin die neue Bestuhlung des Theaters und die Repräsentationsbeleuchtung nicht enthalten ist. Um die Bestuhlung kümmern sich seit Jahren die „Theaterfreunde Regensburg“ mit großem Erfolg; bisher haben sie mehr als die Hälfte der aufzubringenden Summe eingeworben.

Abschied vom Stadttheater

Mit einem großen Theaterfest (nach der letzten Vorstellung der „Elektra“ von Richard Strauss) schlossen wir am 30. Juni 1998 das „alte“ Haus am Bismarckplatz, und wenig später begannen die aufwendigen Abbruch- und Sicherungsarbeiten.

Nun hieß es umziehen

In einer minutiös geplanten Aktion zog das ganze Theater während der Spielzeitferien 1998 ins Velodrom und in die übrigen Ausweichquartiere um: der Chor in die Alte Mälze, das Ballett in die RT-Halle, und wir, die Intendanz und Verwaltung, in die Kreuzgasse.
Die Werkstätten waren schon früher in die Augustenstraße verlagert worden; der Kostümfundus fand – deutlich reduziert – Unterschlupf in einer ehemaligen Halle der Mittelbayerischen Zeitung. Die Maske belegte ihr neues Quartier im Stahlzwingerweg.
Am 18. Oktober 1998 war es soweit: Mit einem Festakt konnten wir das Velodrom eröffnen. Am Tag zuvor, bei einem „Tag der offenen Tür", durften die Regensburger das „neue" Haus kennenlernen.

Die Ausweichspielstätte Velodrom

Natürlich war jeder Mitarbeiterin und jedem Mitarbeiter klar, dass das Velodrom eine Ausweichspielstätte ist, die bei weitem nicht den Platz und die Bequemlichkeiten des alten Stadttheaters bieten kann. Trotzdem waren wir alle glücklich, eine solch attraktive und passende Ausweichmöglichkeit gefunden zu haben – schließlich sind wir ja flexibel.
Anfangs gab es kleinere akustische Probleme im ungewohnt langen und breiten Saal des Velodroms. Auch damit konnten wir umgehen. Mit einigen aufgehängten Segeln und einer variablen Ausstattung mit Tüchern an der Decke und an der Rückwand der Galerie konnten diese Mängel recht gut behoben werden. Sollte es dennoch kleine akustische Probleme geben, so nimmt sie das begeisterte Theaterpublikum gerne in Kauf angesichts der Highlights, die es hier erleben darf.
Der Auftakt war „Hoffmanns Erzählungen" von Jacques Offenbach, ein märchenhafter Erfolg. Zwei Tage später

Abschied vom alten Stadttheater

folgte das Erfolgsmusical „My Fair Lady“, das bis zum Ende der Spielzeit 1998/99 nahezu vierzig Mal (meist vor ausverkauftem Haus) gegeben wurde.
Das Schauspiel präsentierte am 25. Oktober den Klassiker: „Maria Stuart“ von Friedrich Schiller und begeisterte damit Jung und Alt. Alle Schwierigkeiten und Probleme schienen hinweggefegt – von der Bühne ging eine so vehement spürbare Begeisterung aus, dass sie das dicht gedrängte Publikum vom ersten bis zum letzten Augenblick in seinen Bann zog. Besonders erfreulich ist es, wenn wir auch den „Nachwuchs“ für die Theaterkultur begeistern konnten – heute ein nicht ganz leichtes Unterfangen – „Maria Stuart“ schaffte es spielend, viele Schulklassen, und nicht nur die Lehrer, zu faszinieren.
Auch an die Allerjüngsten hatten wir gedacht: Das Weihnachtsmärchen wurde in mehr als vierzig Vorstellungen von weit über 20.000 Kindern erlebt.
Ein „Dauerbrenner“ wurde von Beginn an „Die Rocky Horror Show“. Der „Faust“, der den Umzug vom Stadttheater ins Velodrom problemlos schaffte, ist stets ausverkauft. Nach seiner dritten Spielzeit ist die Nachfrage ist so groß, dass wir ihm auch noch eine vierte schenken wollen.
Mozarts „Entführung aus dem Serail“, Kálmáns „Csárdásfürstin“, Donizettis „Viva la Mamma!“, Strauss' „Salome“ waren weitere erfolgreiche Produktionen des Musiktheaters.
Einen grandiosen Höhepunkt erlebte unser Publikum mit Puccinis „Madama Butterfly“.
Dieter Gößlers Ballettabend „Ist das Spiel aus?“ stand den vorhergehenden Erfolgen in nichts nach.
Das Schauspiel schloss seine Neuproduktionen im Velodrom mit Woody Allens Komödie „Kugeln überm Broadway“ ab und bescherte uns damit ein ausgesprochenes Sommervergnügen.
Von Anfang an war das Regensburger Theaterpublikum voll dabei. Die neue Spielstätte wurde akzeptiert, die Abonnentenzahl stieg ebenso wie die Platzausnutzung, da wir unserem Publikum einen Spielplan boten, der ihm gefiel und mehr als einen Trost für die Überbrückungszeit bis zur Rückkehr in sein geliebtes Stadttheater bot.
Als Fazit der ersten Spielzeit im Velodrom kann ich sagen: Das Theater hat in Regensburg viele neue Freunde und Gönner hinzugewonnen.

Kommunaler Eigenbetrieb – eine neue Herausforderung

Die Umwandlung der Betriebsform vom Städtischen Amt in einen Kommunalen Eigenbetrieb steht zum Beginn der Spielzeit 1999/2000 an. Was bisher die Budgetierung des Etats (bei weitgehender Beibehaltung des kameralistischen Haushaltswesens) nur unvollkommen leisten konnte, wird sich künftig in einer kaufmännisch organisierten betriebswirtschaftlich orientierten Haushaltsführung bewähren müssen. Die Loslösung aus dem städtischen Ämterbetrieb gibt dem Theater zwar größere Freiheiten, aber auch größere Verantwortung.
Künstlerische und wirtschaftliche Überlegungen einer effizienten Theaterarbeit rücken sehr viel enger zusammen. Eine Herausforderung, die wir meistern werden.
Probate Mittel, in der finanziellen Eigenverantwortlichkeit zu bestehen, gibt es – wie die Beispiele andere Kommunen zeigen – keine. Wir werden die Gegebenheiten, wie sie für unser Theater geeignet sind, selbst herausfinden. Das ist eine große Chance. Bis zur Rückkehr in unser „Mutterhaus“ bedarf es weiterhin der uneingeschränkten Gunst unseres Publikums, dafür wollen wir arbeiten. Dass der Ansturm auf Karten weiterhin so großartig sei wie in der ersten Saison – das wünschen wir uns, und dafür werden wir alles tun.

Das Velodrom vor seiner ersten Premiere am 17. Oktober 1998

KONRAD MARIA FÄRBER

Was aus der Schnupftabak-fabrik wird

Das Schicksal von zwei Regensburger Patrizierburgen ist noch ungeklärt

Zwei Gebäude – eine Bezeichnung: Das „Zanthaus" in der Gesandtenstraße 3 und das unmittelbar daran angrenzende „Ingolstätterhaus" (Gesandtenstraße 5) heißen bei den Regensburgern einfach „Schnupftabakfabrik". Trotzdem weiß man, dass es sich dabei um zwei historische Patrizierburgen handelt. Der gewaltige Baukomplex, der immer wieder Anlass zu mannigfachen Spekulationen bot und der nach dem Tod des Vorstands der Gebrüder Bernard AG an zwei private Bauherrn verkauft wurde, blickt auf eine bewegte Geschichte zurück. Wir bringen einen historischen Überblick.

Sowohl das „Zanthaus" als auch das „Ingolstätterhaus" sind zwei typische mittelalterliche Regensburger Patrizierburgen, deren wechselvolle Geschichte – wenn man so will – bis in die Römerzeit zurückreicht. Das Areal der Schnupftabakfabrik befindet sich nämlich ziemlich genau im Bereich der einstigen römischen Lagervorstadt, in der die Familien der Soldaten, Händler und Handwerker wohnten. Die heutige Gesandtenstraße war zum Teil identisch mit der durch diese Zivilstadt führenden alten römischen Hauptstraße, an der sich einst die luxuriös ausgestatteten Häuser der militärischen Oberschicht befanden. Diese Straße stieß dann etwa auf der Höhe der Einmündung Wahlenstraße in den Neupfarrplatz auf das Westtor des Militärlagers Castra Regina, das man sich als eine einzige große Kaserne vorzustellen hat.

Im 3. Jahrhundert n. Chr. wurde die Lagervorstadt durch die Einfälle der Alamannen zerstört. Die Zivilbevölkerung zog sich hinter die sicheren Mauern von Castra Regina zurück. Schließlich musste aber auch das befestigte Militärlager aufgegeben werden. Spätestens zu Beginn des 5. Jahrhunderts war die Geschichte des römischen Regensburg zu Ende.

Historiker und Archäologen kamen übereinstimmend zu dem Schluß, dass das Gelände, auf dem die Schnupftabakfabrik steht, erst wieder ab dem 9./10. Jahrhundert besiedelt worden sein dürfte. Der Grund: Durch die von dem bayerischen Herzog Arnulf im Jahr 920 vorgenommenen Stadterweiterung kam dieser Bereich innerhalb der befestigten Stadt zu liegen. Die Archäologen, die unter der Schnupftabakfabrik gestampfte Lehmfußböden und sog. Brandhorizonte aus der Zeit des 10.–12. Jahrhunderts entdeckten, vermuten, dass im frühen Mittelalter hier Holzbauten verschiedener Nutzung errichtet waren. Gefunden wurden u. a. die Reste eines Lehmofens, der wahrscheinlich zum Brotbacken diente, aber auch verschiedene Gruben, die zur Entsorgung des häuslichen Abfalls genutzt wurden.

Die eigentliche Bau-Geschichte des an der Ecke Gesandtenstraße/Spiegelgasse gelegenen „Zanthauses“ aber beginnt erst im 13. Jahrhundert. Sie beginnt mit der Familie Zant, einem der reichsten Regensburger Patriziergeschlechter des 13. und 14. Jahrhunderts. Das Wappenschild der Familie Zant, ein springender Löwe mit Menschenkopf und zwei Stoßzähnen, hat sich nahe der Nordostecke des Hauses bis heute erhalten.

Die Familie Zant war deshalb so reich, weil sie in Regensburg das einflussreiche Amt des Schultheißen besaß. So reich wie sie war, so mächtig war auch ihre Patrizierburg. Allein die Grundfläche beträgt 250 Quadratmeter und in den beiden Obergeschoßen befanden sich mit jeweils einer durch das ganze Haus reichenden gewölbten Halle außergewöhnliche und repräsentative Prunkräume. Der im Westteil des Gebäudes befindliche Patrizierturm, der mit seiner Schmalseite an die Gesandtenstraße reicht, war einst sechs Stockwerke hoch und muss demnach das Gebäude um das Doppelte überragt haben. Verbindendes Element zwischen dem Turm und dem zur Spiegelgasse hin liegendem östlichen Komplex ist eine zweischiffige Eingangshalle mit einer herrlichen

So wurde einst der Schnupftabak „gemahlen“

Die ehemalige Schnupftabakfabrik in der Gesandtenstraße besteht aus dem „Zanthaus“ und dem „Ingolstätterhaus“

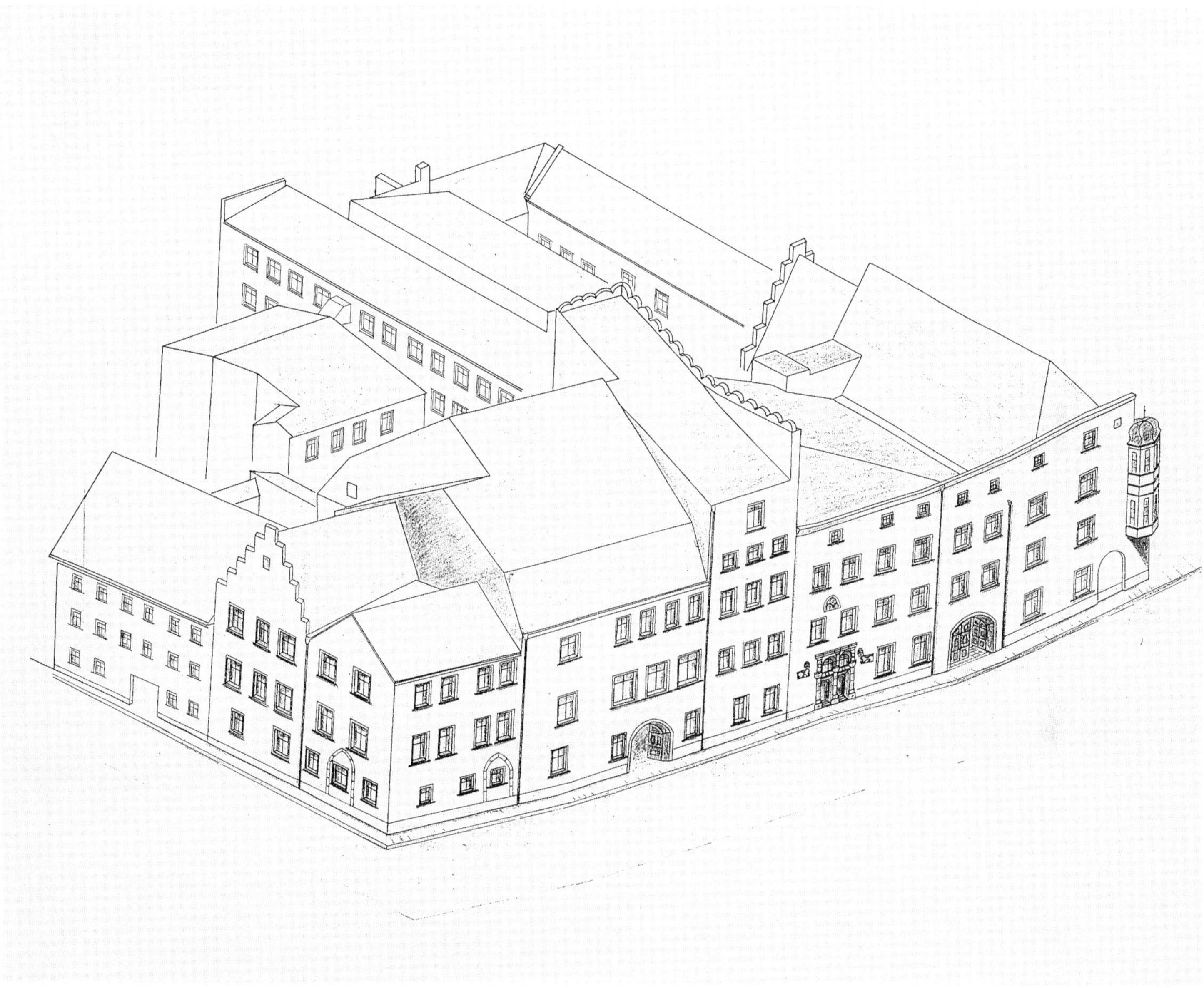

Das Sanierungsmodell des Münchner Architekturbüros Wolfram E. Gregory

gotischen Kreuzrippenwölbung, die durch die ganze, 24 Meter betragende Tiefe des Hauses reicht. Auch sie ist heute noch vollständig erhalten.
An der Ecke zur Spiegelgasse befand sich einst auch die Hauskapelle St. Pankratius. Sie wurde im Jahr 1389 erwähnt, weil sie – wie der Regensburger Stadtchronist Gumpelzhaimer berichtet – einst der Ort eines fürchterlichen Mordes war: Wegen einer alten Streitsache hatten hier die Brüder Otto und Wolfhard Zenger dem Edelmann Friedrich Kager aufgelauert. Als dieser die Kapelle betreten wollte, überfielen sie ihn hinterrücks und erschlugen ihn. Die Folgen waren anhaltende politische Zwistigkeiten zwischen der Reichsstadt und dem im Umland wohnenden Adel.
Anfang des 16. Jahrhunderts gelangte das „Zanthaus" an die Familie Portner. 1530 wird dann der Regensburger Reichshauptmann Christoph Blarer als Besitzer genannt. Weitere Hauseigentümer sind der Reichshauptmann Georg von Loxan (1548), Tobias Österreicher (vor 1572), Eleazar Schlager (nach 1572), Georg Würth (1651). Im Jahr 1663 – dem Beginn des Immerwährenden Reichstags – gelangte das Haus in den Besitz des Hans Adam Jägerreuter, der 1687 die oben erwähnte Pankratius-Kapelle in einen Wohnraum umbauen ließ.
Nach seinem Tod erbte seine Schwiegertochter Eleonore Salome, eine geborene Gräfin von Windischgrätz, das Haus. Sie vermählte sich 1718 in zweiter Ehe mit dem Freiherrn Leopold von Freidl, und dadurch kam es jetzt erstmals zu tiefgreifenden Veränderungen in der Bausubstanz. Freidl ließ noch im selben Jahr den Patrizierturm auf die Dachkantenhöhe der Wohngebäude abtragen und anstelle des gotischen Zinnenkranzes ein barockes Pultdach aufsetzen.
Ein weiterer Einschnitt erfolgte, nachdem der Sohn aus dieser Ehe, Gottlieb Ferdinand von Freidl, im Jahr 1771 das Anwesen an keinen Geringeren als an Fürst Alexander Ferdinand von Thurn und Taxis (1704–1773) verkauft hatte. Der Fürst, der vom Kaiser zum Prinzipalkommissar am Immerwährend Reichstag ernannt und daher von Frankfurt nach Regensburg umgezogen war, besaß in der alten Reichsstadt zunächst weder Haus noch Grund. Er war daher am Erwerb von Immobilien höchst interessiert und das Angebot des Freiherrn Freidl kam ihm wie gerufen. Alexander Ferdinand nutzte die alte Patrizierburg in der Gesandtenstraße als fürstliche Kanzlei, als Hofbibliothek, als Archiv und außerdem als kaiserlich Taxis'sche Postwagenexpedition. Als dann die Taxis-Fürsten 1812 das säkularisierte Reichsstift St. Emmeram beziehen konnten, veräußerte Fürst Karl Alexander (1770–1827) das Gebäude für ganze 10.000 Gulden an die Brüder Bernard. Das war die Geburtsstunde der Schnupftabakfabrik.
Die Gebrüder Bernard, die jetzt in Teilbereichen des Gebäudes ihre Produktionsanlagen einrichteten, waren ausnehmend erfolgreich. Im Jahr 1898 konnten sie noch das angrenzende „Ingolstätterhaus" erwerben und damit ihre Fabrikaktionsanlage auch in dieses Gebäude ausweiten.
Der Name „Ingolstätterhauses" geht auf eine frühere Besitzerfamilie zurück und zwar auf die Ingolstätter, die das Anwesen im Jahr 1407 erworben hatten. Das Gebäude selbst stammt jedoch schon aus dem 14. Jahrhundert . In seinem rückwärtigen, südlichen Teil befand sich einst die 1375 erstmals erwähnte gotische Kapelle „Unserer lieben Frau". Die Ingolstätter hatten sie mit reichen Stiftungen ausgestattet, so dass gleich zwei Kapläne abwechselnd den Gottesdienst versehen konnten. Die Kapelle, die während der Reformation profaniert wurde, fiel schließlich im späten 19. Jahrhundert einem Fabrikneubau der Gebrüder Bernard zum Opfer. Die Archäologen, die inzwischen verschiedene bemalte Putzreste der Kapelle bergen konnten, hoffen, im Rahmen weiterer

Untersuchungen zumindest die Grundmauern zu finden. Im 18. Jahrhundert wurde das „Ingolstätterhaus" vorübergehend die Residenz der Kurmainzer Gesandten am Immerwährenden Reichstag. Die Kurmainzer Gesandten vertraten den Kurfürst-Erzbischof von Mainz, der die Funktion des Reichserzkanzlers innehatte – so gesehen war ihre Residenz ein wichtiges und angesehenes Gebäude. 1823 gelangte das Haus in den Besitz der Familie Neuffer und wird demnach in der älteren Literatur häufig auch als „Neufferhaus" bezeichnet. 1898 wurde es dann, wie bereits oben erwähnt, von den Gebrüdern Bernard erworben und in Teilbereichen zur Schnupftabakfabrik umgebaut.

In dem im MZ-Verlag erschienenen Regensburg-Band der Reihe „Denkmäler in Bayern" heißt es abschließend: „Zusammen mit dem Zanthaus stellt das Ingolstätterhaus nicht nur ein qualitätsvolles Zeugnis von Bau- und Wohnkultur der Regensburger Patrizier dar, sondern auch ein hochrangiges, noch in Funktion befindliches Industriedenkmal. So finden sich neben einer Großzahl mittelalterlicher und frühneuzeitlicher Architektur- und Ausstattungsdetails hervorragend erhaltene Wohnräume des späten 19. Jahrhunderts. Die seit 1812 bestehende Schnupftabakfabrik gehört zu den ältesten deutschen Produktionsstätten dieser Art. Da die Maschinen und technischen Einrichtungen noch in großem Umfang erhalten sind, zählen das Zanthaus und das Ingolstätterhaus auch zu der in Regensburg wenig vertretenen Gruppe der Industriedenkmale."

Die beiden privaten Bauherrn, Franz Nerb und Karl Schmid aus Kelheim, die nach dem Tod von Walter Stühler den gesamten Baukomplex von den Erben erwarben, haben das Münchner Architekturbüro Wolfram E. Gregory sowie den Regensburger Architekten Albert Jellbauer beauftragt, ein Sanierungsmodell auszuarbeiten. Dieses Sanierungsmodell, das inzwischen fertiggestellt

Die Fässer rollen nicht mehr

ist, geht von der klassischen Mischung aus: Geschäftsräumen im Erdgeschoß und Wohnungen in den oberen Stockwerken. Ein gewisses Problem dürfte dabei die Umgestaltung der ehemaligen Produktionsräume samt ihrer historischen Ausrüstung in ein Museum in Verbindung mit Gastronomie sein.

Nachdem der Verkauf der Schnupftabakfabrik jedoch im Erbaurecht erfolgte, bleibt die Familie Gebrüder Bernard Grundeigentümer. Das bedeutet, dass sie an den Wertsteigerungen der Immobilie partizipiert und das Anwesen zu einem späteren Zeitpunkt auch wieder zurückkaufen kann. Darüber hinaus ist sie weiterhin der Besitzer des aus der alten Schnupftabakfabrik stammenden historischen Inventars. Zusammen mit der Denkmalpflege hat sie daher bei der geplanten Sanierung, wie immer die auch aussehen wird, ein gewichtiges Wörtchen mitzureden.

MICHAEL DRUCKER

Eine Viertelmillion Bücher mitten in der Stadt

Die Staatliche Bibliothek in der Gesandtenstraße

In der Staatlichen Bibliothek in der Gesandtenstraße hat das Computer-Zeitalter begonnen. Aus dem Gesamtbestand von über 250.000 Bänden können inzwischen fast 100.000 Titel problemlos über OPAC ermittelt und bestellt werden. In diesem Jahr wurde zudem die Renovierung der Lesesäle erfolgreich abgeschlossen. Eine wissenschaftlich-literarische Bibliothek mitten im Herzen der Altstadt – ohne Warteschlangen und lange Bestellzeiten und mit überaus besucherfreundlichen Öffnungszeiten.

Hätte ein gewisser Jean Philippe Moeller am 4. oder 5. September 1786 während seines 25-stündigen Aufenthalts in Regensburg nicht nur das Jesuitenschauspiel und das naturkundliche Kabinett des Pastors Schäffer besucht, hätte ihn sein Weg vielmehr auch zur Stadtbibliothek am Haidplatz (die nichts mit der heutigen Stadtbücherei zu tun hat) geführt, es wäre ihm eine Einrichtung gezeigt worden, die „auf einen der ersten Plätze unter den ansehnlichsten städtischen Bibliotheken Teutschlands Ansprüche machen“ konnte. So rühmend äußerten sich Reisende, die, anders als der Dichter und Geheime Rat aus Weimar, vom Entgegenkommen und Wissen des städtischen Archivarius und Bibliothecarius Carl Theodor Gemeiner Gebrauch machten.

Vor drei Jahren erst hatte die Bibliothek ihr frisch hergrichtetes Domizil im Gebäude der städtischen Waage bezogen, war dort durch Zusammenfassung vordem zerstreuten Bücherbesitzes geradezu neu geschaffen worden: es hatte, wie derselbe Gemeiner 1785 feststellt, ihre glücklichste Epoche begonnen. Sie sollte in diesen Europa umwälzenden Zeiten nicht lange währen. Aber auch wenn die Stadt mit dem Ende des Alten Reichs ihre Freiheit bald verloren hatte – ihre Bibliothek, die vielfach von der Vergangenheit des Gemeinwesens und dem Bürgersinn der an ihm Teilhabenden zeugt, ist am

Ort geblieben, dezimiert zwar beim Übergang Regensburgs an das Königreich Bayern und einer Reihe von Prachtstücken und wichtigen Werken, später auch aller mittelalterlichen Handschriften entblößt, im Kern aber doch erhalten. Heute steht dieser Buchbestand, der immer noch vieles Herausragende enthält, an der Gesandtenstraße und ist Teil einer neuen Institution, der Staatlichen Bibliothek.

So ist die alte Büchersammlung der Reichsstadt weiterhin als Bibliothek für die Bürger präsent. Weiterhin ist sie im Zentrum der Stadt angesiedelt, am Weg von der Innenstadtparkgarage am Bismarckplatz ins Herz der Altstadt, in belebter Geschäftslage, nicht nur an zwei Nachmittagen wie zu Gemeiners Zeiten (was damals ein Fortschritt war) zugänglich, sondern werktäglich neun Stunden, und nicht nur für den kleinen Kreis einer städtischen Bildungselite, sondern für jedermann, der ihrer wie all der inzwischen hinzugekommenen Bücher bedarf und der solide Information benötigt.

Der hinzugekommenen Bücher: Natürlich wäre es grundfalsch, die Staatliche Bibliothek lediglich als in die Gegenwart gerettete Bibliothek der Reichsstadt zu verstehen. Dies wäre – ganz abgesehen vom großen Bestand an moderner Literatur – schon in Hinsicht auf den sogenannten Altbestand, das „historische Buch“ nicht richtig. Waren doch zum Besitz der evangelischen Stadt, der am Ausgang der reichsstädtischen Zeit auf etwa 18.000 Bände (dazu eine große Zahl Landkarten und Dissertationen) beziffert werden kann, waren doch zu diesem an den Staat gefallenen Bestand die Bücher der im damaligen Stadtgebiet ansässigen Klöster und die des Bischofs gekommen, soweit die nicht an die Hofbibliothek nach München gebracht worden waren. Das wird noch einmal fast ebenso viel gewesen sein. Dabei dürfen

Die Staatliche Bibliothek in der Gesandtenstraße

die großen Bibliotheken etwa von St. Emmeram oder des Franziskanerklosters der Minoriten nicht vereinfachend als „katholische“ Büchersammlungen eingestuft werden, so eng begrenzt waren das gelehrte Streben und der Bildungshorizont dieser klösterlichen Wissenschaftszentren nicht. Als eklatantes Beispiel möge der Hinweis auf den Minoriten Tobias Waldemannstaetter genügen, von dessen universalem Interesse die ca. 1300 Bände aus allen Wissensgebieten zeugen, die er selbst erworben hatte und die an die Staatliche Bibliothek gelangt sind.

Supralibros der städtischen Ratsbibliothek im 16. Jh.

1816 also hatte der bayerische Staat aus diesen städtischen und klösterlich-kirchlichen Beständen eine neue Einrichtung geschaffen: die Königliche Bibliothek war gegründet. Nach den Statuten vom 3. November 1821 sollte sie jedem Einwohner Regensburgs offen stehen. Dass ihre Dienste aber nicht nur der Kreishauptsstadt selbst, sondern dem gesamten Regenkreis dienten, erhellt aus der schon 1817 gebräuchlichen Bezeichnung „Kreisbibliothek“ sowie der gesamten staatlichen Bibliotheksorganisation. Die Kreisbibliothek ist noch fast 60 Jahre im Waaggebäude geblieben, bevor dieses vom Staat an die Kommune verkauft wurde und die Bibliothek ins eben freigeräumte Haus des Alten Gymnasiums umziehen konnte, wo sie sich noch heute befindet. Das Gebäude bot damals ein anderes Bild, da das im östlichen Flügel zum Ölberg hin untergebrachte Alumneum, das wirklich noch, dem Namen entsprechend, ein Schülerheim war, noch nicht durch den Neubau von 1901/02 ersetzt war.

Dass die Bibliothek bis heute existiert, ist allerdings keine Selbstverständlichkeit. Anfangs der 1930er Jahre standen die verantwortlichen Bibliothekare hart davor, ihre Schließung zu empfehlen, da sie mangels eines auch nur das Nötigste deckenden Etats nicht überlebensfähig schien. Hier ist in den vergangenen Jahrzehnten eine deutliche Besserung eingetreten. Eine moderne Gebrauchsbibliothek ist entstanden, der ein jährlicher Etat für Neuanschaffungen von derzeit ca. 240 Tausend DM

einen sinnvollen Bestandsaufbau sichert, im Rahmen selbstauferlegter Beschränkung freilich und ohne dass jeder berechtigte Wunsch erfüllt werden kann.
Das heutige Erscheinungsbild und die heutigen Leistungen der Staatlichen Bibliothek zu beschreiben, ist der Zeitpunkt günstig, da sich gerade in der jüngsten Vergangenheit manches Entscheidende geändert hat. Rein äußerlich ist das im Jahr 1999 durch eine nach Plänen des Staatlichen Hochbauamts Regensburg vorgenommene bauliche Umgestaltung der Ausleih- und Beratungstheke und der Katalogarbeitsplätze im Vorraum deutlich geworden. Immerhin waren die jetzt abgerissene Theke und der zugehörige Raum bereits 1934 eingerichtet worden. Damals war das in den Regensburger Zeitungen gebührend gewürdigt worden, jetzt aber war die Substanz doch recht heruntergekommen.

Hier nimmt der Benützer die von ihm bestellten Bücher zum Studium in den Lesesälen (wenn es sich um alte, besonders schützenswerte Literatur handelt) oder zur häuslichen Lektüre in Empfang. Anders als die zweite, ungleich größere vom Freistaat unterhaltene Bibliothek in Regensburg, die der Universität, ist die Staatliche Bibliothek ganz überwiegend eine Ausleihbibliothek, wo der berufstätige Bürger, der seinen Arbeitsplatz zumeist nicht längerfristig in der Bibliothek einrichten kann, das Gewünschte für Wochen mit nach Hause nimmt.

Auf der anderen Seite kann die Staatliche Bibliothek, in einem vergleichsweise beengten Gebäude untergebracht, in dem die Stellplatzreserven für inzwischen über 260 Tausend Bücher optimal genutz werden müssen, ihre Bestände nicht frei zugänglich anbieten. Nur etwa acht bis neun Tausend Nachschlagewerke stehen in den drei Lesesälen zur unmittelbaren Einsichtnahme bereit, vom Deutschen Biographischen Archiv und der Encyclopaedia Britannica auf Papier oder CD-ROM bis zum Lexikon der Bioethik, dem Handbuch der Marienkunde oder einem historischen Verzeichnis der Ärzte in Schlesien, dazu besonders häufig gefragte Bücher (Reiseführer, Biographien, Übersetzungen ausländischer Belletristik) und die neuesten Hefte der 450 abonnierten Zeitschriften und Zeitungen. Die Hauptmasse muss auf Benutzerwunsch durch Bedienstete der Bibliothek von wandhohen Regalen aus den verschlossenen Magazinräumen, die sich über alle vier Stockwerke des Hauses verteilen, herbeigeholt werden. Das setzt beim Benutzer die einer Bestellung vorausgehende Einsichtnahme in den Katalog der Bibliothek voraus. Aber auch hier hat sich in den vergangenen Jahren einiges getan.

1983 hatte das EDV-Zeitalter auch für die Staatliche Bibliothek begonnen. Ab diesem Zeitpunkt wurde der Neuzugang an Büchern oder sonstigen Medien nur noch nach dem in den staatlichen wissenschaftlichen Bibliotheken Bayerns eingesetzten automatisierten System katalogisiert. Mikrofichekataloge waren damals das Ergebnis. Ein weiterer Schritt in die Zukunft erfolgte 1994, als den Bibliotheksbenutzern ein sog. OPAC angeboten werden konnte, also die Möglichkeit, direkt am Terminal in der Titeldatenbank zu suchen, was, wenn man sich mit den einfach zu erlernenden Grundzügen des Systems vertraut gemacht hat, viele Suchen erleichtert und neue Suchstrategien erlaubt. Doch muss hier gleich falschen Vorstellungen vorgebeugt werden, als habe die über 180 Jahre lang gewachsene Bibliothek (mit noch längerer Vorgeschichte) nun mit einem Mal aus ihrer historischen Situation heraus den Sprung in eine totale EDV-Gegenwart getan. Zwar können im OPAC inzwischen fast 100 Tausend Bände der Staatlichen Bibliothek, auch sehr viele alte, ermittelt werden, doch sind weiterhin die meisten vor 1983 erschienenen Bücher des

Bestandes nur in den bekannten Zettelkatalogen nachgewiesen, die sich zudem noch nach chronologischen und inhaltlichen Gesichtspunkten auf verschiedene Alphabete verteilen, eine manchmal sogar für Eingeweihte schwierig zu handhabende Zersplitterung. Dies wird sich nur langsam ändern können – manchem ist das vielleicht nicht einmal unlieb.

Der Wert des Altbestandes und eine in der Gesellschaft verbreitete, oft unreflektierte Hinwendung zum Vergangenen, die eigentümliche Anziehungskraft, die alte Bücher auf viele Menschen ausüben, haben dazu geführt, dass die Staatliche Bibliothek in der Öffentlichkeit, auch in der Berichterstattung der Presse, vornehmlich oder gar ausschließlich mit ihrem historischen Bestand identifiziert wird. Die Bibliothek selber befestigt dieses Erscheinungsbild durch Ausstellungen, die naturgemäß im wesentlichen dem älteren Buch gelten. Die neuere, im Äußeren unauffällige Literatur, die scheinbar nichts Erwähnenswertes darstellt, wird darüber leicht vergessen. Hierin liegt eine nicht zu übersehende Gefahr für die öffentliche Bewertung der Bibliothek, der energisch entgegen getreten werden muss. Zu leicht kann sich die unbestrittene Stärke der Bibliothek auf dem historischen Sektor gegen sie wenden: man bewundert zwar das alte Buch, findet aber in ihm selten einen Gegenstand des wirklichen Bedarfs – die Bibliothek verkommt zur musealen Einrichtung, ohne andererseits die Vorzüge eines wirklich lebendigen Museums bieten zu können.

Die Öffentlichkeit soll also wissen, dass die Staatliche Bibliothek, die sich schon in der Vorkriegszeit bemüht hatte, das Image einer nur der strengen Wissenschaft verpflichteten Institution abzulegen, inzwischen eine Bibliothek mit einem großen Angebot an aktueller, auf vielfältige Interessen zielenden Literatur ist und dass sie – ein offensichtlich auch nicht hinreichend bekannter Umstand – von jedermann aufgesucht werden kann. Wo also liegt der Schwerpunkt der Bibliothek bei der neuen Literatur, was wird beschafft, was beiseite gelassen?

An viererlei muss sich die Bibliothek orientieren: (1) Der gesetzliche Auftrag an sie spricht von wissenschaftlicher Literaturversorgung und von der Deckung des gehobenen Literaturbedarfs breiter Bevölkerungsschichten, (2) die Existenz weiterer öffentlicher Bibliotheken in Regensburg fordert eine sinnvolle Abstimmung und (3) der gewachsene Bestand gibt gewisse Richtungen vor. Überlagert werden diese Kriterien durch einen weiteren wesentlichen Gesichtspunkt: (4) die Erwartungen, die einer „Regionalbibliothek“ im eigentlichen Sinn entgegengebracht werden.

Die Staatliche Bibliothek wird daher weder rein praktische Fertigkeiten vermittelnde Literatur („Wie lege ich einen Gartenteich an?“), Erbauliches und Lebenshilfe ohne wissenschaftlichen Hintergrund oder wenig fundierte Sachbücher und literarisch belanglose Unterhaltungsliteratur beschaffen, genauso wenig aber auch ausschließlich der studentischen Ausbildung und Prüfungsvorbereitung Dienendes oder hochspezialisierte Abhandlungen, für die ein Bedarf außerhalb der universitären oder industriellen Forschung kaum gegeben ist (oder wo die interessierten Berufsgruppen üblicherweise Selbstversorger sind bzw. traditionell andere Institutionen nutzen). Damit mag der Rahmen, innerhalb dessen sich die Neukäufe bewegen, in etwa erkennbar sein: er reicht von der allgemeinverständlichen, niveauvollen Biographie und dem kulturgschichtlich orientierten Reiseführer über juristische Kommentare und Gesetzessammlungen, Werkuntersuchungen zu bekannteren Schriftstellern und historischen Quellenwerken bis zur verlässlichen Darstellung recht spezieller und komplexer Themen aus Vergangenheit und Gegenwart und zur differenzierten wissenschaftlichen Forschung, wo diese auf Fragen einer geistig regen und vielfältig interessierten Öffentlichkeit antwortet; Belletristik von Rang wird nicht ausgespart.

Besonderer Wert muss auf alles gelegt werden, was unmittelbar oder mittelbar zur Kenntnis der heimischen Region und der wissenschaftlichen oder der persönlicher Neigung entspringenden Beschäftigung mit ihr beiträgt. Hier müssen auch sonst ausgegrenzte Inhalte wie Wanderführer und Vereinsgaben oder anspruchslosere Texte der Belletristik, aber auch hochdifferenzierte Monographien etwa aus der Geologie des Bayerischen Waldes bereitgestellt werden. Hiervon kommt Vieles unentgeltlich in die Staatliche Bibliothek, da diese aufgrund eines Landesgesetzes ein Exemplar aller in der Oberpfalz herauskommenden Neuerscheinungen als sogenanntes „Pflichtstück" zur Aufbewahrung erhält (Musiknoten und weniges Andere ist ausgenommen).

Gerade auf diesem Sektor sind alter und neuer Bestand eng verzahnt. So wie die neuere Literatur zur Region oder die literarische Produktion von Autoren der Region vollständig beschafft werden müssen, so muss auch das Angebot des Antiquariatsbuchhandels ständig beobachtet werden, um die Geschichte des Buchdrucks und der Literatur in Regensburg und der Oberpfalz von den Anfängen an möglichst umfassend dokumentieren zu können. Ältere Schriften von Persönlichkeiten, die hier Bedeutung erlangt hatten, können auf diesem Wege – soweit die Haushaltsmittel das zulassen – immer wieder ergänzt werden, wie jüngst Abhandlungen des oben genannten J. C. Schäffer (1718–1790) oder des Rektors Ehinger (1573–1653), aber auch die Originalausgabe von Florian Seidls „Das harte Ja". Dankbar ist hier auch an Geschenke zu erinnern, die gerade diese Abteilung der Bibliothek heute noch bereichern.

Alle diese Neubeschaffungen werden binnen weniger Tage im OPAC nachgewiesen, oft sogar schon ab dem Zeitpunkt der Bestellung (die übrigens weitestgehend beim einheimischen Buchhandel erfolgt). Aber nicht nur über den Bestand der eigenen Bibliothek und der ihr als Leihgabe anvertrauten Sammlung der Regensburger Schriftstellergruppe International kann sich der Benutzer aus den Katalogen in der Staatlichen Bibliothek informieren. Der OPAC nämlich ist inzwischen ein an Teilnehmern wachsender Gemeinschaftskatalog mehrerer Regensburger Bibliotheken, in dem vor allem alle Bücher und sonstigen Medien der UB verzeichnet sind. Was dort auf dem Universitätshügel im Ausleihbestand steht (also nicht der Inhalt der Lesesäle), kann von der Staatliche Bibliothek aus bestellt und, nachdem es das täglich zwischen den Bibliotheken verkehrende Bücherauto der UB herbeigebracht hat, am Schalter der Staatlichen Bibliothek in Empfang genommen (und später zurückgegeben) werden. Natürlich wird auch vom umgekehrten Weg reichlich Gebrauch gemacht! Solche Bestellvorgänge sind denkbar einfach, da sie, sobald der Suchende etwas Passendes im OPAC gefunden hat, buchstäblich durch Knopfdruck am PC ausgelöst werden können.

Nicht vergessen sei aber über aller Organisation und Technik, dass zur Bibliothek vor allem die Menschen gehören, die in ihr arbeiten. Sie sollten trotz aller Automatisierung die ersten Ansprechpartner bleiben. Der Weg zu ihnen in das gelbe Haus in der Gesandtenstraße 13 ist wirklich leicht.

HERMANN WEISS

Der alte Lokschuppen – ein neues Kulturzentrum

Des Velodrom-Sanierers Zitzelsberger zweiter Streich

Mit dem alten Lokschuppen, einem zunächst völlig vergessenen Backsteingebäude neben der Galgenberger Brücke, ist dem Regensburger Spediteur und Velodrom-Sanierer Oswald Zitzelsberger ein zweites Kunststück gelungen. Regensburg ist um eine Attraktion reicher, denn der alte Lokschuppen entwickelte sich nach seiner Sanierung in diesem Jahr zu einem kleinen, aber feinen Regensburger Kulturzentrum.

Wenn der Regensburger Spediteur Oswald Zitzelsberger aus seiner Villa in Marbella auf die schneebedeckten Berge der Sierra Nevada schaut (wenn er also glücklich ist und entspannt und sich freut an der Schönheit dieses Fleckens Erde, den er sich vor Jahren zum Feriendomizil erkor), greift er schon mal zur Gitarre: Carcassi, Carulli. Klassisch.

In diesen Momenten ist er seinem Lehrer dankbar – Josef Meier von der Regensburger „music academy“. Dafür, dass der ihm über die Technik und über die Grundbegriffe hinaus ein Gefühl mitgegeben hat, für die Musik, dass er ihn getriezt hat und nicht lockerließ, wenn die bei Zitzelsberger chronische Managerkrankheit den Schüler vom Üben abzuhalten drohte. Umgekehrt hat auch Zitzelsberger nicht wenig für die „music academy“ getan, indem er dieser rein privaten Musikschule aus räumlich beengten Verhältnissen heraus zu einem neuen und repräsentativen Domizil verhalf.

Es war eine jener nervenraubenden Aktionen, denen der gelernte Spediteur mit Affinität zum Immobilien- und Bauherrengeschäft seinen inzwischen legendären Ruf verdankt. „Ratzenlöcher“, könnte man sagen, sind seine Spezialität – marode vor sich dämmernde Gebäudlichkeiten, die augenscheinlich darauf warten, dass die Abrissbirne sich ihrer erbarmt.

„Ratzenloch“ nannte die damalige Oberbürgermeisterin Christa Meier zum Beispiel jene Ruine hinterm Arnulfsplatz, Betreten verboten, weil lebensgefährlich. Es handelte sich um das Velodrom, eine Art frühe Stadthalle aus den roaring twenties/thirties, Radrennbahn und Vergnügungstempel der Regensburger Gesellschaft. Oswald Zitzelsberger hat es für eine symbolische Mark gekauft und auf eine eigene Kosten restauriert und renoviert. Heute dient es den Städtischen Bühnen als Ausweichspielstätte. Nicht viel mehr als Ratzenloch war auch der sog. Lokschuppen in der Zollerstraße. Entdeckt von dem Journalisten Günter Schießl, einem der üblichen Verdächtigen, wenn es in Regensburg um Spurensicherung geht – der auch das Velodrom und die Geschichte Simon Oberdorfers ausgegraben hatte – schien der Lokschuppen einer ungewissen Zukunft entgegenzugehen.

Schießl, Erfinder des Villa-Park Open (Fl)Air, träumte stellvertretend für die vielen Rock- und Pop-Fans in Regensburg den Traum von einer Rockhalle für die größeren Veranstaltungen der Alten Mälzerei. Zusammen mit dem Sacco-und-Mancetti-Gitarristen und Architekten Jockl Peithner brachte er erste Entwürfe auf den Weg, stieß aber bei der damals noch federführenden Deutschen Bundesbahn als Eigentümerin auf taube Ohren. Jahrelang tat nichts an der Zollerstraße. Auch die an architektonischen und bauhistorischen Details so reiche Denkmal-Topographie der Stadt Regensburg führt den Lokschuppen eher als Mauerblümchen: „Blankziegelbau mit Rundbogenfenstern und Lisenengliederung, um 1888 nach Plänen von Heinrich von Hügel aus dem Jahre 1857 gebaut.“

Kein Wort von der möglicherweise glamourösen Vergangenheit der Wagenhalle, von der Vorgänger-Halle aus der Mitte des 19. Jahrhunderts, die nach Auffassung der Regensburger Straßenbahn-, Walhallabahn- und Eisenbahnfreunde an selbiger Stelle gestanden und den Salonwagen des Fürstlichen Hauses als Remise gedient haben könnte. Eine schöne Geschichte oder: ein schönes

Neues Leben im alten Lokschuppen

Märchen als Argument für die Renovierung? Auch die Eisenbahnfreunde, die im Lokschuppen ein Schienen-Verkehrsmuseum errichten wollten, drangen mit ihren Vorstellungen bei der Bahn nicht durch. Erst, als sich die Planungsgruppe Dotter/Payer/Würschinger (DPW) für das Objekt zu interessieren begann, kam Bewegung in die Sache.

Die Architekten waren auf der Suche nach Büroräumen, der Lokschuppen hatte es ihnen angetan. Es gab sogar schon ein Aufmaß – doch dann stellte sich heraus, dass die DPW-Computer mit dem nahen Schienenverkehr nicht in Einklang zu bringen waren. DPW entschloss sich kurzfristig um, kaufte die ehemalige Schiffsagentie an der Donaulände – und bekam gleichzeitig von der Bahn den Auftrag, einen Interessenten für den Lokschuppen zu finden. Unversehens schloss sich damit ein Kreis: Die Architekten, die auch die Sanierung und den Umbau des Velodroms als Ausweichspielstätte übernommen hatten, fanden in dem Bauherrn Oswald Zitzelsberger den richtigen Mann auch für den Lokschuppen.

Zitzelsberger brauchte drei Monate und zwei Millionen Mark für die Sanierung und den Umbau. „Eine Woche", sagte er, habe er mit der Bahn AG verhandelt, im Frühjahr 1998. Im Mai, erinnern sich Josef Meier, Klaus Erhart und Gunther Conrad, machte er mit den Inhabern der Regensburger „music academy" den Umzugstermin fest: „Schluss mit den ewigen Raumproblemen! Das neue Schuljahr beginnt – hier."

Die Sanierung war ein Gewaltakt. Die Auflagen des Denkmalschutzes und die Anforderungen an den Schallschutz zusammenzubringen, war nicht leicht. In die Original-Fensterbögen wurden Flughafenfenster der Schallschutzklasse fünf eingebracht, sagt Zitzelsberger, „eine Scheibe wiegt allein 60 Kilo."

Der Geruch von Fäulnis und Moder wich nur langsam aus dem 1000 Quadratmeter großen Schuppen, doch zum Termin war alles wie neu. Die blaue Farbe an den Türstöcken zu den Musikzimmern war kaum getrocknet, wo, vor Wochen, noch eine Grube gewesen war, spannte sich jetzt ein helles Parkett über den Boden im lichtdurchfluteten Konzertsaal.

Der Saal ist das Herzstück im Lokschuppen: Hier werden nicht nur Prüfungen abgenommen. Hier demonstrieren in schöner Regelmäßigkeit die Schüler der Allgemeinen Musikschule, der Berufsfachschule für Pop, Rock und Jazz („Music College"), der Musical School und die Teilnehmer diverser Workshops ihre Spielfreude auch einem breiten Publikum. Erster Erfolg: Ein Programmabend mit Liedern von Edith Piaf.

Sommer in der Stadt, wieder ein Sommer, der Sommer danach, 1999. Der Lokschuppen ist auf dem Weg, sich als kleines, feines Kulturzentrum zu etablieren.

Ein bisschen Glück, die Unfähigkeit der anderen, die als Perlenfischer glatt versagten, bescherte Regensburg (und der „music academy") im Mai das Reunion-Konzert einer der legendärsten Formationen des Alternativ-Pop, der Go-Betweens. Es war der einzige Auftritt der beiden Australier Robert Forster und Grant McLennan in Süddeutschland und gleichzeitig der letzte in Europa, bevor das Duo sich für eine ausgedehnte Tournee in die Vereinigten Staaten verabschiedete. Dreimal hintereinander hatten Forster und McLennan die Clubs in London ausverkauft, hatten sich feiern lassen, von Freunden und Fans, von Künstler-Kollegen wie Edwyn Collins und den Tindersticks. Unmittelbar danach spielten „die großartigen, romantischen Poeten des Pop", wie die New Yorker „Village Voice" die beiden nannte, im Lokschuppen und es war, wie der DJ, Autor und Regisseur Karl Bruckmair es prophezeite: Ein Abend voller „Glück, Beschwingtheit und Leichtigkeit".

Zum ersten Mal war ein Abend so lau, dass das Kulturcafé im Lokschuppen seinen Betrieb nach draußen ver-

lagerte und der eigentümliche Reiz des Standorts so recht zur Geltung kam: Ein samtiger, seidenweicher Nachthimmel über dem spröden, unbehauenen Backsteinbau, dazu die verwehten Ansagen von den Bahnsteigen zu den an- und abfahrenden Zügen. Soviel Frühling war nie. Nachts um halb zwei entlud sich die Wärme in einem Gewitter.
Im Juni verwandelte der Gitarrist Robben Ford die an sich biedere Aula der „music academy" in ein Dampfbad. Der Amerikaner mit dem Hang zum Crossover, der schon mit Miles Davis, aber auch mit Kiss zusammengearbeitet hat, präsentierte in Regensburg ein aktuelles Album mit starkem Westcoast-Touch, zwischen Blues, Soul, Funk, Jazz, Gospel und Pop. Unter den Besuchern und Gästen, an diesem Abend, neben dem Hausherrn Oswald Zitzelsberger auch der Regensburger Kulturpolitiker Dr. Klaus Schulz. Der Lokschuppen war gesellschaftsfähig geworden. Nur eines hat (noch) nicht geklappt.

Im alten Lokschuppen geht die Post ab

Mitte Juni – in München hatte der bayerische Minister für Kunst, Forschung und Wissenschaft, Hans Zehetmair, gerade die Medaille „wegen besonderer Verdienste um den Denkmalschutz" verliehen – war klar, dass Regensburg im zweiten Jahr nacheinander leer ausgehen würde. Oswald Zitzelsberger, den Velodrom- und Lokschuppen-Sanierer, stimmte diese Nachricht (einen Moment lang) betrüblich. Ringsherum aber ist alles in Bewegung.
Der Tag der offenen Tür, der Auftritt der „music academy" beim Fest im Fluss im Juli. Die Regensburger, die mittlerweile auch über die Volkshochschule hineinschnuppern in die Instrumental- und Gesangskurse an der Zollerstraße, wollen unterhalten sein – über mangelnden Zulauf kann die Schule sich ohnehin nicht beschweren. Zwischen 600 und 700 Musikbegeisterte gehen an der Zollerstraße aus und ein, erproben sich vorzugsweise an Pop, Rock und Jazz.
Der letzte an diesem Montagnachmittag kommt wieder mal zu spät. Es ist der Hausherr selber, Oswald Zittzelsberger, mit dem Gitarrenkoffer unterm Arm und seinem Sprüchlein auf den Lippen: „Keine Zeit…" Aus dem Musikzimmer, wo Josef Meier, wie immer, auf ihn wartet, geht der Blick hinaus auf Geleise.
Das ist nicht die Sierra Nevada. Das ist Regensburg. Und es ist, irgendwie, auch nicht schlecht.

EGINHARD KÖNIG

Die Schillerwiese

Schillerdenkmal und Schillerbäder

Die „Schillerwiese", Regensburgs erstes Flussbad, das Anfang der 1970er Jahre nach der Eröffnung des Westbades und dem Bau der Staustufe am Pfaffensteiner Wehr stillschweigend aufgelöst worden war, ist – zur Freude der Regensburger – wieder auferstanden. In diesem Sommer wurden zwei weitere Badestrände renaturiert und beim „Fest am Fluss" (24./25. Juli 1999) eröffnet. Die Eröffnung fand im Regen statt, das Fest war ein voller Erfolg. Die Regensburger haben sich ihre Schillerwiese zurückerobert.

Ursprünglich hieß die Regensburger Schillerwiese Kuhwiese, und Kaiser Karl V. soll, wenn er sich zu Reichstagen in Regensburg aufhielt, die Gegend zur Erholung bevorzugt haben. Der Name „Schillerwiese", der sich zunächst nur zögernd durchsetzte, ist erst seit 1905 in Gebrauch, als hier im hundertsten Todesjahr Friedrich Schillers ein Gedenkstein gesetzt und eine Linde gepflanzt wurden. Gleichzeitig entstand damals auch das gleichnamige Freibad „Schillerwiese".

Bis zu diesem Zeitpunkt existierten in Regensburg nur die Städtische Schwimmschule am Schopperplatz, dann die sog. „Militärschwimmschule", die sich im nördlichen Donauarm zwischen dem Unteren Wöhrd und dem Gries befand, sowie mehrere privat geführte Badehäuschen in der Badstraße am Oberen Wöhrd, wo es u.a. sogar ein „Damenbad" gab. Die Stadtamhofer besaßen eine Badeanstalt am Gries, und zwar genau an der Ecke, wo der Regen in den nördlichen Donauarm einmündet – heute mehr als „Rockzipfel" bekannt.

Die Schillerwiese aber sollte das erste öffentliche städtische Flussbad in Regensburg werden. Eine Aktennotiz zum Magistratsbeschluss vom 3. März 1905 berichtet von der „Herstellung einer Auskleidehalle, 5 Badekabinen, Halle für den Badewärter, Abortanlage", was den Bedarf

Badefreuden von anno dazumal: Die alte Schillerwiese mit Blick auf Niederwinzer

jedoch in keiner Weise befriedigte, denn bereits 1907 waren weitere 14 Kabinen hergestellt. Eine bedeutende Erweiterung erfuhr das Freibad im Jahr 1922: „Herstellung von 30 weiteren Kabinen, Ausbau der derzeitigen Badewärterhütte als Auskleidehalle; Umbau der derzeitigen Auskleidehalle als Raum des Badewärters und Kasse; Herstellung einer Kleiderablage, einer Einfriedung und Abteilungswände und einer Abortanlage."

Die „Abteilungswände" dienten der Geschlechtertrennung im städtischen Freibad. Damals durfte in vielen Orten nur getrennt gebadet werden. Folgerichtig gab es auch eigene Bäder für Männer und Frauen. 1925 wurde in der Nähe der Schillerlinde ein Frauenschwimmbad eröffnet. Es bestand aus zwei in die Donau gebaute schwimmende Becken: das erste sechs mal 24 Meter „für Schwimmkundige", das andere sechs mal 16 Meter für

Nichtschwimmer. Wer eine Badekabine benützte, zahlte für 45 Minuten 20 Pfennige. Wer sich mit der offenen Auskleidehalle begnügte, konnte „sich die Wohltat eines Donaubades ohne jede finanzielle Aufwendung schaffen". Die ganze Badeanstalt war mit einem Bretterzaun vollständig abgeschlossen. In einer der SPD nahestehenden Regensburger Zeitung gab es zum neuen Frauenschwimmbad einen bissigen Kommentar: „Die Sittlichkeitsmarotten unserer schwarzen, gar so schamhaften Stadträte kosten nun die Stadt überflüssigerweise 80 000 Mark. Weil man in der Regensburger schwarzen Rathausfraktion zu prüde ist, um das Familienbaden allgemein zu gestatten, darum muss ein besonderes Frauenschwimmbad errichtet werden."

Wildes Baden

Gleichwohl bot die Errichtung des Frauenschwimmbades den Sozialdemokraten im Regensburger Stadtrat im Juli 1925 die Gelegenheit, eine Umwidmung des städtischen Freibades an der Schillerwiese zum Gemeinschaftsbad zu beantragen, da jetzt, wie der Antragsteller Karl Friedrich Esser, der spätere Mitbegründer und Herausgeber der Mittelbayerischen Zeitung betonte, „allen Frauen, welche kein Familienbad benutzen wollen, das Frauenbad zur Verfügung" stehe. Damit sei „ein wesentliches Bedenken der bisherigen Gegner eines Familienbades beseitigt". Am 29. Juli 1925 übertrug der Stadtrat die Angelegenheit zur endgültigen Beschlussfassung dem Hauptausschuss, der den Antrag mit knapper Mehrheit ablehnte.

Erst 1929 wird die Sache wieder aktenmäßig, interessanterweise in einem Schreiben der Regensburger Polizeidirektion vom 29. Juli 1929 an den Stadtrat. Inzwischen hatten sich nämlich die Regensburger ihr Gemeinschaftsbad illegal selbst geschaffen, und zwar durch „wildes Baden" flussaufwärts neben der Badeanstalt. Die Polizei versuchte vergeblich, dem verbotenen Baden Einhalt zu gebieten. Vor allem die Jugend des aus der Arbeitersportbewegung hervorgegangenen Freien TuS lieferte sich jeden Sommer ein Katz-und-Maus-Spiel mit den Ordnungshütern. Zwar holte die damals noch berittene Regensburger Polizei gelegentlich die „wild Badenden" aus dem Wasser; letztlich sah sich aber die Polizeidirektion außerstande, der Ordnungswidrigkeit des Wildbadens abzuhelfen, was eigentlich ihre Aufgabe gewesen wäre, denn die im Jahr 1927 gültigen „Ortspolizeiliche(n) Vorschriften" bestimmten eindeutig: „Das öffentliche Baden an anderen als an den alljährlich von dem Stadtmagistrate bestimmten Badeplätzen ist verboten. Ein „unverhältnismäßig großes Aufgebot von Polizeimannschaften" sei nötig, um den Platz abzusperren oder zu räumen. Man befürchtet seitens der Polizei, dass eine derartige Aktion „die Quelle zu schweren Straftaten (Widerstand gegen die Staatsgewalt, Beamtenbeleidigung usw.)" werde und, wohl das gewichtigste Argument, von der Öffentlichkeit nicht verstanden würde. Deshalb soll, so der Rat der Polizei, zunächst die ganze Wiese als öffentlicher Badeplatz für Familien erklärt werden, sodann die Badeanstalt vergrößert und ein Familienbad geschaffen werden. Erst dann könne dem Wildbaden mit größerem Nachdruck begegnet werden.

Der gutgemeinte polizeiliche Vorschlag blieb im Prinzip wirkungslos. Am 2. September 1929 beschloss man immerhin, dass „die nicht benutzten Kabinen in dem Freibad auf der Schillerwiese auch dem außerhalb des Freibades badenden Publikum zum Aus- und Ankleiden zur Verfügung gestellt werden". Diesem Beschluss lag ein Antrag des linksliberalen Stadtrats Staudinger zugrunde. Die Regensburger Neuesten Nachrichten vom 4. Septem-

Und so waren einst die Umkleidekabinen in Regensburgs erstem Regensburg öffentlichen Flussbad

ber 1929 berichteten über die Sitzung: „Herr Staudinger führte zur Begründung seines Antrags aus: Bekanntlich sei auf der Schillerwiese in der Nähe des städtischen Freibades ein Familienbad entstanden. Das Volk habe sich selbst geholfen. Es hat das neue Familienbad von sich aus geschaffen. Daran sei nichts mehr zu ändern." Nun also konnten, normative Kraft des Faktischen, die gemischt-geschlechtlichen wild Badenden die Kabinen des inzwischen im Geschlechtsturnus organisierten städtischen Freibades benutzen. Die Regensburger Neuesten Nachrichten kommentierten die Angelegenheit so: „Nach unserer Ansicht hätte man hier schon längst Abhilfe schaffen müssen und die Dinge nicht an sich herankommen lassen dürfen. Ein Ruhmesblatt in der Tätigkeit der Bayerischen Volkspartei auf dem Rathause bilden Volks- und Familienbad gewiss nicht. Es gibt keine Stadt, in der über das Baden so verschrobene Ansichten vorherrschen, wie gerade in Regensburg."

Die Trennung der Geschlechter ist vollständig

Vielleicht mag mancher Regensburger neidvoll über die Stadtgrenzen geblickt haben. Denn der Landkreis Regensburg, damals Bezirksamt Stadtamhof, schien da weit fortschrittlicher zu sein. Immerhin hatte der Hauptausschuss des Bezirksamtes Stadtamhof schon 1928 unter dem Vorsitz des Barons von Pfetten einstimmig die Errichtung eines Familienbades an der Donau in Großprüfening genehmigt. Nach einigen Widerständen von Grundstücksbesitzern und „Sittlichkeits-Schnüfflern" konnte das Großprüfeninger Familienbad im Juli 1929 in Betrieb genommen werden. Die „Volkswacht für Oberpfalz und Niederbayern" berichtete am 30. Juli 1929: „Wer nun die letzten heißen Sommertage in diesem Strandfamilienbad war, dem lachte das Herz im Leibe. Jung und Alt beiderlei Geschlechts tummelte sich dort in dem erquickenden Nass, Buben und Mädels brachten Gummibälle, aufgeblasene Gummi-Enten usw. mit und vertrieben sich die Zeit mit Wasserspielen. So muss es überall kommen."

Der letzte Satz liest sich wie eine Aufforderung an die Regensburger. Prompt erneuerte die SPD-Fraktion am 16. September 1929 im Regensburger Stadtrat ihren alten Antrag aus dem Jahr 1925 auf Genehmigung eines Familienbades an der Schillerwiese, doch schließlich wird „nach eingehender Debatte der Antrag auf Umgestaltung des Freibades an der Kuhwiese und die Errichtung einer Sammelgarderobe abgelehnt."

Der Sommer 1931 brachte für das Schillerbad dann doch eine Neuerung, die eigentlich eine Rückkehr zum alten Zustand war: Der metereologisch ziemlich widersinnige Turnus von Männer- und Frauenbadetagen wurde aufgegeben; wie früher wurde das Bad durch eine Bretterwand in zwei getrennte Abteilungen, eine für Männer und eine Frauen, abgeteilt. Es handelte sich dabei um eine „rauhe, jedoch überfölzte Bretterverschalung, zwei Meter hoch mit rund 10 cm Abstand von der Grasnarbe"; daran schloss sich ein 20 m langer Maschendrahtgeflechtzaun, 1,30 m hoch, in der Kiesfläche bis zum Strombett. „Von der Einführung eines Familienbades kann nicht im entferntesten die Rede sein", teilte der Oberbürgermeister Dr. Hipp (BVP) dem besorgt anfragenden Bischöflichen Stadtkommissär Höfner mit. Denn: „Die Trennung der beiden Geschlechter außerhalb des Wassers ist vollständig und auch innerhalb des fließenden Stromes wird die Trennung im wesentlichen durchgeführt." Dr. Hipp wies die städtischen Bediensteten nachdrücklich an: „Nachdem in der Badeanstalt an der Schillerwiese nunmehr gleichzeitig in getrennten Abteilungen für Männer und Frauen der Badebetrieb erfolgt, erscheint eine verschärfte Kontrolle hinsichtlich der Ordnung unbedingt erforderlich. Ich ersuche das Entsprechende zu veranlassen und das Personal nachdrücklich anzuweisen, gegen Ungehörigkeiten irgendwelcher Art mit aller Schärfe vorzugehen. Insbesondere ist das Hinübergehen von Männern in die Frauenabteilung und umgekehrt unter gar keinen Umständen zu gestatten."

Das Gemeinschaftsbad

Es war dann ausgerechnet der (damals noch kommissarisch amtierende) Nazi-Oberbürgermeister Dr. Schottenheim, der das seit 1925 von der SPD immer wieder vorgebrachte Anliegen aufgriff und schon am 21. März 1933 kurzerhand dekretierte: „Das Freibad an der Schillerwiese soll im heurigen Sommer als Familienbad betrieben werden." Das neue Familienbad wurde nun wesentlich

Auch unter der Dusche blieben Männer und Frauen zunächst getrennt

vergrößert, ein Wirtschaftsbetrieb in städtischer Regie, für den die Regensburger Brauhaus A.G. Kredit gab und dafür viel Fassbier, wenig Flaschenbier und mäßig viel Mineralwasser lieferte, kam dazu. Und: das wilde Baden außerhalb der Badeanstalt musste „nunmehr unter allen Umständen unterbleiben". Die Polizei verspricht in einem Schreiben an den Stadrat: „Da das bedeutend vergrößerte Familienbad an der Schillerwiese und die übrigen Badeanstalten nunmehr genügend Gelegenheit zum Freibaden bieten, wird die Polizeidirektion mit Nachdruck dem Wildbaden begegnen." Der rigiden Regel und dem polizeilichen Vorsatz war offensichtlich wenig Erfolg beschieden: Fotos aus den folgenden Jahren zeigen, dass die Regensburger ihre wilden Badeplätze nach wie vor besetzt hielten. Dennoch zog das erweiterte Bad, das jetzt 10 Pfennige Eintritt kostete, viele Besucher an, an heißen Wochenenden mehrere Tausend.

Am 12. Juli 1933 besucht der Bezirksarzt die Badeanstalt und moniert das Fehlen eines Kinderaborts und eines Deckels auf dem Frauenabort, den Mangel an Papier auf den Aborten sowie die Tatsache, dass das Fenster im Verbandsraum in den Frauenabort mündet, „ein unhaltbarer Zustand". Er schlägt die Anwesenheit eines ausgebildeten Sanitäters an besuchs-intensiven Tagen und die Einrichtung eines Notfall-Telefons vor. Ein handschriftlicher Vermerk auf dem Arztbericht verspricht sofortige Abhilfe. Allerdings zeigen Eingaben an die Stadtverwaltung, dass die Regensburger mit ihrem neuen Schillerwiesenbad noch nicht so richtig zufrieden waren. Der aufmerksame Bürger K. Kempt beglückwünscht zunächst den Herrn Amtmann „zu dem gelungenen Werk des Ausbaus des Familienbades" und gestattet sich dann die folgenden Vorschläge: „Durch das Aufstellen von Abfall-Behältern wäre dem Übel, dass Obstreste, Zigarrettenschachteln, Einwickelpapiere oder gar schmutzige Wundverbände in wüstem Durcheinander die Liegewiese verunreinigen, sicher abzuhelfen. Ja ich glaube sogar, die Aufstellung eines gekennzeichneten Ordnungsmannes, der jeden Verstoß gegen die Reinlichkeit in eine kleine Buße nimmt – wodurch er sich schließlich selbst bezahlt macht – würde vom größten Teil der Badegäste freudig begrüßt." Auf die Eingabe notierte ein Beamter: „Papierkörbe sind inzwischen angeschafft worden."

Am 19. Juni 1934 schreibt Johann Wurst, Arbeitsinvalide, Mitglied des Gesamtverbandes der deutschen Arbeitsopfer, an den Stadtrat: „Bin täglicher Besucher des Bades an der Schillerwiese. Möchte nun auf einiges aufmerksam machen. Zu solchen Arbeiten soll man nur Leute heranziehen die auch Verständnis für solche Sachen haben. Man musste doch schon im voraus mit Massenbetrieb rechnen. Erstens: Die Staubplage besonders wenn der Wind geht, auf der Zufahrtsstrasse von der Donaulände bis ins Bad hinein, und im Bad selbst gehört an heißen Tagen mehrmals gespritzt. Am Sonntag, den 17. waren schätzungsweise 5000 Personen im Bad, es stehen aber für Frauen ein Abort, für Männer 1 kleines Pissoir und 2 Aborte zur Verfügung. Zweitens: Beim Zugang zum Wasser ist steiniger Boden man kann nicht gut gehen darauf, mir brennen immer die Fußsohlen davon. Zur Not sollte man an mehreren Stellen Bretter legen, Holz ist genug da, der bayerische Wald kann noch einige Bretter abgeben, auch Arbeiter wären da die das machen könnten. Bin der Auffassung dass immer ganze Arbeit geleistet werden soll. Den Regensburgern die dero ein badefreudiges Völklein sind, könnte man schon ein bisschen entgegenkommen. Am Sonntag, den 17. hats da drausten, nur so gekriebelt und gekrabelt, besonders unsere Kleinsten haben sich köstlich amüsiert, es war eine Freude das mit ansehen. Heil Hitler! Johann Wurst". Der Brief trägt den amtlichen Vermerk: „Vorladen!"
Im Jahr 1937 wurde das Schillerwiesenbad nochmal erweitert. Schließlich hatte die Stadt Regensburg „zur Errichtung von Bade-, Turn- und Sportplatzanlagen" sog. Verlandungsfreiflächen vom Land Bayern gepachtet. 1939 war ein außergewöhnlich schöner Sommer, das Schillerwiesenbad verzeichnete Rekordbesuch. Dann begann der zweite Weltkrieg und damit werden die im Stadtarchiv befindlichen Akten über die Schillerwiese spärlicher.

Niedergang und Aufstieg, Ende und Wiedergeburt

Am Ende des Krieges und in der unmittelbaren Nachkriegszeit verrottete das Bad an der Schillerwiese. Noch 1949 war es nur „bedingt aufnahmefähig". Und 1949 monierte Stadtrat Karl Bachmann eine Reihe von Missständen im „an sich schön gelegenen“ Bad: Unebenheiten auf der großen Wiese, Unkrautbewuchs, völlig unzureichende Kabinenzahl, Abwasser der Duschen führt in den Kinderbadebereich, verschmutzter Rasen, Schlaglöcher auf der Zufahrt, zu wenig Parkplätze für Fahrräder, Stadtbus fährt die Schillerwiese nicht an, Sicherheitsvorkehrungen unzureichend, zu wenig Personal. Es sollte aber noch bis 1958 dauern, bis der Tages-Anzeiger frohgemut melden konnte: „Die Schillerwiese hat sich sehr zu ihrem Vorteil verwandelt.“ Eine neue Umkleideanlage mit geräumigen Sammelkabinen und einer Garderobe wurden montiert und bequeme Sitzbänke angebracht, Spiel- und Sportgeräte sowie die Gaststättenbestuhlung mit neuer Farbe gestrichen. Und: „die bisher so schlaglochreiche Anfahrt in eine geteerte Prachtstraße umgewandelt“.

Der Badebetrieb ging bis etwa 1974. Dammbau- und Uferbefestigung des Rhein-Main-Donau-Kanals erschwerten zunehmend den Zugang zum Wasser. Mehr noch aber schreckte die Verschmutzung der Donau die Badenden ab. Bereits 1971 hatte die Regierung der Oberpfalz für die Donau um Regensburg die „Güte“-Klasse „stark verschmutzt“ gemeldet, d. h. „mit starker organischer sauerstoffzehrender Verschmutzung und meist niedrigem Sauerstoffgehalt; örtlich Faulschlammablagerungen, flächendeckende Kolonien von fadenförmigen Abwasserbakterien“. Das 1972 eröffnete Westbad trat die Nachfolge der Schillerwiese an – freilich war es kein Flussbad.

Doch die Gewässerschutzmaßnahmen der letzten 25 Jahre brachten eindrucksvolle Erfolge. 1995 wies derselbe Stromabschnitt die Güteklasse „mäßig belastet“ auf, d. h. „Gewässerabschnitte mit mäßiger Verunreinigung und guter Sauerstoffversorgung; sehr große Artenvielfalt und Individuendichte von Algen, Schnecken, Kleinkrebsen, Insektenlarven; Wasserpflanzenbestände decken größere Flächen; ertragreiche Fischgewässer“. Die Donau hatte wieder Badequalität. Aber erst das „Fest im Fluss 1998“ transportierte diese Tatsache ins Bewusstsein der Regensburger, als der neue Badestrand eröffnet wurde, was offensichtlich höchst schwierig ins Werk zu setzen war aufgrund sehr komplizierter Kompetenzzuschreibungen zwischen Wasserwirtschaftsamt, Wasser- und Schifffahrtsamt, Wasserschutzpolizei usw.: „Dem Bund fehlt die Zuständigkeit für ‚Renaturierungen‘, dafür hat er das Eigentum und die Verantwortung für Damm, Ufer und Wasser. Das Land hat die Aufgabe und ‚beschirmt‘ das Projekt – aber aktiv auf dem Eigentum des Bundes“ (Jan Reche). Die Hartnäckigkeit der „Fest-im-Fluss-Macher“ mit Klaus Caspers und Anton Zimmermann an der Spitze wurde auf eine harte Probe gestellt. Einer der es wissen muss, Rüdiger Schmid, Leiter des Wasserwirtschaftsamtes, notiert: „Und das schier Unvorstellbare wurde wahr.“ Und er fährt fort: „Ein erster Badestrand war fertig zum Fest, viel zu klein, um all die begeisterten Wasserratten an den heißen Sommertagen aufzunehmen. Ein flacher, kiesiger Zugang zum Fluss war geschaffen, der Fluss konnte angefasst werden, wie in alten Tagen! Die Bürger hatten wieder einen Zugang zu ihrem Strom gefunden.“

Quellen und Literatur:
Stadtarchiv Regensburg: Akten Nr. 485 b, 487 a 2, 499 e, 713 d, 938 b, 938 c, 940 c, TA Jg. 1905
Bayerisches Jahrbuch 1929. Ein Hand- und Nachschlagebuch, München 1928
Bayerisches Staatsminsterium für Landesentwicklung und Umweltfragen (Hg.): Gewässergütekarte Bayern. Stand September 1995
100 Jahre Regensburger Ruderverein. Fest im Fluss. 25. Juli 1998 (Festschrift), o.J. (1999)
Regierung der Oberpfalz (Hg.): 25 Jahre Gewässergütekarte Oberpfalz, o.J. (1996)

HORST HANSKE

Servus, bis heut' Abend beim Knei

Vor hundert Jahren kam Johann Kneitinger zur Welt

Im letzten Jahr des 19. Jahrhunderts war er in einem Wirtshaus zur Welt gekommen. Es war aber nicht irgendein Wirtshaus, sondern es war schon damals der „Kneitinger", und der aus einer alten Regensburger Brauer-Dynastie stammende Johann III. wurde später der berühmteste Wirt der ganzen Stadt. Sein Bier erlangte sogar Weltruhm und seine Braugaststätte ging in die Literatur ein. Zum 100. Geburtstag von Johann Kneitinger dem Dritten blättert Horst Hanske im Buch der Regensburger Wirtshaus-Geschichte ein unvergessliches Kapitel auf.

Durch das Tor über das Blaubasaltpflaster. Die Luft schmeckt nach Bier, Braten, Eichenfass und auch ein wenig nach Pissoir. Nach acht Schritten links durch die Tür, eine Stufe hinab in den dunkelgebeizten Windfang, die Flügeltüren aufgestoßen – und schon steht der Gast in der berühmtesten Gaststube der Domstadt. Links die Stammtische der Möbelpacker, die sich schlicht Möbler nennen, schräg gegenüber die eisernen Jahnanhänger, die immer noch der Oberliga nachtrauern und vom Hubeny schwärmen. Dort der Tisch mit dem „bayerischen Neger", der auch im Wirtshaus seinen hellen Strohhut nicht vom Kopf nimmt und alle mit einem zünftigen „Servus" grüßt.

Und rechts zur Schenke und zur Küche hin die Stammtische der Regensburger Prominenz und der Menschen, die sich zur Höherem berufen fühlen. Wer hier zu bestimmten Stunden Platz nehmen darf, hat Distinktion, ein Rangplus über gemeinem Publikum. Das sind die Sitzplätze der Juristen, Architekten, Kaufleute, Apotheker und auch der Pharmavertreter, die – vom Wissen her – jeden Arzt in die Tasche stecken, wie sie selbst behaupten. Früher saßen hier auch die geistlichen Herrn und einzelne Pfarrer vom Land nach ihrem jeweiligen Ordinariatsbesuch. Und an der engsten Stelle des Wirts-

hauses das Stammtisch-Presbyterium mit den Tischen eins und neun unter der Obhut der Brauereiheiligen Sofie und Johann Kneitinger, die wohlwollend von der holzgetäfelten Wand auf die Zecher blicken.
Was den Münchnern das Hofbräuhaus, den Wienern der Augustiner und den Berlinern ihr Cafe Kranzler, das ist den Regensburgern der Kneitinger. In den vielen Reisebüchern, die unsere alte Stadt preisen, wird das Brauereiwirtshaus mal als „anheimelnde Brauereiwirtschaft“, als „Hort der Gemütlichkeit“ und – zusammen mit der Wurstkuchl an der Donau – als „unverzichtbare Einkehr“ gerühmt.

Kneitinger älter als Wurstkuchl

Das Brauhaus am Arnulfsplatz trägt stolz in seinem Bockbierwappen die Jahreszahl 1530, was laut Helmut von Sperl, dem Regensburger Brauereihistoriker, ein Schreibfehler vergangener Jahrhunderte gewesen sein könnte. Er fand erst in den Annalen von 1590 den Hinweis auf den Bierbrauer Anton Mayer, der in dem Anwesen Arnulfsplatz 3, früher Unterer Jakoksplatz, Bier braute und dem Kloster St. Emmeram zinspflichtig war. Die Wurstküche an der Stadtmauer taucht dagegen erstmals in der Bauamtschronik anno 1616 in Verbindung mit dem Bau des Salzstadels östlich der Brücke auf und ist somit 26 Jahre jünger als die Brauerei am Arnulfsplatz.

„Bier und Gaststätte erfreuen sich der Wertschätzung der Regensburger und der Fremden“, heißt es in einem alten Stadtführer, gedruckt bei der Steindruckerei Niedermayr. Im 17. und 18. Jahrhundert war das Anwesen jeweils im Besitz der reichsstädtischen Bierbrauer Koch, Hiltl, Klämperl, Sarchinger und der Brauerfamilie Clostermeyer. An der Wende zum 19. Jahrhundert gehörte sie dem Bierbrauer Georg Adam Haller, der auch Mitglied der Regensburger Freikompanie zu Pferd war. Und seit 1861 befand sich die Brauerei im Besitz der Familie Kneitinger. Mit dem Tod der Witwe Sofie Kneitinger, am 28. Januar 1991, kam das gesamte Vermögen der kinderlosen Eheleute Kneitinger an die Hans und Sofie-Kneitinger-Stiftung.

Geboren am 3. August 1899: Johann Kneitinger der Jüngere

Alle Kneitinger hießen Johann

Die Herren Kneitinger hießen alle mit Vornamen Johann, getauft nach Johannes dem Evangelisten. So landeten die Bierbrauer Kneitinger häufig unter Evangelist Kneitinger in den Archiven der Stadt. Helmut von Sperl sichtet und ordnet während der umfangreichen Umbauarbeiten im Kneitinger-Mutterhaus den mit wertvollen Antiquitäten, Urkunden, Fotoalben, Briefen, kostbaren Bierkrügen, herrlichem Kinderspielzeug und einem alten Schrank voll Pferdegeschirr der letzten Brauereirösser angefüllten Speicher über dem Wirtshaus. Von einem goldgeränderten Fotoabzug aus dem vorigen Jahrhundert blickt der Ur-Kneitinger, ernst und wichtig mit hochgedrehtem Schnurbart. In einer Hülle der Reisepass des letzten Johann Kneitinger, der am 20. Juli 1975 in der Kreuzgasse tot zusammenbrach: Größe: 1,68 Meter. Farbe der Augen: braun. Besondere Kennzeichen: keine. Hans Kneitinger schaut freundlich vom ösengesäumten Passbild. Helmut von Sperl hat die verschiedenen Johann Kneitinger mit I, II und III durchnummeriert.

Johann Kneitinger der Erste bekam auf sein Gesuch vom 22. Oktober 1892 zum Betreiben einer Bierschenke schon fünf Tage später die polizeiliche Genehmigung: „Sie, Johann Evangelist Kneitinger, erhalten die polizeiliche Genehmigung zur Ausübung der Bierschenke in Ihrem Brauerei-Anwesen Lit. A. AH. Nr. 196, dahir …“ Und kurz darauf auch gleich mehrere polizeiliche Verwarnungen und Strafen, weil er weit über die Sperrstunde hinaus sein Bierlokal geöffnet hatte. Die Regensburger drängten „zum besten Bier aller 26 Regensburger Brauereien“ und sie fanden die Wirtsstube im ehemaligen Kuhstall „sehr gemütlich“. Hier traf sich damals schon oben und unten, hier zechte der Apotheker und der Lohnkutscher, der Advokat mit dem Kaufmann und der Herr Geheimrat und Privatier mit dem Sänger drüben vom Stadttheater. Kolossale Karikaturen der Stadt fanden sich hier zum Stelldichein

Die Wirtsstube war der Kuhstall

Vordem, also vor gut hundert Jahren, standen dort, wo heute die Regensburger palavern und zechen, nur Ochsen und sonstiges Rindvieh im Stall. Kneitinger I. braute sein Bier und belieferte viele Regensburger Wirtschaften und den Fürsten von Thurn und Taxis. Durchlaucht fanden Kneitingers Hopfentrunk ausgezeichnet und ließen als Dankeschön zwei Porträts, ölfarbengemalt auf Leinwand, der Fürst und Fürstin in herrlichem Barockrahmen, überbringen. Nach einigen Anstands-Monaten entfernte der Bierbrauer die Hoheiten und setzte sich und seine Frau in den blattgold-belegten Rahmen.

Der Mann, der so ernst und bedeutend von dem braunen Porträt des königlichen Hof-Photographen Philipp Emser blickt, war im Hauptberuf eigentlich Landwirt. Auf seinen weitläufigen Feldern im Stadtwesten erntete er die Gerste für sein Bier und Kartoffeln und Gemüse für die Küche. Und im Eckhaus Arnulfsplatz/Kreuzgasse holten die Regensburger an einem schmalen Schankfenster, links hinten im dunklen Gang, ihr Bier im mitgebrachten Glas- oder Emailkrug und weiter hinten Milch, Eier, Kartoffeln und am Freitag auch Gemüse.

Johann Kneitinger III., der letzte aus der gediegenen Brauerfamilie, der am 3. August 1999 seinen hundertsten Geburtstag gefeiert hätte, war der bemerkenswerteste Spross der Kneitinger-Dynastie. Er war der stadtbekannte Gastronom und Braumeister, um den sich die Anekdoten ranken. Er war der weit über die Stadtgrenzen bekannte Wirt, der dem Wirtshaus am Arnulfsplatz über ein halbes Jahrhundert seinen Stempel aufgedrückt hat und er war eine ausgesprochene Persönlichkeit unter den an Originalen reichen Wirten Regensburgs.

Er kam als drittes Kind der Eheleute Johann Evangelist Franz Kneitinger und Pauline Helene Rosalie Kneitinger, geb. Häring am 3. August 1899 in der Kneitinger-Wohnung über dem Wirtshaus am Arnulfsplatz zur Welt und wurde auf den Namen Johann Evangelist Paul Ignaz August getauft. Die Namen August Ignaz hielt er als junger eleganter Mann für eine Hinterfotzigkeit seiner strengen Mutter Pauline. Ignaz und August wurden von Johann verbannt.

Liebesbriefe an die blonde Verkäuferin aus Stadtamhof

Johann Kneitinger trug einen Oberlippenbart und gern sportlichen Knickerbocker. So lässig gekleidet traf er an einem Sommersonntag des Jahres 1925 im Stadtpark das Fräulein Sophie, das mit Familiennamen bezeichnenderweise Gast hieß. Johann liebte die Gäste und jetzt verliebte sich in die sechs Jahre jüngere blonde Verkäuferin, machte ihr den Hof und schrieb rührende Liebesgedichte: „Leb wohl im fernen Lande/ Denk an mich!/ Denk: auch an des Meeres Strande/ Liebt man Dich. Meinem lieben Soferl zum frohen Wiedersehn.“ 1926 gab sich Johann Kneitinger melancholisch: „Es gibt im Leben Stunden / Da zieht zurück man sich / Von dem Gewühl der Menschen / Von jedem falschen Blick. / Man setzt sich hin und träumet / Denkt der Vergangenheit / Gedenket eines Jeden / Denkt seiner Jugendzeit. / Hervor nimmst Du den Zettel / Der längst vergessen blieb / Durchlehsest jede Zeile und / Schaust was ich Dir schrieb / Und in den Augen sieht man / Dir eine Träne stehn / Man sieht's Dir an Du weinest / Die Zeit sie war so schön. Dein Hans.“

Am 27. August 1928 gaben sich Sofie und Hans Kneitinger das Ja-Wort

Am 27. August 1928 gab Sophie Gast dem Johann Kneitinger in der Kirche St. Emmeram das Ja-Wort. Auf dem Hochzeitsfoto ist er mit seiner Barttracht und leicht abstehenden Ohren kaum zu erkennen und auch Sophie Kneitinger, die ihren Vornamen fortan mit f schrieb, hat im Brautkleid mit langem Schleier wenig Ähnlichkeit mit der später stadtbekannten Wirtin.
Erst am 30. September 1928 bekam Johann Kneitinger als verspätetes Hochzeitsgeschenk von seiner Mutter Pauline, einer enorm geizigen und engherzigen Frau, Brauerei und Wirtschaft zur Pacht. Johann Kneitinger verpflichtete sich schriftlich zu einem „Pachtschilling" von 4 Goldmark pro Hektoliter Bier, die er pünktlich an seine Mutter zahlen musste. Diese harte Pacht an die Mutter könnte Ursache und ständiger Beweggrund von Johann Kneitingers großer Sparsamkeit sein.

Großzügig bis zur Schmerzgrenze

Johann Kneitinger hatte viel Freude an seiner Gattin. Sie wurde zur perfekten Küchenchefin und zu einer Respektperson, die so manchen das Fürchten lernte. Aber im Gegensatz zum sparsamen Gatten war Sofie Kneitinger eine freigebige Natur. Das „Brillanten-Soferl", wie die Kneitinger-Wirtin mit einem Anflug von Respekt und Neid in vornehmen Stammtisch-Kreisen genannt wurde, machte 128mal die Patentante. Sie war Tauf- und Firmpatin von Handwerker-Kindern und Halbwaisen, Kindern von Kulissenschiebern und Stadträten. 128mal bereitete die Frau, die selbst kinderlos blieb, Kindern und deren überraschten Eltern Freude. Davon wusste der mit dem Pfennig rechnende Gatte Johann und er ertrug es mit Fassung.
Johann Kneitinger konnte freilich nicht ahnen, dass die Großzügigkeit seiner Frau nach seinem Tod eine neue Dimension annehmen würde. Das wurde dann zum Stadtgespräch. Bockbieranzapfer drängten nach dem Holzschlegel, denn die Schläge auf den Zapfhahn wurden von der energischen Witwe satt vergoldet. In ihrem lavendel-parfümierten Windschatten hielten sich allerlei Freibier-Gesichter und Erbschleicher. Da waren die stets nickenden Ja-Sager, die zuerst Johann Kneitinger und jetzt die Witwe mit schönen Reden umschmeichelten. Die Universalerbin gefiel sich in der Rolle der großzügigen Dame. Sie verschenkte Autos und Wohnungen und zuletzt sogar das Zehn-Millionen-Anwesen, den Kneitinger-Garten am Oberen Wöhrd, eines der Wahrzeichen der Brauer-Dynastie. Diese Großzügigkeit verlangte Opfer. Wer ihr dagegenredete, fiel von einem Wort zum anderen in Ungnade. Als die alte Dame den Schafbauer Hans, ihren Neffen, noch auf dem Korn hatte und ein sonst artiger Ja-Sager die leise formulierte Feststellung traf, dass der Schafbauer ein ebenso guter Wirt wie ihr Johann sei, rückte sie ihren Schmuck zurecht, hüstelte ins seidene Taschentuch und wandte sich von dem Herrn für immer ab.
Neben diesem Machtgebaren zeigte die exzentrische Frau aber auch immer wieder warme Herzlichkeit. Sie hat ihre Herkunft aus ärmlichen Stadtamhofer Verhältnissen nie vergessen, sagte sie, und das musste man ihr glauben. Mit dem Alter wuchsen auch ihre Geschenke. Manchmal und besonders zuletzt konnte man sich des Eindrucks nicht erwehren, als wollte die Bräuin den Himmel für den baldigen Heimgang gnädig stimmen.
Als Schwager Karl Hefele, der nach dem Tode Johann Kneitingers zum ständigen Berater avancierte, einmal in Sofie Kneitingers Wohnung trat und „alles voller Weiber" fand, sprach die Bräuin aus der Ecke des düsteren Wohnzimmers wie eine Figur von Tolstoi: „Denen da kannst allen gratulieren, die bekam eben von mir das Haus mit dem Kneitinger-Garten geschenkt, da drüben die Frau das Anwesen im Regental ...", mehr hörte Karl

Hefele schon nicht mehr. Der Schreck fuhr in seine Glieder – „Ich dachte mich haut's um, die Alte is narrisch word'n." Hefele fürchtete um die von Sofie Kneitinger gegründete Stiftung, „die sie mit ihren gigantischen Schenkungen an den Rand des Abgrunds brachte."
Von diesen bizarren und bayernweit Schlagzeilen machenden Vorgängen konnte Johann Kneitinger – zu seinem Glück – freilich nichts ahnen, auch nicht an seinem 75. Geburtstag. Er hielt den kleinen Johannes Schafbauer, den Erstgeborenen seines Neffen Hans, auf dem Arm und wiegte ihn glücklich als den künftigen Erben seiner zielstrebigen Arbeit. Noch waren die Geschenk-Eskapaden seiner Gattin Marginalien im großen Lebensbuch des Braumeisters vom Arnulfsplatz

Ein Original mit vielen Facetten

Es gab Johann Kneitinger den Wirt, den Braumeister, den Theater- und Frauenliebhaber, und es gab Johann Kneitinger den Frommen, den Pfennigfuchser, den Weltreisenden, den Musiker und Verseschmied. Und all die verschiedenen Personen wusste der kleine Mann scharf zu trennen. Er war als Geschäftsmann „korrekt bis auf die Knochen", sein Handschlag galt, sagte sein Brauerei-Nachbar und Konkurrent Fritz Emslander. Und Johann Kneitinger war stolz auf seinen Gerstensaft, der immer zu den Spitzenbieren Bayerns gehört hatte und viele Goldmedaillen einbrachte. „Scheef, des Bier is wieda einsame Klasse", lobte Sigi, der Möbelpacker – „Angenehm, der Herr", dankte der Wirt und ließ eine frische Halbe hinstellen, was bei Johann Kneitinger sonst nur sehr selten vorkam.
Der immer kleiner werdende Kreis von Kneitinger-Stammgästen, die von sich behaupten können, den legendären Wirt persönlich gut gekannt zu haben, erinnert sich nur an den Johann Kneitinger, der sich am Abend

Johann Kneitinger – ein Freund der schönen Künste und der schönen Frauen

im vollen Wirtshaus präsentierte: elegant im grauen Anzug aus englischem Tuch, mit exakt gebundener Krawatte, den schweren Siegelring seines Vaters am Finger der linken Hand. Die Stammgäste fühlten sich geehrt, wenn der „Knei“ schon von Weitem die rechte Braue zum Zeichen des Erkennens in die Stirn hob. Seine regelmäßigen Runden von Tisch zu Tisch verursachten Behagen und wohliges Geborgensein.

Sein Begrüßungsritual hatte er im Laufe der Jahre auf ein bayerisches Stenogramm reduziert: „d' Ehre Herr Nachbar“. Wenn er gut aufgelegt war, wurde aus dem Nachbarn ein Herr Doktor. „Geht's, jawohl, prima, Respekt, alles in Ordnung, kriagn ma no a Halbe – so, wie geht's der Frau?“ Die Antwort wurde selten abgewartet. „Angenehm, freut mich, freut mich“, seine wieselflinken dunklen Augen blieben drüben am Tisch an zwei leeren Biergläsern hängen und dabei überhörte er das leise „Vorige Woch haben wir sie eingegraben, es war ein langes Leiden.“ – „Respekt, freut mich, freut mich“. Solche Geschichten machten die Runde durch Regensburg und den Johann Kneitinger zu einem Original. Sein näselnder Tonfall und sein heftiges Mienenspiel ließen ihn unverwechselbar erscheinen. An ihm übten sich gute und weniger gute Imitatoren und ernteten damit Beifall, Heiterkeit und so manche Freibier-Runde.

Den Hans Kneitinger kannten nur wenige Menschen

Den anderen Kneitinger, den Hans, wie er von seiner Sofie und einer Handvoll Freunden und Verwandten gerufen wurde, den verbarg er, so gut es ging. Nicht einmal beim Speisen ließ sich der Wirt von seinen Gästen zusehen. Sein Bier trank er sparsam und in winzigen Schlückchen aus einem goldgeränderten Schoppenbierglas, das am Fenster der Schenke stand und den Bedienungen und Küchenpersonal anzeigte: Der Chef ist da! Er trank sein Gebräu im Stehen, kostete es mit den Mundbewegungen eines Weinbeißers und hatte dabei den Blick auf die schwarze Holztafel geheftet, auf der die Zahl der ausgeschenkten Fässer mit Kreide abgestrichelt wurden. Zuoberst auf der Tafel steht immer noch „Mit Gott“, von Kneitinger in wohlgesetzter Sütterlin geschrieben.

Ein Mensch, vor dem er sich nicht versteckte, der ihm auch beim schnellen, manchmal sogar hastigem Speisen mittags in der heißen Wirtshausküche zusehen durfte, war Karl Hefele, sein Schwager. Er stand dabei, wenn Johann Kneitinger, den Teller in der Hand, die vielen Töpfe inspizierte, die besten Stücke rausfischte und an einem kleinen Holztisch in der Ecke mit Unrast kaute. Wenn es ihm schmeckte, zwickte er heftig die Augen zusammen, blickte zur Köchin hinüber – meistens seine Frau Sofie – und sagte: „In Ordnung“.

Karl Hefele, ein geborener Münchner, der schon als Kind nach Regensburg kam, wurde gerade 83 Jahre alt. Er ist ein hünenhafter, witziger Mann und ein glänzender Erzähler. „Ich war amol über eins-neunzig groß, beim Militär gemessen“, sagt er und lässt sich ächzend in den Sessel fallen, „jetzt sinds nur noch eins-sechsundachtzig, alles schrumpft, die Beweglichkeit und auch das Gedächtnis.“ „Der Hans galt als Pfennigfuchser, mir gegenüber war er immer äußerst großzügig“, erinnert sich der Schwager. Hefele war erster Prokurist der Sternbrauerei in Regensburg, also ein Berufskollege und eigentlich ein Konkurrent von Hans Kneitinger. Und einige Dutzend Mal sein treuer Urlaubsbegleiter. „Karl, nächsten Monat geht's nach Stockholm, und von da nach Malmö, zuerst Bahn, dann Schiff, des Reiseticket für Dich hab' ich schon mitbestellt“, näselte der Hans dem Karl ins Ohr. Da gab es dann keine Widerrede.

Der legendäre Stammtisch – links oben der Gastwirt und Bräu Johann Kneitinger

Karl Hefele sah den Frühaufsteher Johann Kneitinger, wie er im grauen, langen Arbeitsmantel mit „kurzem schnellen Schritt durch die Brauerei hastete, von der Mälzerei zum Sudkessel in den Keller zu den großen hölzernen Lagerfässern“. Er sah ihn in den frühen fünfziger Jahren im Goliath-Dreiradler – „einer uralten Wergl“ – das Bier ausfahren, die Träger „zu den Herrschaften“ hochtragen, da und dort von der Hausherrin, wenn sie allein war, auf eine Tasse Kaffee eingeladen, „er war ja ein eleganter Mann mit feinen Umgangsformen und er konnte sich schönen Frauen nicht verschließen.“

Der geteilte Tag

Hans Kneitinger teilte den Tag um Schlag ein Uhr. Von morgens fünf Uhr bis mittags war er der Arbeiter, der „wie ein Ochse schuftete“, dann speiste er, nahm ein duftendes Bad, schlief auf dem Kanapee genau eine dreiviertel Stunde, stand auf und schlüpfte in elegante Kleidung und war dann bis weit nach Mitternacht der vornehme Wirt. Seinen großen Mercedes parkte er in seiner Garage in der Dechbettnerstraße – „braucht neamand's seng“ – den kleineren Geschäftswagen in der Kreuzgasse.

Er liebte das Theater über alles, war stolz auf seine alten wertvollen Theater-Programme von „Gasparone“ aus dem Jahr 1918 und „Die Fledermaus“ von 1917 und besonders auf das vom „Original-Schauspiel in drei Abteilungen, Johannes Guttenberg“, gespielt vom „Regensburger Nationaltheater“ im Jahre 1832. Er zeigte diese drei Raritäten an der dunklen Holzwand über dem Tisch neun gern kulturbeflissenen Gästen und ließ dabei knapp seine eigenen Besuche in Bayreuth, Salzburg und Mailand einfließen: „Herrlich, große Sänger“. Noch heute flankieren die alten vergilbten Theaterzettel völlig ungeschützt die Porträts der Eheleute Kneitinger über dem Prominenten-Stammtisch.

Am Fass vereint: Johann Kneitinger und seine Frau Sofie

Wenn das Wirtshaus zur Bühne wurde

Wenn Schwager Hans abend nicht in seinem Wirtshaus war, dann wusste Karl Hefele, dass er drüben auf seinem Stehparkettplatz im Stadttheater stand, wo er von den Platzanweiserinnen mitten unter der Vorstellung leise eingelassen wurde und ebenso unauffällig wieder verschwand. „Opern, mehr noch Operetten waren seine Leidenschaft“, erinnert sich Karl Hefele, „da eilte er nach dem Kurzbesuch im Theater die Treppen in seine Wohnung hoch, setzte sich ans Klavier und spielte das eben Gehörte perfekt nach – diesen Kneitinger kannte im Wirtshaus niemand.“

Es war Hans Kneitinger stets „eine große Freude – ich fühle mich geehrt, Respekt, Respekt“, wenn nach der Theatervorstellung Sänger, Musiker, Dirigenten und vor allem die Sängerinnen sein Wirtshaus besuchten. Da wurde der Pfennigfuchser zum spendablen Kunstfreund. Wenn die schwarz-gelockte Operettendiva Daene neben ihm Platz nahm, ganz nah rückte und keck lachend den Kopf in den Nacken warf, war Lustige-Witwe-Stimmung angesagt. Aber oft, noch bevor den „lieben Hans“ rührselige Sinnlichkeit befallen konnte, öffnete sich die Tür zur Küche und Sofie Kneitinger im weißen Küchenschurz blickte streng auf die musische Runde. Und schon wurde aus dem Bohemien Johann Kneitinger wieder der korrekte Wirt und Braumeister.

Unrast und merkwürdige Unruhe

Kein Gast von den neunzehn Stammtischen wusste, wo Johann Kneitinger mit und manchmal auch ohne Frau Sofie Urlaub machte. Er bestieg gern und „meist barfuß die Berge“, erzählt Karl Hefele, „aber mehr zog es ihn in die Fremde, zum Exotischen fern der Heimat“. Auf den Urlaubsfotos steht er stolz neben Kapitänen von Ozeanriesen, in vertrauter Enge neben römischen Kardinälen oder mondänen brasilianischen Botschafter-Gattinnen und lächelt vor den Pyramiden verlegen aus dem Sattel arrogant blickender Kamele.

Gegen Ende seines Lebens wurden die Urlaubsreisen kürzer, „er wirkte unruhig, fühlte sich irgendwie gehetzt“, erinnert sich Karl Hefele. Wenn er sonntags in sein Waldlerhaus nach Aumbach im Vorwald fuhr, öffnete er manchmal nur die Fensterläden, blickte traumverloren in die Ferne, ließ den Wind durch die Zimmer streichen, legte sich leicht zugedeckt aufs Kanapee und sagte zu seiner Sofie: „Koch bitte Kaffee.“ Kaum war der Kaffee fertig, stand er auf, trank eine Tasse, schloss hastig Fenster und Läden und drängte auf Heimfahrt. „Er wirkte immer öfter so, als hätte er etwas Wichtiges zu erledigen, als warte jemand auf ihn.“

Am 20. Juli 1975, einem sommerheißen Sonntag – zwei Wochen vor seinem 76. Geburtstag – kam er auch aus seinem Waldlerhaus in Aumbach. Er war allein, fuhr noch einmal im Kneitingerkeller vorbei und von da aus in die Kreuzgasse. Dort stellte er seinen Wagen ab, schritt müde durch den Hintereingang der Brauerei in die Schenke, zapfte sich sein kleines Bierglas mit dem Goldrand voll, nippte kurz daran, warf einen Blick auf die schwarze Holztafel und sagte zum Schenkkellner, er wolle noch „im Sudhaus nach dem Rechten schauen“. Draußen auf der Kreuzgasse brach er lautlos zusammen. Sein Nachbar, der Zahnarzt Joseph Reichenwallner, sah ihn straucheln. Er wollte ihm hochhelfen, machte Wiederbelebungsversuche und sah dann, dass er nicht mehr helfen konnte.

Von den Bedienungen wagte es keine, das kleine goldgeränderte volle Bierglas auszuleeren, das stets am Fenster in der Schenke stand und anzeigte, dass der Chef im Haus ist.

HEINZ OSTER

Neues Zeitalter im Donau-Einkaufszentrum

Erstes deutsches Fachmarkt-Warenhaus eröffnet

Das Donau-Einkaufszentrum, das 1967 im Regensburger Stadtteil Weichs eröffnet und als erstes Einkaufszentrum Europas bekannt und berühmt wurde, ist nach zweijähriger Renovierung, Umbau und Erweiterung gut gerüstet für den Start in das nächste Jahrtausend.

Als 1967 das Donau-Einkaufszentrum startete, öffnete es die Tore in eine ganz neue Einkaufswelt. Es war das erste überdachte und vollklimatisierte Zentrum Europas. Es konnte also nur Regensburg gemeint sein, wenn irgendwo in Ostbayern irgendjemand beschloss: „Fahren wir doch ins Einkaufszentrum."

30 Jahre später, im Jubiläumsjahr 1997, existierten alleine in Deutschland über 240 regionale Shopping-Center. Das Donau- Einkaufszentrum war in die Jahre gekommen. Obwohl nach wie vor gut frequentiert, fehlten wichtige Sortimente und bestimmte Einzelhandelstypen, zum Beispiel Fachmärkte. Und Hertie, das nach dem Kaufhof zweitgrößte Kaufhaus im Donau-Einkaufszentrum, kündigte – wie in vielen anderen deutschen Städten – die Schließung des 11.000 m^2 großen Hauses zum 31.12.97 an.

Was sollte man tun? Die Rahmenbedingungen waren kaum geeignet, die Entscheidungsfindung zu erleichtern: Die Konjunktur war auf dem Tiefpunkt. Die Einkaufsstadt Regensburg hatte an Anziehungskraft verloren. (Die Umsatz-Kennziffer, Indikator für die Zentralität einer Stadt, war von 181 im Jahr 1993 auf 161 im Jahr 1997 gesunken.) Gleichzeitig entstanden in den Mittelzentren rund um Regensburg neue Center mit einer Gesamtfläche von 260.000 m^2. Vor diesem Hintergrund musste das Management darüber entscheiden, ob man den Bestand im wesentlichen erhalten oder einen großen Schritt in Richtung Flächen- und Sortimentserweiterung wagen sollte.

Für den letztgenannten Fall stellten sich u. a. folgende Fragen: „Würde es gelingen, ein in die Jahre gekommenes, fünfmal erweitertes Haus so zu renovieren, dass es wie aus einem Guss wirkt? Immerhin waren Baustile der 60er Jahre und des Jahres 2000 zusammenzuführen. Würde man es schaffen, bundesweit führende Anbieter für Regensburg zu gewinnen? Galt es doch, insgesamt rund 24.000 m^2 Geschäftsflächen in zwei Jahren zu vermieten. Diese Fläche entsprach ziemlich genau der Gesamtgröße des Donau-Einkaufszentrums bei der Eröffnung im Jahre 1967. Schließlich: Wie sollte man die im Falle der Erweiterung verlorengegangenen Parkplätze ersetzen?

Die Antwort auf die wichtigsten Fragen stand, für viele überraschend schnell, am gleichen Tag in der Zeitung, an dem die Konzernmutter Karstadt den Hertie-Rückzug aus Regensburg bekanntgab: „Hertie geht – Donau-Einkaufszentrum baut aus – neue Stellen durch Erweiterung von 10.000 m^2“, hieß es am 23. Januar 1997 in der Mittelbayerischen Zeitung. Den schnellen Entschluss begründete Dr. Johann Vielberth – Gründer des Donau-Einkaufszentrums – wie folgt: „Es ist für uns eine große Chance, dass wir durch die frei werdenden Hertie-Flächen auf neue Trends reagieren können.“

„Wenn man danach fragt, warum Auswärtige nach Regensburg kommen, werden im wesentlichen die Standorte Altstadt und Donau-Einkaufszentrum genannt. Wenn das auch in Zukunft so sein soll, müssen diese Zentren nicht nur erhalten sondern gestärkt werden“, bestätigt Dr. Josef Mühlbauer, Geschäftsführer des Einzelhandelsverbandes Niederbayern/Oberpfalz heute den damaligen Handlungsbedarf. Der kurz darauf vorgestellte bis Ende 1999 laufende Drei-Stufen-Plan, bestehend aus Renovierung des ganzen Hauses, Umbau

Der Eingang in das neue Donau-Einkaufszentrum

des Hertie-Bereiches und Anbau von 13.000 m^2 Brutto-Flächen, war nicht nur ein finanzieller, sondern auch organisatorischer Kraftakt ersten Ranges: „Während der Bauzeit wird kein Laden geschlossen“, sagte Donau-Einkaufszentrum-Geschäftsführer Max Vielberth. Nachtarbeit sollte denn auch lange Zeit zur Regelarbeitszeit werden. Damit waren die Ziele klar, doch die Wege dorthin blieben lange im unklaren.

Beispiel Renovierung: Fast zwei Jahre lang tüftelte Innenarchitektin Ute Vielberth und ihr Team von Interior Design, um ein neues Gewand für das Donau-Einkaufszentrum zu entwerfen. Dann stand fest: Modern sollte es sein und dennoch zeitlos, elegant zwar, doch keinesfalls aufdringlich. Statt der bisher erkennbaren fünf (Erweiterungs-)Bereiche sollte ein einheitliches Erscheinungsbild verwirklicht werden. Und insgesamt heller, freundlicher, zeitgemäßer sollte das ganze Haus werden.

Die Umsetzung hatte es in sich. So wurden u.a. 11.500 m^2 alte Steinböden abgetragen und helle neue Granitplatten verlegt. 9.000 m^2 Decken wurden entfernt und auf höherem Niveau neu verkleidet. Lichthöfe wurden erweitert, die Ausstellungsfläche mit Glas überbaut. 540 m neue Geländer in edlem Materialmix und ansprechendem Design unterstreichen das freundliche Ambiente. Im technischen Bereich wurden 130 Kilometer Kabel verlegt und 800 energiesparende, sensorgesteuerte Leuchten installiert. Wo es bisher nur Treppen gab, befördern jetzt Panorama-Aufzüge oder Rolltreppen die Besucher. Symbolisch für die ganzheitliche Außenwirkung wurden imposante Eingangsportale geschaffen. Neue Lüftungszentralen wurden gebaut, Heiz- und Kälteleitungen verlegt. Das Sprinklernetz wurde teilweise erneuert, damit im Falle eines Feuers keiner zu Schaden kommen kann.

Auch der Anbau zur Unterbringung des neuen Fachmarkt- Warenhauses war eine Herausforderung der besonderen Art. Zumal folgende funktions- und städtebaulich bedingten Vorgaben dabei zu berücksichtigen waren: fachmarktspezifische, großräumige, einfache Grundflächen, große Anlieferung und entsprechende Stützraster. Schaffung von 400 zusätzlichen Parkplätzen auf dem Kerngrundstück, hohe Fassade nahe an den Straßen, nahtloser Übergang in den „Altbau".

Entstanden ist ein sechsstöckiges Bauwerk mit drei Einkaufs- und – oben aufgesetzt – drei Parkebenen. Ein taghelier Lichthof, quasi als Scharnier zwischen „Alt- und Neubau", bietet mit rund 30 Metern lichter Höhe, Panorama-Aufzügen und Rolltreppen neue Erlebnis-Perspektiven. Da ist Platz, Licht und Luft für ausgewachsene Palmen, üppige Grüninseln und – als Folge eines Wettbewerbs – eine Brunnenanlage mit einer künstlerisch besonders wertvollen Metallplastik.

Ein wegen seiner Funktion und exponierten Lage an der Ecke Nordgaustraße/Walhallaallee besonders interessantes Bauwerk ist die Auffahrt-Spindel. Diese Pkw Auf- und Abfahrt gilt unter Experten als ein skulpturales Bauelement und besteht aus zwei ineinanderliegenden Fahrbahnen, auf denen man gegenverkehrsfrei die über den Handelsflächen gelegenen Park-Ebenen anfahren und verlassen kann. Schließlich galt es, eine zur Spindel führende Zufahrtsstraße zu bauen. Das wiederum hatte eine völlige Neugestaltung des westlichen Eingangs (Richtung Nordgaustraße) zur Folge. Der alte Eingang erhielt einen 15 Meter langen und über acht Meter hohen Vorbau. Mit dieser repräsentativen Stahl-Glas-Konstruktion wurde eine großzügige Eingangshalle mit Rolltreppen zur Erschließung der Einkaufsebenen geschaffen. Und vor der Eingangshalle wurde ein einladender, mit Grüninseln und Sitzbänken aufgelockerter, verkehrsfreier Vorplatz gebaut.

Dass das Mammut-Bauprogramm in so kurzer Zeit bewältigt wurde, ist wesentlich ein Verdienst der zur Vielberth-Gruppe gehörenden Gewerbeplan Planungs- und

2. Flur: übersichtlich und hochmodern wie überall im neuen DEZ

Betreuungsgesellschaft für Gewerbe-Immobilien mbH mit dem Geschäftsführer Dr. Lothar Koniarski an der Spitze, der zugleich Geschäftsführer im Zentralmanagement der Unternehmensgruppe Dr. Vielberth ist. „Ohne die wirklich gute und enge Kooperation unserer Architekten und Ingenieure mit Ute Vielberth und ihrem Team auf der einen Seite und den bauausführenden Firmen auf der anderen Seite, wäre dieses Riesenprogramm in so kurzer Zeit nicht zu schaffen gewesen", so Dr. Koniarski. Zumal in die Umbau-, Renovierungs- und Erweiterungsmaßnahmen mehr Bereiche einbezogen wurden als geplant, so dass statt der ursprünglich angesetzten 40 Millionen 80 Millionen Mark investiert wurden. Dabei war die Architektur nur die eine Seite der Medaille. Die andere, die kaufmännische Seite zu lösen, sollte zumindest genauso schwer werden.

„Es ist festzustellen, dass während der letzten drei Jahrzehnte die ursprünglich vorhandene ausgeglichene Sortimentsstruktur mit dem dazugehörigen Mietermix nicht gehalten werden konnte. Während in einigen Bereichen hohe Kompetenz entstanden ist, sind in anderen Bereichen ganze Teilsortimente verschwunden." So bilanziert Dr. Johann Vielberth im heuer erschienenen „Großen Handbuch Shopping-Center" (Verlag moderne industrie) das Thema „Shopping-Center im GenerationenWechsel am Beispiel des Donau-Einkaufszentrums".

Insbesondere die neuen Vertriebsformen, Fachmärkte und SB-Märkte konnten nicht aufgenommen werden, weil bei dem vollvermieteten Donau-Einkaufszentrum die benötigten großen Flächen nicht verfügbar waren, begründet Vielberth. Und: „Die Schließung des Hertie-Hauses eröffnete dem Donau-Einkaufszentrum die einmalige Chance, einen dem Standard der Zeit entsprechenden Sortiments- und Mietermix zu verwirklichen". Die neue Zusammensetzung war das Ergebnis einer zuvor im eigenen Haus erstellten umfangreichen Marktanalyse.

Das Ziel war wiederum klar. Doch würde es auch gelingen die „Best Traders" für das Donau-Einkaufszentrum zu gewinnen? Zumal in einer Zeit, in der viele Handelsunternehmen den Schwerpunkt ihrer Expansions-Aktivitäten in die neuen Bundesländer verlegt hatten. Andererseits war es vor kurzem gelungen, das ebenfalls von der Vielberth-Gruppe gebaute neue Brücken-Center in Ansbach erstklassig zu vermieten. Man war also mit den Marktführern im Gespräch und sah, so der für die Vermietung zuständige Geschäftsführer Max Vielberth, im Januar 1997 „gute Chancen, die in Deutschland führenden Handels-Magnete für Regensburg zu gewinnen". Es begann ein Verhandlungsmarathon von bisher nicht gekannten Dimensionen. Brauchte man früher ein oder zwei Gespräche, um zum Abschluss zu kommen, setzt man sich jetzt zehn bis 15 mal zusammen, kommentierte Max Vielberth den insgesamt immer enger werdenden Markt. Dass die wichtigsten Anbieter auch in der Regensburger Altstadt und im damals noch geplanten ECE-Einkaufscenter an der Friedensstraße als erste Adressen im Gespräch waren, hat die Verhandlungen nicht gerade erleichtert.

Am 23. Dezember 1997, also wenige Tage vor der endgültigen Hertie-Schließung, konnte Max Vielberth als „schönstes Weihnachtsgeschenk" den Vertragsabschluss mit Peek & Cloppenburg bekanntgeben. „Das größte Textilkaufhaus mit gehobenem Niveau wird sich ab Mitte '98 auf einer Teilfläche des früheren Hertiehauses einrichten und im Herbst '98 eröffnen." Oberbürgermeister Hans Schaidinger nannte die Ansiedlung von Peek & Cloppenburg im Donau-Einkaufszentrum für den Einkaufsstandort Regensburg „äußerst positiv". Damit war das Vermietungseis gebrochen.

Im Frühjahr '98 schrieb die Presse von einem „neuen Zeitalter im Donau-Einkaufszentrum". EDEKA, Elektro Fröschl, Drogerie-Markt Müller, Vobis, Hennes & Mauritz, Schuh Tretter – um die wichtigsten zu nennen – hatten sich trotz oder gerade wegen der Großbaustelle für das Donau-Einkaufszentrum entschieden. Bis zur glanzvollen Wiedereröffnung am 23. September wurden 6.650 m^2 Flächen neu belegt, waren zehn Geschäfte umgezogen, hatten 25 Geschäfte selbst umgebaut, renoviert, modernisiert. Und die Kunden dankten es ihnen. Spätestens ab dem 23. September 1998, dem Tag der Wiedereröffnung. „Viel freundlicher und viel schöner als früher" fand Marion Hummel aus Straubing jetzt das Donau-Einkaufszentrum und Johann Biersack aus Regensburg, von Anfang an regelmäßiger Besucher, bewertete „die ganze Atmosphäre insgesamt als sehr gut". „Jetzt habe man hier die besten Einkaufsmöglichkeiten weit und breit", sagte er ergänzend in der MZ. Insgesamt 96 von 100 Kunden waren mit dem renovierten und umgebauten Donau- Einkaufszentrum sehr zufrieden. Das ergab eine Umfrage, die die Schüler der Klasse 8 c vom Gymnasium Burglengenfeld im Dezember '98 im Donau-Einkaufszentrum machten.

Doch damit nicht genug. Schon wuchs ein weiteres „Viertel der Einkaufsstadt" (MZ) heran. „Mit EDEKA (3.000 m^2), Elektro Fröschl (3.700 m^2), Drogerie-Markt Müller (3.400 m^2) konnten u. a. drei Magnete ersten Ranges unter dem gemeinsamen Dach eines Fachmarkt-Warenhauses vereinigt und damit wohl bundesweit eine neue Qualität geschaffen werden", so Donau-Einkaufszentrum-Geschäftsführer Gerd Temporale.

Und wo steht das Donau-Einkaufszentrum nach 33 Jahren, nach Abschluss des Drei-Stufen-Planes, nach der großen Eröffnung des Fachmarkt-Warenhauses am 17. November '99: Charles Joye, Präsident International

Das neue Donau-Einkaufszentrum in Zahlen

	1997	**1999**
vermietete Flächen	63.000 m^2 (inkl. 5.250 m^2 Büros)	ca. 73.400 m^2 (inkl. 5.250 m^2 Büros)
Geschäfte u. Warenhäuser	107	140
Mitarbeiter	ca. 1.850	ca. 2.100
Parkplätze	3.400	3.800

Council of Shopping Centers, ICSC-Europe, mit Sitz in Genf: „Heute, nach der Renovation und Vergrößerung, gehört das Donau-Einkaufszentrum zu den erstklassigen Shopping-Centern in Deutschland und in Europa. Das Donau-Einkaufzentrum entspricht jetzt auch den Bedürfnissen und Erwartungen seiner Kundschaft. Seine große Stärke liegt darin, dass es von Anfang an über mehr als 50 kleine regionale, häufig inhabergeführte Fachgeschäfte verfügt und diese mit überregionalen und internationalen Filialbetrieben sowie großem Fachmarktangebot unter einem Dach vereint. Nachdem sicher zu sein scheint, dass sich auch in der Regensburger Altstadt neue Magnete wie Hennes & Mauritz ansiedeln werden, wird das Oberzentrum Regensburg für Ostbayern mit seinem Großstadt-Angebot wieder zu einer echten Einkaufsattraktion. Zusammen mit dem renovierten Donau-Einkaufszentrum wird Regensburg wesentlich attraktiver", so Joye.

Damit bestehen gute Voraussetzungen, dass auch nach der Jahrtausendwende nur Regensburg gemeint sein kann, wenn in Ostbayern irgendwo irgendjemand beschließt: „Fahren wir doch ins Einkaufszentrum."

LUDWIG BEMELMANS

„Last visit to Regensburg“

Erinnerungen an eine Kindheit in der Donaustadt vor dem Ersten Weltkrieg

Der Schriftsteller, Zeichner und Maler Ludwig Bemelmans (1898–1962), der mütterlicherseits aus der Brauerei Emslander stammt und seine Kindheit in Regensburg verbracht hat, war vier Monate vor seinem Tod nochmals in die Stadt an der Donau gereist. Regensburg, das er geliebt und gehasst hat und immer wieder in teils ironischer und teils liebevoller Weise beschrieben hat, widmete er mehrfach eigene Darstellungen: Neben dem Roman „The Blue Danube“ das Kapitel „Lausbub“ in seinem Roman „Hotel Splendid“ und die Erzählung „Last visit to Regensburg“, die bislang nur in englischer Sprache vorlag, abgedruckt in dem posthum von Bemelsmans Witwe herausgegebenem Reader „Tell Them It Was Wonderful“.

Ich beschließe, nach Regensburg zu fahren. Wie mir berichtet wurde, seien am Grab meines Bruders Reparaturen nötig. Eigentlich ist mir das gleichgültig, denn mir liegt nichts an Friedhöfen, außer an den romantischen wie dem in Arlington und dem Père Lachaise in Paris.
Aber mein Bruder Oskar stand immer unter meiner Obhut und betrachtete mich als seinen Vater, also fahre ich nach Regensburg – in den mir doppelt verhassten Ort, an dem meine Wurzeln festhaften wie Moos an Fels.
Ostersonntag – Regen und Schnee. Graues Blei im Himmel, eine Schneewolke über dem Zwiebelturm einer Kirche. München wirkt öd und verlassen, keine Baustellen, keine Bauarbeiten, keine Spaziergänger.
Ich sitze im Beifahrersitz neben Herrn Dürremann, der Bairisch spricht. Er ist wohlbeleibt und freundlich. Seine schwarzen Haare und dunkelbraunen Augen rufen in Erinnerung, dass Bayern einst von den Römern erobert wurde. Keine Spur von angenehmem Dahingleiten in dem Mercedes. Das Auto folgt nie dem eigenen Schwung, richtet sich statt dessen sklavisch nach der Umdrehungszahl des Motors; kaum nimmt man das Gas weg, bremst der Wagen ab.

Die schöne Landschaft mit ihren fruchtbaren Feldern und saftigen Wiesen zieht vorbei. Die Autobahn geht immer weiter – keine Autos in Sicht – 102 Kilometer bis Regensburg – 68 Kilometer bis Regensburg – ein Abzweig, links nach Nürnberg – rechts nach Regensburg – geradeaus zu einem Ort aus dem Reminiszenzenalbum meiner Kindheit: Bad Gögging, das Saratoga Springs dieser Gegend, das mein Großvater mit Pferd und Landauer ansteuerte, um dort auf Kur zu gehen.
Wir verlassen die Autobahn und fahren auf kurvenreichen Landstraßen weiter. Die Bauernhäuser sind hübsch. Wir befinden uns im Hopfenanbaugebiet; man zieht den Hopfen wie Stangenbohnen, nur sind die Stangen dick und hoch wie Telegrafenmasten und mit starkem Draht stabilisiert.
Wir erreichen die Donau.
„Das hier ist die Donau", informiert mich Herr Dürremann. „Sie legt siebentausend Kilometer bis ins Schwarze Meer zurück, fließt von hier nach Österreich, Ungarn, Rumänien."
Am rechten Straßenrand sehe ich einen Wegweiser: zwei Kilometer nach Hohengebraching. Das Gut war einst im Besitz der Familie meiner Großmutter – Kirche, Brauerei, Wäldereien –, ein schlossartiges Anwesen mit gewaltigen Mauern drumherum.
Wir fahren an einem Ochsen und einer Kuh vorbei. Auf der Kuh sitzt ein Huhn; alles ist wie früher.
„Vom nächsten Hügel aus können Sie die Domtürme sehen, Herr Bemelmans." Und da sind wir schon.
„Das hier rechts ist Karthaus, das Irrenhaus."
Alle hatten Angst, sie würden irgendwann in Karthaus enden, meine Mutter ebenfalls.
„Herr Dürremann, bitte fahren Sie langsamer – am Fuße des Hügels biegen Sie rechts ab – genau – jetzt immer weiter geradeaus."
„Zum Friedhof?"
„Ja."

Ludwig Bemelmans

„Zum Oberen Katholischen Friedhof?“ (Der evangelische liegt etwas unterhalb davon, näher an den Bahngeleisen.)
„Ja, ja, Herr Dürremann, Sie kennen sich aus in Regensburg.“
In meiner Kindheit lag dieser Friedhof außerhalb der Stadt, öd, riesengroß und scheußlich. Zum ersten Mal kam ich dorthin anlässlich der Beerdigung meines Großvaters, als ich neun Jahre alt war, dann zur Beerdigung meines Bruders, als ich ihn aus Amerika zurückbrachte. (Er starb, nachdem er in einen Aufzugschacht des Hotel Ritz gestürzt war.) Jetzt ist der Friedhof von Häusern eingesäumt, die Bäume sind alt, das Ganze sieht lange nicht mehr so scheußlich aus. Dürremann parkt das Auto, läuft um den Wagen herum, um die Tür zu öffnen, hilft mir heraus.
„Darf ich Sie begleiten?“
„Nein danke. Warten Sie einfach auf mich – es dauert nicht lange.“
Überall sehe ich die Freundinnen der Toten – die kleinen alten Damen, Friedhofsfliegen genannt, die sämtliche Beerdigungen besuchen. An Sonn- und Feiertagen ärgern sie sich darüber, dass man ihnen ihr Reich streitig macht, das ihnen die ganze Woche über gehört, schimpfen über herumtollende Kinder, bunt gekleidete junge Ehepaare und Familien mit Tanten, Onkeln, Enkeln.
Ich hatte gedacht, das Familiengrab befände sich rechter Hand vom Kirchenportal. Es liegt linker Hand.
Ein Geviert von Steinplatten. Ein hässliches Kreuz aus schwarzem Marmor. Ein ausgebleichter Kranz aus Tannenzweigen, vielleicht ein Überbleibsel von Allerheiligen.
Am Grab sind keine Reparaturen nötig. Es ist drei Uhr. Ich mache kehrt. Vor mir sehe ich ein halb von Zypressen überwuchertes Grab. Ein Stückchen weiter weg steht Herr Dürremann. Er kommt näher, als wollte er mir sein Beileid aussprechen.
Er zeigt auf den Namen Oskars. „Also sind Sie ebenfalls gebürtiger Regensburger.“
„Mein Bruder war Regensburger. Ich bin nur gekommen, um nachzusehen, ob das Grab in Ordnung ist.“
„Sie sind Amerikaner?“
„Ich wohne in New York. Gehen wir.“
„Herr Bemelmans, machen wir in der Stadt Station – haben Sie Freunde oder Bekannte, die Sie besuchen möchten?“
„Nein, wir fahren einfach ein bisschen herum – fahren Sie einfach durch die Stadt.“
Und jetzt geht es bergab, am Gerichtsgebäude und an der Augustenschule vorbei, vorbei am Dörnbergpalais mit seinem schönen Park.
In jenem Haus gleich neben der Dominikanerkirche wohnte der Kaplan, der unser Religionslehrer war. Anfangs mochte er mich sehr gerne, musste ich, das Gesicht zur Klasse gewandt, auf seinem Schoß sitzen, wenn er seine paar Brocken Französisch zum Besten gab. Einmal trug ich einem kleinen Mädchen, das ich gut leiden konnte, die Schulbücher. Dann ging ich mit ihr Schlittschuh laufen. Ich war sieben. Am nächsten Tag hob ein Junge in der Schule die Hand und petzte dem Herrn Katecheten, wie der Religionslehrer genannt wurde, dass ich und das kleine Mädchen uns geküsst hätten und miteinander verheiratet wären. Ich packte den Jungen und gab ihm eine Kopfnuss. Der Herr Katechet nahm seinen Rohrstock, ließ mich die Hand ausstrecken und verpasste mir dann zehn Hiebe, bis ich das Gefühl hatte, meine Hand würde brennen.
Als nächstes auf der rechten Straßenseite die Villa Pustet – Verleger von Messbüchern und religiösem Schrifttum, die eine Filiale in New York unterhalten. Noch eine Villa, diesmal mit klassizistischer Fassade, der mächtige Platanen Schatten spenden. Hier wohnte Helma, das Mädchen, in das Oskar verliebt war.
In einem Park die Villa von Onkel Wallner, dem eingebildeten kleinen Geizkragen und Kaufmann, der einmal, als ich stark genug war, um meiner Mutter die Hände fest

zu halten, ins Haus gerufen wurde, mir eine Tracht Prügel zu verpassen; ich beförderte seinen Zylinder mit einem Fußtritt die Treppe hinunter und drohte an, ihn selber mit dem nächsten Tritt hinterher zu schicken.
Und hier, rechter Hand in dem efeugrünen Gebäude, befand sich in der Beletage die Kanzlei des Rechtsanwalts meines Großvaters, des Herrn Kommerzienrats Dr. Emanuel Heidecker, der Disraeli Regensburgs. Er hatte eine Nase, die aussah wie eine mit einem Pincenez bewehrte Eidechse, dazu einen raschen Gang und eben solchen Verstand, außerdem das große Glück, dass er starb, als Leute seinesgleichen in Deutschland noch mit Respekt behandelt wurden.
Wir kommen auf den Neupfarrplatz mit seiner wuchtigen Kirche im Zentrum, ein guter Platz zum Spielen. Rings um die Kirche führt ein breiter, hoher Umgang, ganz wie das Promenadendeck auf einem Passagierdampfer. Es ist alles noch so wie einst an einem eiskalten Winterabend, eine Kette spannt sich zwischen den massiven Pfosten aus Stein. Dort ist damals auf Glatteis der Ordinarius ausgerutscht, mein größter Todfeind unter den Lehrern, ein Französischprofessor, den ich einmal zu korrigieren wagte, woraufhin ich mir auf ewig seinen Hass zugezogen hatte. Er verlor das Gleichgewicht, fiel auf die Kette und schlug sich die oberen Schneidezähne aus. Der Schnee färbte sich rot mit seinem Blut.
Wir hatten ihn nicht geschubst, obwohl man uns sofort in Verdacht hatte, weil wir vor der Kirche spielten. Uns hatte man immer in Verdacht. Es brachte uns keinen Gewinn außer innere Befriedigung. Noch heute, nach mehr als fünfzig Jahren, sehe ich den Schnee und den Blutfleck – haargenau das Rot – vor mir, dazu das Haus hinter der Kette, einen senffarbenen Barockbau, eines der wenigen Häuser, die ich gerne mochte.
Wir kommen zum Dom. Hier auf diesem Fleck habe ich einmal zwei Ohrfeigen von meinem Großonkel, dem Bischof, kassiert, der mich ansonsten abgöttisch liebte. Pleyer, Pfannenstiel und ich haben ihn immer den Fischkopf genannt – dass die Mitra an ein Fischmaul erinnerte und der Spitzname ähnlich wie Bischof klang, fanden wir seinerzeit sehr lustig.
Ich war an jenem Tage wissbegierig gestimmt und hatte zu den Türmen des Doms hochgeschaut und bemerkt, dass auf den Turmspitzen Eisenstangen befestigt waren. „Onkel“, sagte ich, „wenn es Gott gibt und er an die katholische Religion glaubt, wieso braucht ihr dann da oben Blitzableiter?“
Und schon verpasste er mir die zwei Ohrfeigen, dass ich dachte, gleich reißt es mir den Kopf ab.
Über den Fluss hinüber zum Spitalgarten – hier hat man den schönsten Blick über die Donau. Dieselben alten Kastanien, allerdings noch ohne Blüten – es ist kalt –, trotzdem sind alle Tische und Stühle bereits frisch lackiert, falls die Sonne eben doch herausspitzen sollte.
Ein Stück weiter folgt ein großes, unbebautes Areal. Im Mai wird hier der alljährliche Jahrmarkt abgehalten, die „Dult“, auf der mein Freund Richard Pleyer und ich Schande über unsere Familien brachten, weil wir uns anheuern ließen, das Karussell anzuschieben.
„Soll ich umdrehen, Herr Bemelmans?“
„Nein, fahren Sie weiter bis zu dem Hügel da vorne – zu dem Bierkeller, Herr Dürremann.“
Mein Großvater hat hier drüben sein Bier gelagert. Man transportierte es in typischen Bierwägen hierher, gezogen von Kaltblütern, die zuviel Hafer bekamen und immer ihre Ungeduld zeigten, indem sie – üblicherweise mit dem linken Vorderhuf – auf dem Pflaster scharrten, dass die Funken flogen. Der Bierkeller wird nach wie vor genutzt, auf dem Pflaster nach wie vor mit Hufen gescharrt. Die Pferde, die dort standen, schüttelten die Köpfe und ließen ihre Schlittenglöckchen klingeln wie die Indianer in Amerika beim Kriegstanz. Das Bier wurde hier sechs Monate lang in Holzfässern gelagert.

Wir fahren zum Ende der Insel, wo sich die Donau in zwei Arme teilt. Hier hatten wir uns nach dem Vorbild der Indios in Peru durch Zusammenbinden von Schilfrohren ein Floß erbaut, waren wir bereit, zu reisen, wohin auch immer das Floß uns tragen würde – Pleyer, mich und Pfannenstiel. Wir hatten auch Vorräte und Geld dabei, doch das Floß versank genau an der Stelle, an der ich jetzt stehe. Da haben wir uns eben ein Zelt aus Schilf gebaut, aber man hat uns gefunden, und zwei Polizisten haben uns wieder nach Hause gebracht.
Wir drei – was hielt uns zusammen?
Ich war Außenseiter, weil ich bei der Einschulung kein Deutsch sprechen konnte und andere Kleider anhatte als die übrigen, Pleyer war Außenseiter, weil er mich verteidigte und alle anderen hasste, Pfannenstiel, weil er karottenrote Haare hatte und schielte. Beide sind tot.
„Und jetzt, Herr Dürremann, fahren wir über die Brücke zurück in die Stadt."
„Entschuldigen Sie, Herr Bemelmans, aber hier müssen wir nach rechts abbiegen. Das hier ist jetzt eine Einbahnstraße."
Seinerzeit war das eine strikt verbotene Straße gewesen, als ich noch in der Obhut einer schrecklich religiösen Kinderschwester stand, heilige Anna genannt. Hier gingen wir nie und nimmer entlang, denn in der Mitte der Häuserzeile befand sich auf der rechten Straßenseite die Metzgerei des Abraham Hekscher, der dort im hintersten Winkel nach altem Ritus kleine Kinder schlachtete und die daraus gemachten Würste an die Christen verkaufte. Anna wusste das und bekreuzigte sich.
Am Ende der Straße stand eine evangelische Kirche, und dort hauste der Teufel höchstpersönlich. Jeder gute Katholik wusste das, und wenn einem zufällig der Pastor über den Weg lief, dessen verfluchter Name Pürkhauer war, oder aber dessen Frau oder Kinder, dann bekreuzigte man sich und eilte schnurstracks in die nächstgelegene katholische Kirche, um die Finger in den Weihwasserkessel zu tauchen.
Auf dem Weg zum Arnulfsplatz fährt das Auto auf das Portal von Niedermünster zu. Dort gingen wir zur Erstkommunion, Pleyer und ich. Pfannenstiel war evangelisch.
Links am Haidplatz liegt die Konditorei Saltner – mein erstes Eis. Rechter Hand war früher ein Kino, wo ich zur Musik eines Klaviers, das sich wie ein piano mécanique anhörte, meinen ersten Film gesehen habe, eine flackernde Komödie, gedreht von den Gebrüdern Pathé und musikalisch begleitet von Max Linder.
Jetzt durch eine enge Straße und endlich der Arnulfsplatz mit der Brauerei meines Großvaters. Das Geschäft meines Onkels lag auf der gegenüber liegenden Seite des Platzes. Dieselben Werbeschriften, dieselben Häuser, dieselben Fenster wie früher. Ich gehe in die Brauerei, dieselben Tische, dieselben Stühle. Im Durchgang ist es kalt. Dort herrscht derselbe Geruch nach Klo, Bier und Hausmacherküche wie früher. Nichts hat sich verändert.
Der große Speisesaal des Wirtshauses. Dieselbe Speisekarte neben der Tür; der große Tisch mit der Kiefernholzplatte gleich neben dem grünen Kachelofen, an dem Großvater immer saß. Die Bedienungen kamen dort mit ihren Tellern voller Essen aus der Küche vorbei. Mein Großvater sah sich alles an, nicht etwa, um es zu begutachten, sondern für den Fall, dass er etwas sehen sollte, das er gerne mochte. Dann sagte er immer: „Frau Breißle", oder wie immer die Bedienung hieß, und zeigte vor sich auf den Tisch. Das bedeutete, dass die Kellnerin dort abstellen musste, was immer sie gerade servieren wollte, damit er es essen konnte.
Falls die Kellnerin sagte: „Aber Herr Fischer, das ist doch für den Assessor Soundso, und es ist die letzte Portion – außerdem seine Leibspeise", dann sagte Opapa auf bairisch: „Stell's no grod hi, der soi se epps andas bstelln."

Am Sonntag gingen wir immer über die Brücke nach Stadtamhof, dann überquerten wir auf einer anderen Brücke den Regen. Hier draußen gab es ein bisschen freie Landschaft – ein weiter Himmel, dazu die Radifelder der Ortschaft Weichs. Hier stand ein schmuckes Haus mit Heiligenbildern und einem Kruzifix, dazu an jeder Tür ein Kessel mit Weihwasser. Hier war Anna auf die allerheiligste Art und Weise aufgewachsen, eine große, hässliche Kirche lag gleich gegenüber auf der anderen Straßenseite, der Pfarrer kam tagtäglich zu Besuch. Dies hier war Annas Zuhause; hier rackerte sie sich ab. Anna war ein uneheliches Kind, das die zwei alten Schwestern adoptiert hatten, die jeden Tag mehrere Stunden auf einer sonderbar gebauten Pumpe zubrachten, indem sie, wie alle anderen Leute es hier in Weichs hielten, hin und her wippten und für ihre berühmten Rettiche Wasser hochpumpten, für die berühmtesten Radis von ganz Bayern.

Diese Leute, die beiden alten Frauen mitsamt ihrer Pumpe und mit ihrem Bruder, einem alten Mann, habe ich in einem Buch beschrieben, „The Blue Danube" betitelt. Bei ihnen durfte man nirgends herum rennen oder spielen, konnte man nur mit brav gefalteten Händen dasitzen und entweder zuhören, wie jemand von ihnen aus den Leben der Heiligen vorlas, oder aber Unterhaltungen lauschen, die nichts enthielten, das mich oder sonst irgendeine lebende Seele auch nur im mindesten interessiert hätte. Gegen Abend gingen wir dann zurück, um die Vesper in der Jakobskirche oder eine Litanei in der Karmelitenkirche zu besuchen.

Herr Dürremann fährt durch eine Nebenstraße, in der ein alter Herr Schülern, die schlechte Noten kassierten, Nachhilfestunden erteilte. Seine drei Söhne, allesamt strebsame Musterschüler, erhielten ebenfalls Nachhilfeunterricht. Der alte Herr spazierte auf und ab und schaute seinen Schäfchen über die Schultern.

Eine der unzähligen Zeichnungen des Autors

Ich habe den Großteil der Zeit auf dem Klo zugebracht, wo ich handtellergroße Zeitungsausschnitte las – vorwiegend Feuilletons, Geschichten ohne Anfang oder Ende. Nach drei Monaten wies man mir dort die Tür. Die Söhne wurden alle drei zu hoch geachteten Persönlichkeiten, und alle drei sind im Krieg gefallen.

Wir fahren weiter, über die Eisenbahnbrücke. Der unveränderte Bahnhof – traurig und herzlos. Auf diesen Gleisen hat sich mein Schicksal entschieden – meine Flucht. Von hier bin ich abgefahren nach Rothenburg, wo man mich in ein Internat steckte. Von hier bin ich, nachdem man mich aus der Schule geschmissen hat, abgefahren zu den Hotels, die mein Onkel in Tirol besaß. Von hier bin ich abgefahren nach Amerika.

Aus:
Tell Them It Was Wonderful, Selected Writings by Ludwig Bemelmans
(Hrsg. von Madeleine Bemelmans)
New York: Viking Penguin, 1985
Übersetzt von Gerd Burger

EBERHARD DÜNNINGER

Regensburg und die Tagebücher von Victor Klemperer

Schicksalstage der Stadt im April und Mai 1945

Victor Klemperer, dessen Tagebücher unter dem Titel „Ich will Zeugnis ablegen bis zum letzten" (Aufbau-Verlag) auf Anhieb ein Bestseller wurden, war mehrmals in Regensburg. Zuletzt hielt er sich während seiner Flucht aus Dresden im April 1945 und bei seiner Rückkehr im Mai 1945 einige Tage in Regensburg auf und erlebte hier die für die Stadt so schicksalshaften Ereignisse der letzten Kriegstage. Bedauerlicherweise wurden gerade die Regensburg betreffenden Textstellen seiner Tagebücher in der gedruckten Ausgabe nur bruchstückhaft, bzw. überhaupt nicht wiedergegeben. Mit freundlicher Genehmigung von Frau Dr. Hadwig Klemperer, der Witwe von Victor Klemperer, konnte der Autor den folgenden Beitrag mit den bislang ungedruckt gebliebenen Regensburger Tagebucheintragungen verfassen. Im Regensburger Almanach liegt er jetzt erstmals gedruckt vor.

Der 4. April 1945 war – gemessen an den damaligen Zeitumständen – in Regensburg ein ganz gewöhnlicher Tag. Die Kämpfe des zu Ende gehenden Krieges spielten sich noch vermeintlich fern am Main und im Teutoburger Wald ab, wie der „Regensburger Kurier" am Tag darauf berichtete. Die auf zwei Seiten geschrumpfte Zeitung kündigte die Lebensmittelverteilung der 74. Zuteilungsperiode mit 125 g Apfelmus an. Die Verdunklungszeit begann um 20.04 Uhr. Wehrmachtsangehörige wurden über den „Regensburger Kurier" davon in Kenntnis gesetzt, dass sie während ihrer Tätigkeit für die NSDAP anstelle ihrer militärischen Uniform ihre Parteiuniform tragen dürften. Die Gliederungen der Partei hielten wie schon seit zwölf Jahren ihre gewohnten Appelle und Dienste ab.

Nur noch wenige Wochen sollten sich die Nationalsozialisten in der Stadt an der Macht halten, mit ihrem Durchhaltefanatismus, den markigen Worten an ihre Funktionäre, mit dem blutigen Terror ihrer uniformierten Hen-

Victor Klemperer

ker, die den letzten Galgen in der Geschichte dieser Stadt errichten würden. Ein Beobachter hat seine Eindrücke der Stadt und ihrer Menschen am 4. April 1945 mit folgenden Worten festgehalten: „Die Stadt ist schwer getroffen von amerikanischen Bombenangriffen. Die Gruppen von Menschen, denen wir bei unserer Fahrt durch die Straßen begegnen, wo sie geduldig vor den Ladentüren anstehen, haben wahrhaftig nichts Triumphierendes oder Überhebliches an sich; auf ihren abgemagerten, bedrückten Gesichtern erkennt man die Zeichen von Furcht und, schon, von Not." Den Zügen der KZ-Häftlinge, der Sklaven des 20. Jahrhunderts, vom Colosseum in Stadtamhof zu ihrer Fronarbeit an dem von Bomben getroffenen Bahnhof ist dieser Beobachter nicht begegnet; auch sie und ihre Leiden gehören zum Bild Regensburgs in jenen Frühjahrstagen.

Léon Blum als politische Geisel in Regensburg

Es war nicht Victor Klemperer, der die zitierten Sätze am 4. April 1945 in sein Tagebuch schrieb. Es war ein Zeitgenosse und Leidensgefährte, auch er ein politischer Gefangener und Verfolgter des nationalsozialistischen Rassenwahns. Es war Léon Blum, französischer Ministerpräsident vor dem Krieg und noch einmal in den Nachkriegsjahren. Als politische Geisel, begleitet von seiner Frau Valérie, war er Häftling in Buchenwald und wie so viele andere in diesem Lager vor den heranrückenden amerikanischen Truppen auf den Weg nach Süden gebracht worden. Anders als Tausende von Häftlingen auf ihren tagelangen Todesmärschen, die nur wenige überlebten, war dieser prominente Gefangene in einem Pkw unter Bewachung von Gestapo und SS nach Regensburg gelangt. Seine Aufzeichnungen über einen Abend in der Stadt und eine Nacht im Gefängnis an der Augustenstraße sind nicht nur ein denkwürdiges Zeugnis für diese

Gestalt der Zeitgeschichte, sondern auch aufschlussreich für die Verhältnisse in Regensburg in diesem letzten Kriegsmonat.
Léon Blum und seine Frau Valérie waren an diesem Abend nicht die einzigen Neuankömmlinge für eine Nacht im Regensburger Gefängnis. Unfreiwillige Gäste für diese Nacht, in zwei Bussen aus Buchenwald transportiert, waren politische Gefangene unterschiedlicher Herkunft und Schicksale, Widerstandskämpfer und „Sippenhäftlinge", besonders die Angehörigen der Männer des 20. Juli 1944, ihre Witwen und Kinder. Zu Ihnen zählten Figuren der Zeitgeschichte, Träger großer Namen wie Dietrich Bonhoeffer und Hjalmar Schacht oder auch weniger bekannte Leute wie der englische Agent Best, der wie andere (Isa Vermehren, Fey von Hassell) seine Erinnerungen auch an das Regensburg des 4. April 1945 und die Nacht im Gefängnis festgehalten und dann auch veröffentlicht hat. Die bewegenden Schicksale und Erinnerungsbücher dieser Gefangenen des Widerstandes werden einmal bei einem anderen Anlass oder in einem anderen Zusammenhang zu würdigen sein.

Das Ehepaar Klemperer auf der Flucht

Bereits um 13.30 Uhr war an diesem 4. April mit dem Zug aus Marktredwitz ein älteres Ehepaar in Regensburg angekommen, das nach Jahren der Verfolgung in Dresden seit dem Untergang dieser Stadt am 13. Februar 1945 auf der Flucht war: Victor Klemperer, in Begleitung seiner Frau Eva, trug zwei Ausweise bei sich, einen gefälschten, der auf einen anderen als seinen eigenen Namen lautete, und seine Kennkarte, die ihn als Juden auswies und entrechtete, für den Zeitpunkt der nahen Befreiung seines Vaterlandes aber ein notwendiges, unschätzbares Dokument sein musste. Den ihm aufgezwungenen gelben Stern, den ihm seine Frau in der Dresdner Bombennacht abgetrennt hatte, trug er ebenfalls versteckt bei sich. Victor Klemperer hatte nicht nur diese Wochen der Flucht in Gefahr und Anonymität hinter sich. Der 64-jährige blickte zurück auf ein bewegtes Leben, auf einen nicht immer geradlinigen Lebenslauf, auf ein vor allem im vorausgegangenen Jahrzehnt unsicheres und immer wieder gefährdetes Leben auf dem schwankenden Grund dieses Jahrhunderts.

1881 war er in Landsberg an der Warthe als achtes Kind eines Rabbiners geboren und 1890 mit der Familie nach Berlin übergesiedelt. Nach der Philosophie, Romanistik und Germanistik gewidmeten Studienjahren in München, Genf, Paris und Berlin lebte er zunächst in Berlin als Journalist und Schriftsteller – seine „Bohème-Zeit", wie er einmal sagte. Nach der Konversion zum Protestantismus und erneutem Studium in München als Schüler des großen Romanisten Karl Vossler promovierte und habilitierte er sich. Einer ersten Lehrtätigkeit nach seiner Teilnahme am Ersten Weltkrieg folgte 1920 die Berufung auf ein Lehramt für Romanistik an der Technischen Hochschule Dresden, aus dem er 1935 wegen seiner jüdischen Herkunft entlassen wurde. Entrechtung und Verfolgung, Verlust des eigenen Hauses und Einweisung in verschiedene Judenhäuser, Bibliotheksverbot, Zwangsarbeit und immer wieder der Wille zum Überleben, das ganze Schreckensszenario des Terrors hat Victor Klemperer in seinen seit 1995 bekannten Tagebüchern in beispielloser Unmittelbarkeit beschrieben. Doch Victor Klemperer war auch in diesen Jahren der Verfolgung der Gelehrte im Dienst seiner Wissenschaft geblieben. Er hat seine Studien zur Geistesgeschichte und Literatur des 18. Jahrhunderts, der französischen Literatur, immer wieder aufgenommen, 1939 die Niederschrift der ersten Jahrzehnte seines Lebens – seiner Autobiographie „Curriculum vitae" – begonnen.

„Die weiße und tote steinerne Museumsstadt"

Die Bilder des Infernos der Vernichtung Dresdens begleiteten Victor Klemperer und seine Frau auf ihrem abenteuerlichen und beschwerlichen Fluchtweg. Auch in Regensburg prägen sich ihm nicht anders als Léon Blum zunächst die Bilder der Zerstörung um den Bahnhof ein: „Trichter, zerstörte Bauten, zerstörte Waggons, zerstörte auf Land gezogene Schiffe, ein Schiffsvorderteil senz'altro, der Bahnhof selbst zu großen Teilen Ruine. Hier bei der dritten NSV-Suppe Kleinalarm. Weiterfahrt 17^{45} möglich. In ein benachbartes Hotel. Bei der ersten Tasse Kaffee Vollalarm. Geräumiger gut eingerichteter Keller. Ein Dutzend Leute. Wirt bringt von Minute zu Minute Bericht. Nach einer Weile Vorentwarnung. Wir trinken oben unsern zweiten Kaffee. Radio (ohne neue Sirene) dreimal wiederholend: Stärkste Tieffliegergefahr. Niemand in strada kümmert sich darum. Wir schließlich auch nicht. Gang durch die Stadt." Victor Klemperer kommt ein früherer Aufenthalt – „wohl 1920" – in Regensburg in den Sinn: „Meine Erinnerung: die weiße und tote steinerne Museumsstadt. Der Dom stand weiß unmittelbar am breiten Strom, zwischen weißen Mauern und Palästen lagen einsame Straßen."

Seine älteren Tagebücher standen Victor Klemperer bei dieser beklemmenden Flucht in Regensburg nicht zur Verfügung; sie waren versteckt in Pirna bei Dresden und verborgen vor dem Zugriff der Nationalsozialisten. Die Aufzeichnungen in den Jahren 1918 bis 1932, der ersten beiden Bände des großen Tagebuchwerkes, 1996 unter dem Titel „Leben sammeln, nicht fragen wozu und warum" erschienen, geben Aufschluss über seinen und seiner Frau Eva Aufenthalt in Regensburg am 26. März 1920, der also 25 Jahre früher vorausgegangen war, in einem „Tagzimmer in dem gleichen Hôtel National, wo wir während des Krieges schon einmal gewohnt haben." Selbstkritisch verglich er bei diesem Besuch von 1920 die reichhaltigen Speisekarten Regensburgs mit den dürftigen Verhältnissen im ganzen Land: „Während rings um das Land in tiefstem Elend sitzt, schwelgt man in R. markenfrei: Im Sternbräu, am fleischlosen Freitag 5 Fleischgerichte zwischen 3.50 u. 5.50 auf der Speisekarte, Röhrnudeln um 1 Mark, fettgeröstete Kartoffeln um 80 Pf… Im Caféhaus der weißeste Hefekuchen markenfrei für 1 M."

Der Dom im Mittelpunkt des Tages

Der Dom rückt für Victor Klemperer in den Mittelpunkt dieses Tages in Regensburg: „Wir hatten das Glück, diesmal den Dom offen zu finden, der damals geschlossen war. (Ich weiß nicht das Jahr unserer Durchreise.) Von außen gibt er mir wenig mit seiner langweiligen grauen Regelmäßigkeit, den beiden durchbrochenen Spitztürmen links und rechts vom hohen Dach. Aber innen ist er wunderbar schön. In einer gloriosen bilderlosen Einfachheit. Nur Architektur, keine Malerei. Aber glühende Buntfenster. Die gewaltigsten massigsten Säulen verteilen sich zur Decke hin so fein in einzelne Rippen, dass man überall mehr das Gefühl der Schlankheit, Zierlichkeit, Eleganz hat als das der Massigkeit – ohne deshalb die Wucht u. Riesengewalt geringer zu empfinden. Das ist ganz eigentümlich in seinem Zusammenklang … Vorher waren wir noch in ausgedehnten Kreuzgängen um ein Domgärtchen herum gegangen … Ein kleiner Erinnerungsweg zum Fluß, altes Thor, Insel, Strom, alte Brücke – hier ist alles sehr schön." Die Eindrücke des vorausgegangenen Besuchs im Kriegsjahr 1918 in der Osterzeit sind schon in den zweiten Band seiner Autobiographie für die Jahre 1881–1918, in das „Curriculum vitae", eingegangen: „Den allerletzten Ferientag nutzten wir für

Regensburg. Wir besichtigten die Stadt ganz unabgelenkt von allen Kriegsgedanken. Freilich ist (oder war?) Regensburg die zeitfernste aller deutschen Städte. ‚Eine wunderbare, eine absolut zeitlose Steinmasse', notierte ich mir unter dem ersten Eindruck, ‚ohne alle Verbindung mit der Gegenwart. Nirgends moderne Stadtteile oder auch nur einzelne Häuser, nirgends Wachstum, Verkehr, Fremdenzustrom. Um Alt-Braunschweig zieht sich eine moderne Stadt, um Alt-Regensburg gar nichts. Völliger Stillstand, auch nicht die Belebtheit eines Museums. Und alles steinern, die Holzbauten Braunschweigs, Nürnbergs und Paderborns fehlen. Ein ineinandergezahnter Block aus festen Häusern mit hohen Giebeldächern, aus Renaissancepalazzi, aus festungsartigen Kirchen mit eckigen Türmen, riesig über dem steinernen Block mit all seinen Türmen hinausragend der steinerne Dom, schwer steinern zu seinen Füßen die vielbogige uralte Brücke über dem Strom. Auffallend viele Turmuhren. Es ist, als sollte betont werden, auch hier stehe die Zeit nicht still.' Aber sie steht versteinert still. Auch zur Walhalla fuhren wir, und das war der wenigst lohnende Teil des Tages."

Victor Klemperer vergleicht mit seinen Erinnerungen das so andere Bild, das er bei diesem Gang am 4. April 1945 durch Regensburg gewinnt: „stattliche alte renaissancehafte und mittelalterliche Bauten – aber in einer ganz modern und stark belebten Stadt. Nichts Versteinertes und Totes. Einzelne Zerstörungen wie in Dresden vor der Vernichtung ändern rein gar nichts an der Lebensfülle. Der allgemeine Farbton ist übliches Grau. Der Domturm, zugleich massig-riesig und doch auch zierlich, allerdings weißlich glitzernd mit seinem Zackenwerk, ist von der Donaubrücke, bis zu deren Mitte wir gingen, ein Stück entfernt; mir ist jetzt, als trenne ein altes Thor den Fluß von der Stadt."

Frühe Beziehung zu Regensburg

Victor Klemperer hat also zu Regensburg bei diesen Aufenthalten schon früh eine besondere Beziehung entwickelt. Die Stadt hat seinen geschichtlichen Sinn angesprochen, herausragend im Kreis der Städte des alten Reiches, wie Ricarda Huch die Donaustadt beschrieben hat. Regensburg war für ihn auch in den Bedrängnissen des 4. April 1945 ein geistiger und seelischer Halt. Doch hielt es Victor Klemperer und seine Frau Eva an diesem Tag nur wenige Stunden in der Stadt. Ihr Ziel war München, war Oberbayern, wo sie hofften, für die letzten Wochen des Krieges und der Verfolgung ein Versteck und eine sichere Zukunft vor den Häschern des NS-Regimes zu finden. Auch in diesen Gefährdungen des April – im „Elend des Essens in diesen Tagen, selten etwas anderes als trockenes Brot oder eine NSV-Suppe" – mit erbärmlichen Übernachtungen im Münchner Bahnhof gibt es Lichtblicke wie das Wiedersehen mit seinem Lehrer Karl Vossler, der damals seine Wohnung im Maximilianeum hatte. Gemeinsam blickt man auf die zerstörte Stadt, mit der Victor Klemperer so viele Erinnerungen verbanden, seine Studienzeiten und ersten Jahre im akademischen Lehramt, die dramatischen Ereignisse in der von Revolution und Räterepublik erschütterten Hauptstadt des jungen Freistaates Bayern, die Gedanken an so viele Freunde und Bekannte, an ein geselliges und musisches Leben, das sich auch in schwieriger Zeit behauptete. Zu Victor Klemperers engerem Bekanntenkreis in den Jahren 1919 und 1920 gehörte in München ein junger Arzt aus dem Rheinland, der Chirurg Dr. Leo Ritter, der ein Jahrzehnt später einer der Gründungsdirektoren der neuen Krankenhäuser der Barmherzigen Brüder in Regensburg werden sollte. Victor Klemperer schildert den jungen Chirurgen Dr. Leo Ritter als einen geselligen und durchaus karrierebewussten jungen Arzt, patriotisch gesinnt und konservativ in seinen kirchlichen Bindun-

Zerstört war der Hauptbahnhof, als das Ehepaar Klemperer im April 1945 nach Regensburg kam

gen, und er teilt mit ihm manche Neigungen und Interessen, nicht zuletzt das häusliche Musizieren, zu dem Dr. Leo Ritter durch Gesang beitrug. Die Verbindung mit dem befreundeten Arzt riss auch nach Klemperers Übersiedlung nach Dresden nicht ab. Als 1944 in Dresden das Gerücht aufkommt, auch Sauerbruch würde zu den Opfern des 20. Juli gehören, bewegt Victor Klemperer der Gedanke an den konservativen Dr. Leo Ritter und die Sorge, auch ihm könnte ein solches Schicksal beschieden worden sein.

Die letzten Kriegstage

Victor Klemperer und seine Frau erleben die letzten Kriegstage im alten wittelsbachischen Kernland in Oberbayern, nahe Aichach, in Unterbernbach. Noch einmal sind es dramatische Wochen in der Stimmung des zu Ende gehenden Krieges, der allgemeinen Auflösungserscheinungen, des raschen Wandels der Gesinnungen, der heimwärts strebenden Soldaten, die Victor Klemperer „wie eine Allegorie des verlorenen Krieges" erscheinen. „In uns ist immer wieder ein großes Erleichterungs- und Dankgefühl (gegen wen?), dies Ungeheuere, all diese mehr als romantische Gefahr nun wirklich überlebt zu haben." Am 8. Mai 1945 bewegt ihn vor allem die Frage: „Wie und wann werden wir von hier fort und nach Dresden können?" Am 26. Mai macht sich Victor Klemperer auf den Heimweg nach Dresden, „drei Vagabundenwochen", von denen er im Oktober des gleichen Jahres in einem Brief spricht: „Die Heimkehr nach Dresden war zum allergrößten Teil eine Wanderung. Täglich 20 – 30 km Gepäckmarsch, ganz selten ein Stück im offenen Güterwagon, auf einem Lastauto oder im Ochsenwagen. Nachts auf offenem Stroh oder bloßem Boden". Das Leben auf den Landstraßen prägt sich ihm ein, Kampfreste und zerstörte Gehöfte, und immer wieder Menschen unterwegs, die heimkehrenden Soldaten halb in Zivil, die „Entlassenen der KZ-Lager und Zuchthäuser. Manchmal noch ganz in den weiß-blauen Leinenanzügen, manchmal mit Sträflingshosen oder Jacken, oft schon ganz in einem wüsten und zusammengestückelten Zivil." Dieser Weg über Freising und die Hallertau ist eine Wanderung durch ein ländliches Altbayern gelegentlich voll idyllischer Bilder, aber auch ein Weg der Enttäuschungen und Demütigungen, aber immer wieder auch gastlich und menschenfreundlich aufgenommen in Bauernhöfen und Gasthäusern und in manchem Gespräch über die vergangene Zeit. Die Hinterlassenschaften eines zu Ende gegangenen Krieges sind die Stationen auf diesem Weg, einem in aller Not hoffnungsvollen und zuversichtlichen Aufbruch in eine noch ungewisse Zukunft. Besonders sichtbar wird in den Aufzeichnungen Victor Klemperers Gabe, Menschen mit wenigen Worten porträtieren zu können und zu charakterisieren, ihr Verhalten und ihre Ansichten, ihre Stimmungen, Überzeugungen und Widersprüche – immer wieder ist er der genaue Chronist dieser aus den Fugen geratenen Zeit, verständnisvoll für Stärken und Schwächen all derer, die in den Strudel dieser Tage geraten sind oder ihm in der Sicherheit einer bäuerlichen Existenz leichter standhalten können. Erlebte und genau gezeichnete Szenen wecken bei dem gebildeten und belesenen Mann so manche Assoziationen, zerlumpte und heruntergekommene Gestalten erinnern ihn an Nestroy. Aber auch historische Erinnerungen werden auf dieser Wanderung wieder wach, angesichts des Löwen von Eggmühl der Gedanke an das napoleonische Schlachtfeld und den nach diesem Ort des Sieges genannten französischen General – die Geschichte ist ihm gegenwärtig.

Das Schicksal des Dompredigers Dr. Maier

Erwartungsvoll richtet sich sein Blick auf die langsam auftauchenden Höhenzüge jenseits der Donau. Regensburg ist das Ziel, da Victor Klemperer bedeutet worden war, ohne Überquerung der Donau in dieser Stadt müsste er mit einem Rückschub rechnen. Regensburg ist in den ersten Tagen dieser dreiwöchigen Heimwanderung aber auch eine innere Leitlinie, wie ein geheimer Kompass führt ihn die Erinnerung an die schon von drei Besuchen vertraute Stadt. In Langquaid, noch eine gute Wegstrecke vor Regensburg, vergegenwärtigt er sich auch den Namen des ihm seit der gemeinsamen Münch-

Domprediger Dr. Johann Maier

ner Zeit vor 25 Jahren freundschaftlich verbundenen Dr. Leo Ritter, den man in Regensburg aufsuchen wollte. Victor Klemperer erhält eine dramatische Auskunft: „Den haben sie doch gehängt!" Doch der Apotheker am Ort widerspricht: „nicht den Dr. Ritter, sondern den Domprediger Maier". Schon weit vor der Stadt verknüpfen sich für Victor Klemperer das Schicksal des ermordeten Dompredigers und der Name seines Freundes, Leo Ritter, der ihm dann in Regensburg Näheres dazu berichten sollte. Bereits in Pfeffenhausen hatte Victor Klemperer Gewissheit gewonnen, dass Dr. Leo Ritter überlebt hatte. Er berichtete dem Pfarrer von seiner Absicht, in Regensburg Dr. Ritter aufzusuchen und erhielt die Antwort: „Den Dr. Ritter vom Krankenhaus? Der hat mich auch schon unterm Messer gehabt".

Noch eine weitere Begegnung auf dem Weg nach Regensburg führt Victor Klemperer das Schicksal des Dompredigers dramatisch vor Augen: „Wieder eine Rast, am frühen Nachmittag, und dann erscheint der Ochsenwagen, der uns eine merkwürdig lange Strecke in würdigem Tempo mitnimmt, und der bereits zwei ältere Frauen zu Passagieren hat. Die Frauen, Kleinbürgerinnen aus Regensburg und von ausgedehnter Hamsterfahrt heimkehrend, fühlen sich zu uns hingezogen, die eine erzählt mit ungeheurer Lebendigkeit des Tonfalls, Mienenspiels und ausholenden Gestikulierens das Regensburger Ereignis. Die Amerikaner hatten ein Ultimatum auf Übergabe gestellt, andernfalls wollten sie die wehrlose und schon schwer beschädigte Stadt durch ein massiertes Fliegergeschwader vernichten. Die SS weigerte sich, die Frauen der Stadt demonstrierten leidenschaftlich auf dem Markt. Da stieg der Domprediger Dr. Maier auf und sprach – tiefe Verbeugung, weit ausgebreitete Arme pathetischstes, weichstes Flehen in der Stimme (‚Gerad so hat er gesprochen!'): Wir fordern nichts, wir wollen nichts als bitten, dass uns das Schlimmste erspart bleibe! Indem kam SS, drängte uns zurück, trieb uns fort ... ich habe geschrien und geweint und mich gewehrt ... und dem Dr. Maier banden sie die Handgelenke zusammen, und ‚Betet für mich' hat er noch g' sagt ... Und am nächsten Morgen hing sein Leichnam auf dem Markt, und so schön weiß war er, gar nicht wie ein Gehenkter!"

„Ein Eierkuchen – welche fettige Herrlichkeit"

Die Bilder noch gegenwärtigen Schreckens wechseln mit den Schilderungen aller Beschwernisse dieses Weges und auch mit idyllischen Szenen der Gastfreundschaft: „Plötzlich, in einer Ortschaft, ich glaube in Köfering, kamen die Frauen mit einer dritten Person auf uns zu. Die Freundschaft oder Verwandtschaft ist mir nicht klar geworden, jedenfalls wohne hier die Tante Völkel, und bei ihr sollten wir einen belebenden Kaffee erhalten, und schon war uns als Abschiedsgeschenk der zwei vom Ochsenwagen ein Stück Eierkuchen in den Mund geschoben und eine fettige (fettige! welche Herrlichkeit) Tüte mit Eierkuchen in die Hand gedrückt, und schon saßen wir in einem saubern und friedlichen Landhausgarten, und Tante Völkel, die Witwe eines Lehrers und Mutter eines niedlichen Mädelchens, versorgte uns wirklich mit Kaffee, und wir kamen wieder zu Kräften…".

Klemperers Besuch bei Chefarzt Dr. Leo Ritter

Victor Klemperer möchte im letzten Dorf vor Regensburg übernachten, um am anderen Morgen Dr. Leo Ritter in Regensburg aufsuchen zu können: „Es war uns ganz klar geworden, dass er ein sehr angesehener und einflußreicher Mann sein musste …". Ein Pferdewagen bringt das Paar nach Burgweinting „inmitten vollkommener Zerstörung". Der Kaplan kann sie nicht aufnehmen, verweist auf den Weg zur nahen Stadt und zur Übernachtung in der „Cäcilienschule, eine(r) Kirchenmusikschule, dort fänden wir bestimmt Unterkunft".

In großer Eile, in Sorge vor der heranrückenden Sperrstunde kommt das Paar nach Regensburg, – eine andere Ankunft als am 4. April 1945: „Zerstörtes Vorortgelände, Trichter, Ruinen, Außengürtel einer Großstadt, wie wir das wiederholt gesehen. Allmählich kamen Stadtstraßen, und schließlich hatten wir die Cäcilien-Schule ausgemacht … Die Schule stand nicht leer, sondern war mit irgendwelchen Flüchtlingen dicht besetzt. Ich klingelte erst eine Schwester, dann die Oberin heraus, berichtete von Dr. Ritter und vom Kaplan. Schließlich wurde uns ein hübsches sauberes Zimmer angewiesen, aber zu essen war nichts aufzutreiben, doch brachte uns irgendein Hausbewohner Kaffee auf die Treppenstufen."

Der andere Tag, Donnerstag, der 31. Mai 1945 war – wie Klemperer festhält – „ganz von Regensburg ausgefüllt". Dieser Tag ist der erneuten Begegnung mit dem ihm befreundeten Dr. Leo Ritter gewidmet. „Wir machten bei Regen einen sehr langen und nüchternen Weg durch die Länge der Stadt ins Krankenhausviertel, Prüfeningstraße. Wir fanden Ritters Privathaus, jeder kannte es, und klingelten umsonst. Wir suchten eines der großen Krankenhäuser auf, das als seines bezeichnet wurde. Schwestern und Oberin waren sehr freundlich, Herr Doctor aber war eben zu irgendeiner Sitzung fortgefahren. Man telephonierte mit seiner Wohnung, es ließ sich keine Verbindung herstellen. Sehr abgekämpft und müde gingen wir noch einmal zur Villa. Diesmal hatten wir Glück: ein Herr öffnete, dem Aussehen nach unverkennbar ein Bruder Ritters. Ein jüngerer, dachte ich, denn er glich einigermaßen dem Ritterbild von 1919. Es war aber ein älterer Bruder, ausgebombter Kinderarzt aus Köln. Mit ihm fanden wir sogleich Kontakt. Nach einer Weile kam ein junges Mädchen, älteste Tochter, und brachte uns Tee. Eine Stunde später war dann Ritter selbst da, riesige Erscheinung, dicker und älter im Gesicht, aber die gleiche Herzlichkeit und warme Nähe wie anno dazumal. Seine Frau und sein Junge, erzählte er, waren in einem nahen Dorf untergebracht. Es gab noch einen kalten Moment, als unvermutet die (noch ziemlich junge) Frau doch auftauchte und uns erst etwas befremdet gegenüberstand, aber bald fand auch sie den Ton der Freundschaft. Es war noch irgendein dem Haus befreundeter und eben hier einquartierter Auslandingenieur und -kaufmann zugegen. Ritter sorgte sofort dafür, dass wir zur Nacht ein Zimmer in seinem Krankenhaus erhielten. Wir waren den ganzen Tag über seine Gäste, wurden mittags und abends üppig fetiert – das bloße Am-gutgedeckten-Tisch-Sitzen war schon Erholung für uns – ich erhielt Schuhe (freilich Nr. 46 statt 42) und Strümpfe und ein Stückchen Seife geschenkt, kurzum: wir wärmten uns innerlich und äußerlich durch. R. war ein hochangesehener saturierter Mann geworden, offenbar einer der leitenden Männer Regensburgs. Ihm unterstehen zwei Häuser, das „Männer- und das Frauenhaus", zusammen 700 Betten. Er kam eben recht verärgert von einer Besprechung mit der amerik. Kommandantur, die ihm das eine Haus für Militärzwecke abnehmen wollte. Er hatte mit dem Bischof zusammen für die Civilbevölkerung plädiert, bisher vergeblich, trotz des von den Amerikanern respektierten geistlichen Beistandes. Er erwog jetzt eine ausführliche Eingabe, in der die Judenfreundlichkeit und antinazistische Haltung des katholischen Krankenhauses eine große Rolle spielte. Die Verbundenheit mit der Kirche und die eigene Katholizität hatten sich auch in Ritter seit damals noch verstärkt: das junge Mädchen sprach mit Selbstverständlichkeit ein Tischgebet und bekreuzte sich ausholend weit. Aber auch die Anhänglichkeit an seinen Beruf war wohl noch gewachsen, abends, als er uns hinüberbrachte, zeigte er uns mit Stolz verschiedene Räume des Hauses und eine sehr ausführliche Statistik der im letzten Jahr vorgenommenen Operationen …"

Dr. Leo Ritter, der 1890 in Aachen geboren wurde und 1979 in Regensburg verstorben ist, stand während des Nationalsozialismus loyal zum Orden der Barmherzigen Brüder, zu den Idealen des Provinzials der bayerischen Ordensprovinz, Frater Eustachius Kugler, des eigentlichen Gründers der beiden Krankenhäuser in Regensburg, der in vielen Verhören von der Gestapo bedrängt worden war. Nach dem Ende des Dritten Reiches nahm Dr. Ritter Anteil an der schwierigen Erhaltung der Krankenhäuser für den Orden und ihre Patienten. Die Verhandlungen von Dr. Ritter und Bischof Buchberger mit der Militärregierung, die bisher in keiner anderen bekannten Quelle als den unveröffentlichten Teilen der Tagebücher Klemperers dokumentiert sind, bezogen sich auf die drohende und dann im Juni auch vollzogene Beschlagnahme des Frauenkrankenhauses, nachdem die Beschlagnahme des Männerkrankenhauses bereits im Mai 1945 eröffnet worden war und der Bau am 12. Mai bis auf das Konventgebäude geräumt werden musste. Bekanntlich erfolgte erst 1954 der endgültige Auszug des amerikanischen Militärhospitals aus dem Männerbau des Krankenhauses.

Dr. Leo Ritter verhehlte im Gespräch mit Victor Klemperer nicht seine kritische Meinung über die amerikanische Besatzungsmacht: „Von den Amerikanern war er nicht sehr erbaut, sie hatten geplündert, und sie ließen es an der Brutalität des Siegers nicht sonderlich fehlen. Sie standen eben auch auf dem Standpunkt der Vergeltung. Über die Nazis urteilte er mit äußerster Härte. In seinem frommen Munde überraschte es mich, als er zu Himmlers Selbstmord erklärte, Cyankali wirke in ein paar Sekunden – das sei ‚zu wenig' gewesen für diesen Bluthund. Ich habe noch den anwesenden Auslandsingenieur (von der AEG oder von der Siemensfirma) erwähnt. Er interessierte mich deshalb, weil er den Antisemitismus von 1919 sqq. für commerziell begründet hielt: ‚sie' hätten in allen dominierenden Wirtschaftsstellungen gesessen, als er aus Indien nach Deutschland zurückgekommen sei. Ich notiere das, nicht weil ich es ohne weiteres glaube, sondern weil es mir den einen der vielen Wege andeutet, auf denen die Hitlerei marschieren konnte."

Die Freundschaft des Dompredigers mit Dr. Ritter

Das Schicksal des Dompredigers Dr. Johann Maier hatte Victor Klemperer schon auf dem Weg nach Regensburg bewegt, der Name seines Freundes Dr. Leo Ritter war bereits unterwegs mit dem des Geistlichen in Verbindung gebracht worden. Dafür gab es gute Gründe. Leo Ritter war Johann Maier schon seit 1939, dem Jahr seiner Berufung zunächst zum provisorischen Domprediger, freundschaftlich verbunden. Diese Beziehung erstreckte sich auch auf den Orden der Barmherzigen Brüder. Am 9. April 1945 hatte der Domprediger die Festpredigt zum vierzigjährigen Priesterjubiläum des früheren Ordensgenerals P. Narcissus Durschein gehalten. Victor Klemperer widmet dem Gespräch über Johann Maier nur wenige Zeilen. Aber sie sind aussagekräftig und schwerwiegend: „Wir erfuhren im Hause Ritter auch noch einmal Authentisches über den Fall des Dompredigers Mayer. Ritter selber hatte telephonische Bitten, als Redner aufzutreten, abgelehnt, er fand auch, und das ist charakteristisch für ihn und die Kirche, dass sich der unglückliche Domprediger ‚ein wenig zu weit' vorgewagt habe."

Diese unveröffentlichten Notizen Klemperers gehören ebenso wie sein Erlebnis mit den Teilnehmerinnen der Demonstration zu den frühesten Aufzeichnungen über das Schicksal des Dompredigers Dr. Johann Maier. Sie werden durch spätere Aussagen und Aufzeichnungen bestätigt. Unter den möglichen Rednern für die Kundgebung zur kampflosen Übergabe Regensburgs an diesem 23. April 1945 war sein Name in der seit dem frühen Morgen brodelnden Gerüchteküche in der Stadt am häufigsten genannt worden. Auch seine Äußerung zum Verhalten des Dompredigers entsprach einer weit verbreiteten Meinung, mochte auch Victor Klemperer seine kritischen Vorbehalte dazu festhalten.

Abschied von Regensburg

Der Übernachtung im Krankenhaus folgte am anderen Morgen der „etwas abrupte Abschied" von dem „von allen Seiten als Chef" beanspruchten Arzt „schon im weißen Mantel", der sich am Morgen wie bereits am Abend zuvor noch einmal um seine Gäste angenommen hatte. Victor Klemperer und seine Frau brachen nach diesem „Ruhetag in Regensburg" zu den weiteren zwei Dritteln ihrer Heimreise auf, mit oft langen Wanderungen, aber auch im Zug oder auf Flüchtlingsautos.

Unveröffentlicht ist bis heute der volle Text dieses Abschieds von Regensburg, des Ausdrucks neuen Lebensgefühls, das die Überquerung der Donau an diesem Tag für ihn bedeutete: „Wir gingen am Morgen des Freitag, 1. Juni, durch die nicht allzu zerstörte enge Innenstadt und dann auf einer breiten, auch von Fuhrwerk massenhaft benutzten Pontonbrücke über den Strom. Sahen wir eine große zerstörte Steinbrücke ober- oder unterhalb unseres Übergangs? Ich weiß es nicht mehr. Aber dieses Bild: der große Strom, die tief darauf liegende Behelfsbrücke, das ständige Herüberfluten von Menschen und Wagen mit Stauung und Warten an den Brückenköpfen hat sich mir doch sehr (wie ein Stückchen 30-jähriger Krieg) eingeprägt. Dazu kam das Gefühl, vielleicht unberechtigt, aber doch stark vorhanden, nunmehr die eigentliche Barriere zwischen mir und der Heimat überwunden zu haben. Links der Donau, das waren Wir – ich hätte nicht sagen können, was ich unter diesem Wir genauer empfand, aber ich fühlte mich eben mehr zu Hause. NB. Neuheit und Rückfall des Lebensgefühls: Wer hätte früher einen Strom als Barriere empfunden, wer irgendeinen Abschnitt gefühlt, wenn der Schnellzug Hof-Regensburg-München ihn hier von X nach Y beförderte? Die Isolierung des Einzelnen, die Wiedereinsetzung der Ferne ist das eigentlich Neue und Tödliche der

Alle Brücken waren gesprengt – über die Donau ging es nur mit einer Pontonbrücke

Gegenwart... Wir kamen dann noch – geographisch blieb es mir unklar – über den kleineren Wasserlauf des Regens, auch hier war Brückenzerstörung und -Notbau, wir kamen nach etwa 5 km zur Station Walhalla, ohne die Walhalla gesehen zu haben. Enttäuschung: Der Zug ging erst von Regenstauf ab, zehn km weiter. So sind wir an diesem Tag doch wieder im Ganzen rund 20 km marschiert. Landschaftlich ist mir von dem Marsch wenig im Gedächtnis geblieben, eigentlich nur die Eisenbahnschwellen: man muss sehr aufpassen, wenn man von Schwelle zu Schwelle steigt. Der Lustspiel- und Jean Paul-Name eines Dorfes, wo wir zu Mittag eine Suppe bekamen, prägte sich mir ein: Wutzelhofen. Verzeichnet habe ich noch ein Stück Pferdewagen."

Regenstauf ist „ein stattlicher Flecken“ mit einem Gasthof in fast jedem Haus; die Klemperers warten auf den Zug, den ersten, den sie seit dem Kriegsende benutzen können in einem der offenen Güterwagen: „es war eine Seligkeit, nun sooo schnell nach Norden zu rollen.“ In der Stadthalle von Schwandorf, einem Gemeinschaftslager der Flüchtlinge und militärischen Heimkehrer, wird noch einmal auf einem Strohlager zwischen Soldaten übernachtet. Auch die folgenden Wege und Fahrten durch die Oberpfalz bis hinauf nach Windischeschenbach sind geprägt von den schon gewohnten Unbilden von Hunger und Durst, aber auch immer wieder erfüllt vom Blick auf die Schönheit dieser Landschaften.

Der Abschied von der Oberpfalz, die Heimkehr nach Sachsen haben für Victor Klemperer das Zufluchtsland Bayern in diesen Wochen des April und Mai 1945 wieder ferner gerückt. Aber die Erinnerung an die beiden Freunde in München und Regensburg, die er vor Jahrzehnten gewonnen hatte, verlässt ihn in all den Schwierigkeiten des Neuanfangs unter russischer Besatzung nicht. Am Montag, 29. Oktober 1945, schreibt Victor Klemperer in seinem Tagebuch: „Inzwischen ist die Postsperre zwischen den Besatzungszonen aufgehoben worden, der Weg nach Bayern also frei geworden. Da habe ich, u. das ist meine ganze Arbeitsleistung in zwei Tagen, zwei lange Briefe an Vossler u. an Leo Ritter geschrieben.“

Auf Bitten der Witwe von Victor Klemperer habe ich in den letzten Wochen nach dem Verbleib dieser Briefe gesucht. Der eine Brief an Leo Ritter ist offensichtlich in der Familie und auch an anderem Ort nicht erhalten geblieben. Der Brief an seinen Lehrer Karl Vossler hat sich dagegen jetzt im Nachlass Vosslers in der Bayerischen Staatsbibliothek in München gefunden. Es ist anzunehmen, dass beide Briefe wenigstens in dem Bericht über die ersten Monate dieses Nachkriegslebens Victor Klemperers ähnlichen Inhalts waren. „Wir beide haben noch recht schwierige und abenteuerliche Zeiten durchgemacht.“ Schmerzlich empfindet Victor Klemperer bei der Heimkehr in das wieder zurückgegebene kleine Eigenheim hoch über Dresden den Verlust aller Habe, der Musikinstrumente seiner Frau, die Vernichtung seiner Bibliothek von 4000 Bänden – und dennoch: es ist ein neuer Anfang, die Wiedereinsetzung in sein Dresdener Ordinariat, die Beschäftigung mit den geretteten Manuskripten und der zu zwei Dritteln fertiggestellten Literaturgeschichte des 18. Jahrhunderts in Frankreich.

Wer den Romanisten Victor Klemperer kennenlernen will, wird dies vor allem in seinen Büchern und Schriften aus den zwanziger und frühen dreißiger Jahren tun. Doch seine wissenschaftliche Lebensleistung in seinem eigentlichen Fachgebiet tritt heute zurück hinter seinen autobiographischen Zeugnissen, einem der umfassendsten und besonders aufwühlenden Dokumente deutscher Geschichte in unserem Jahrhundert. Der Augenzeuge und Chronist war sich – wenn auch ohne Aussicht auf Veröffentlichung – der Bedeutung und Wirkung seines autobiographischen Schreibens sehr entschieden bewusst.

Regensburg war für Victor Klemperer nicht einfach ein Punkt auf der Landkarte, eine Eisenbahnstation zwischen München und Berlin oder Dresden. Die Stadt ist für ihn auch ein beziehungsreicher Ort der Orientierung, gewiss einer von vielen in seinem bewegten Leben. Nur wenige Tage und Stunden hat er in Regensburg verbracht, aber seine hier gewonnenen Erfahrungen und erlebten Begegnungen, seine Beobachtungen und Aufzeichnungen sind auch in dieser gedrängten Kürze ein Schlüssel zum Verständnis Victor Klemperers.

Vortrag am 23. April 1999 in einer Veranstaltung von Bücher Pustet zum Tag des Buches im Runtingersaal.

EVA DEMSKI

Als das Eisen seinen Frieden machte

Erinnerungen an eine Eisenhandlung

Die Schriftstellerin Eva Demski beschreibt mit der den ä. teren Regensburgern noch bekannten, inzwischen abe nicht mehr existierenden Eisenhandlung Christlieb & Fischer, die sich ehemals in der Malergasse 2 befand, ein Kapitel aus der Regensburger Nachkriegszeit. Die heute in Frankfurt lebende Autorin stammt aus Regensburg und verbrachte ihre Kindheit in den Gebäudeteilen Gesandtenstraße 3 (Zanthaus) sowie Spiegelgasse 2, die damals noch im Besitz ihres Großvaters, Inhaber der Eisenwarengroßhandlung Christlieb & Fischer waren. Die für einen geplanten Erzählband vorgesehene Geschichte ist bislang noch nicht veröffentlicht.

Da stand die Frau und wollte eine Sense. Sie muss kräftig gewesen sein, ein bisschen krumm, wie damals alle waren, und energisch. Eine Sense, sonst nichts. Als Preis dafür hatte sie eine Kostbarkeit mitgebracht, ein Wunder, etwas, das die vielen Eisen verkaufenden Menschen in der Malergasse zu Regensburg hatte zusammenlaufen und staunen lassen. Ein Stück Butter, ein halblaibförmiges, gelbes, nach Butter riechendes Stück Butter.

Ich habe die Geschichte hundertmal gehört, wie man ihr Teppiche und Schmuck, wahrscheinlich Weihrauch und Myrrhe angeboten hatte und sie immer wieder sagte, sie wolle a Sensn, sunst nix. Aber es gab keine Sense in dem ganzen großen Laden, über dessen Tür Christlieb & Fischer stand, Eisengroßhandlung. Mein Urelement war wohl das Eisen, der erste Geruch, an den ich mich deutlich erinnere, ist der nach Eisen. Deswegen hatte mein Großvater nicht in den Krieg müssen, es wäre sein zweiter gewesen, aber er war ein klein wenig zu alt und wohl ein klein wenig zu brauchbar, daheim.

Die Erzählfreude der Familie ebbte bei der Beschreibung jener eisenhaltigen Jahre ein bisschen ab, es wurde ziemlich allgemein. Ganz unten, im Röhrenlager, lebten zwei versteckte russische Gefangene und oben auf dem Speicher das Fräulein Fierfelder. So hat man es mir jedenfalls viele Jahre später erzählt, vielleicht um ein bisschen davon abzulenken, dass es zwischen Keller und Speicher so wie bei den meisten anderen Leuten zuging. Eisen. Schon mein Urgroßvater und dessen Vater hatten erkannt, dass es eisenlose Zeiten nicht geben würde, weder so noch so, und dass in Krieg oder Frieden Geld zu verdienen war damit. Und dann hatten sie offenbar in jenem letzten Krieg, über den so vielstimmig geschwiegen wurde, eine solche Menge Eisen verbraucht, dass für danach nichts mehr übrig war. Keine Sense also. Und für uns keine Butter, denn die Bäuerin nahm sie wieder mit und meine Mutter sagte, damals habe sie zum erstenmal gemerkt wie das ist, wenn man jemanden umbringen möchte.

Die Frage, was wichtiger ist, Eisen oder Butter, ließ sich einstweilen nicht beantworten, denn beides war nicht zu haben und das, was man WERTE genannt hatte, war insgesamt ziemlich durcheinander geraten. Die Amerikaner, die sich in Regensburg glücklicherweise eingefunden hatten, interessierten sich nicht für Eisen, nur für Hummelfiguren und Wilhelm-Busch-Alben. Die waren zu haben, gegen Zigaretten, und mein Großvater verbot das Schwarzhandeln, rauchte aber wie ein Schornstein. Und der Laden war leer und bewies, wie viele friedliche eiserne Dinge schmerzlich fehlten: Nägel und Röhren, Herde und Töpfe, all das eiserne Kleinzeug, mit dem man die Trümmer wieder zusammen flicken wollte, alle Arten Trümmer.

Dann kam das große Wunder, eine unbegreifliche Stunde Null und alles durfte neu anfangen: Die Währungsreform. Plötzlich war alles eiserne wieder da, jedenfalls die lebensnotwendigen Sachen und die Kinder begriffen, dass man an Eisen und Buntmetall reicht werden kann, eh man sich's versieht, sie – die von mir sehr beneideten Älteren – klaubten Rohre und Verkleidungen, Schutzbleche und Armaturen aus den Häusern und kamen zu Geld. Und im Laden meines Großvaters standen die Angestellten in ihren schwarzen Satinkitteln und steckten die Schräubchen, Muttern und Nägel an die Vorderseiten der flachen Schubladen. Grobe Tüten für die nach Gewicht verkauften Nägel, Hämmer mit schweren brikett-förmigen Köpfen, Sägeblätter, die wie eiserne Federn an den Regalen hingen.

Das Kriegseisen war vergessen, das Friedenseisen feierte Triumphe und die hartherzige Butterbäuerin war wieder so demütig, wie es sich gehörte, weil sie echtes Geld für die Sense hergeben musste wie jeder andere. Die Frauen schauten auf die Topftürme und auf die schokoladenbraunen, emaillierten Zimmeröfen und rechneten mit den Fingern. Ich war winzig und verstand, dass man aus den alten Töpfen nicht mehr das Essen haben wollte und aus den alten Öfen nicht mehr die Wärme. Eine sonderbare Zeit, an der aber alle Freude zu haben schienen. Mein Großvater wurde immer stolzer, er ließ sich selten im Laden blicken, der nur als geduldetes Anhängsel des Großhandels existierte.

Bis heute kenne ich die Ausdehnung seines Großhandels nicht. Ich stellte mir unseren Wagen und die beiden dicken Pferde Hans und Fritz vor, Röhren und Herde ziehend bis nach Amerika, oder meinen Großvater in seinem P 4 von Bauernhof zu Bauernhof fahrend. In Wirklichkeit war es ganz anders und in einer Zeit, die aufbauen musste, was zuvor von einem geheimnisvollen Spuk in Trümmer gelegt worden war, naheliegend. Die Geschäftsgrenzen endeten jetzt abrupt im Bayerischen

Wald, da musste man nach Westen expandieren. Eine kurze Zeit war es wohl recht ruhig zugegangen, als die Sieger beratschlagten, was man diesen Deutschen denn in die Hand geben dürfte, zukünftig, und Eisen war wohl ein verdächtiger Werkstoff.

Die Russen, hieß es, demontierten ganze Industriegebiete und schleppten alles in die Tiefen ihres Reiches. Aber die waren nicht bei uns, und der Mann, der von Amerika aus alle zu Bauern hatte machen wollen – typisch Amerikaner! sagte mein Großvater verächtlich, als hätten sie ihn nicht gerettet, sondern beleidigt – keine Ahnung von unserer Wirtschaftskraft! – dieser Mann setzte sich nicht durch. Mein Großvater packte mich in sein Auto, und dann fuhren wir zu seinem Heiligtum der Unbesiegbarkeit, seinem Glaubenszentrum an die Heilkraft des Eisens: Zur Maxhütte nach Sulzbach-Rosenberg. Ich erinnere mich an die sanfte, vergessene Landschaft in diesem Winkel der Erde, blühende Wiesen und ein paar Kühe, nicht viele. Hasenställe, Hühner und staubige Strassen. In einem Haus „kehrten wir ein", mein Großvater trank Bier und ich Wasser. „Fahrn's wieder zur Maxhütte, Herr Doktor," sagte die Frau, die meinen Großvater offenbar kannte. „Ich werd schaun, was ich wegen der Milchkannen tun kann," sagte mein Großvater. Zahlen haben wir dort nicht müssen.

Die Maxhütte: Das ist für mich eine Szenerie aus Macht und Lärm, ein riesiges Gelände mitten in der grünen Landschaft, und zum erstenmal habe ich dort flüssiges Eisen gesehen, diese unvergleichliche und furchteinflößende Farbe. Ob das beim ersten Besuch dort war, weiß ich gar nicht mehr. Nur, dass mein Großvater mir einschärfte, hier, an diesem Platz, könnte ich sehen, dass es weiter gehe, und nicht nur weiter, sondern aufwärts, schneller als die kleinmütigen Leute dächten. Und der Stahl, das Eisen, das sei das Gerippe, die Knochen von allem, ohne das falle alles auseinander, im kleinen wie im großen. Bei der Rückfahrt spielten wir das Eisenspiel, er lehrte mich zählen, wo überall Eisen steckte und die Welt zusammen hielt und stützte. Dass es vorher bei ihrer Zerstörung auch eine tragende Rolle gespielt hatte, wusste ich nicht und es redete auch keiner davon.
Damals flogen viele Kinder beim Spielen in die Luft. Fass nichts Rundes an, das irgendwo rumliegt! Aus Eisen? Wir aber zeigten uns Fenstergriffe und Ofenrohre, die aus den Häusern nach draußen ragten, Mistgabeln und Melkeimer, Flechteisen und Kuchenbleche, eine friedliche, nützliche eiserne Welt.

Früher, wenn ein Kochtopf ein Loch hatte, da ist er nicht einfach weggeschmissen worden oder fürs Hühnerfutter genommen! Da sind die Zigeuner gekommen und haben ihn geflickt, und die Scheren haben sie geschliffen. Ich hatte noch nie Zigeuner gesehen.
Die kommen schon wieder, Kind!

Die Maxhütte war die Mutter des Eisens, in ihrem Bauch kochte es wie vom Satan, aber doch schön. Der Laden und die Lager wurden erweitert, mit seinen drei Kellern untereinander bot das Haus in der Malergasse Platz genug. Gegenüber war das zweite Lagerhaus, in dem auch die Pferdeställe waren. Eiserne Trensen, aber niemand war grausam zu ihnen. Immer hießen sie Hans und Fritz und immer kamen sie ins Gnadenbrot zu den Bauern. Es gab keine Perserteppiche mehr in den Kuhställen der Höfe und keine Kaugummis mehr von schwarzen GI's. Aber es gab immer mehr Eisen, es hatte sich rehabilitiert. Nur noch selten fand sich ein Stückchen Kriegsblech unversehens an, zum haltbarsten gehörten jene blechernen, meist etwas zerbeulten Feldflaschen mit dem Filzmäntelchen, mit denen Hunderttausende von Schulkindern auf Ausflüge geschickt wurden. Ob die Brotdosen, jene nierenförmigen Blechschachteln in Einheitsgröße Kriegs- oder Friedensware gewesen sind: Ich weiß es nicht mehr. Wohl aber, dass jeder Brotlaib die gleiche Form hatte, so dass eine doppelte, mitten durch geschnittene und in Glücksfällen mit Leberwurst bestrichene Brotscheibe genau in die Dose passte.

Das Leben, vom Eisen beschwert, war langsamer und sorgfältiger in jenen versunkenen Tagen. Eimer und Gießkannen waren auch ungefüllt schwer, Rührschüsseln und Kannen, und es wäre niemandem in den Sinn gekommen, dass die gewichtigen Gegenstände des täglichen Lebens und der täglichen Mühsal eines Tages aus leichtfertigem Plastik sein würden – und auch noch bunt! Das sollte der Arbeit etwas Unernstes geben, etwas Nebensächliches – aber davon war damals noch nichts zu merken, und die einzige Bakelitschüssel im Haushalt war und blieb eine Exotin.

Beim Ausschachten für das neue Ofenlager gab es ein paar Verzögerungen. Wir haben ein bisschen römisches Portal gefunden, sagte meine Großmutter kummervoll beim Mittagessen. Da machen wir gleich wieder zu, bevor der Doktor Boll drauf kommt. Wir haben ja Ausweichmöglichkeiten. Aber die Verzögerung!

Ein bisschen römisches Portal fand man überall in Regensburg, wenn man grub, es musste gar nicht tief sein. Und wenn der Doktor Boll einem drauf kam, gab es sofort einen Baustopp und ein Bauverbot. Die Regensburger hassten ihn, weil er ihnen die schöne Neuzeit versaute und sie mit dem Kopf voraus in die Erinnerungen stieß. Das ganze mittelalterliche Gerümpel! Mein Großvater meinte, dass dem Eisen die Zukunft gehörte und dem Stein die Vergangenheit. Man kann sich den Entwicklungen nicht verschließen! Es ist nicht gut, ewig zurückzuschauen. Das war das für Frauen.

Die waren zum großen Teil Witwen und gewöhnten sich auch dran, den Kopf wieder in Richtung Zukunft zu drehen. Viele Sudetendeutsche hatten sich festgesetzt, und es gab keine Chance, hieß es, sie in absehbarer Zeit wieder los zu werden. Sind ordentliche Arbeiter! sagte mein Großvater, weil er ein fortschrittlicher und toleranter Mann war. Immer hatte ich gedacht, er sei der alleinige Herr des Eisens. Dass auch andere ein Geschäft damit machen durften, empörte mich, ich weiß heute nicht mehr, warum. Gefragt, wer ein böser Mensch sei, sagte ich als Vierjährige: Der Eisenhändler Schwarz. Die Erwachsenen wollten sich totlachen, keiner verstand, dass der Verlust der Königswürde geliebter Erwachsener ein besonders harter Schlag für ein Kind ist. Es gab nicht nur ihn.

Das Eisen nahm merkwürdige Wege, es war von billigerer Produktion und ausländischen Anbietern die Rede, aber das kümmerte mich nicht, so lang ich erst aus dem Kindergarten und dann aus der Schule in immer den gleichen Geruch zurück kam, diesen schwarzen Eisengeruch. Man riecht den heute gar nicht mehr, und in den Läden kann man nicht die drei oder fünfzehn Schrauben kaufen, die man braucht, sondern man macht ein völlig geruchloses Plastikkästchen von einem Ständer ab, und dann braucht man ziemlich lang und meist mehr als einen Fingernagel, um an den Inhalt zu kommen. Natürlich gibt es hundertmal mehr Sorten von allem als damals, und eine heutige Armaturen- oder Beschlägewand macht mich schwindelig. Es wird dergleichen ja fast ausschließlich in den Baumärkten gekauft, wo es ganze Stadtviertel gleichsam in Einzelteilen gibt – als man meinem Großvater nahelegte, Geschirr und Bestecke ins Sortiment aufzunehmen, sagte er: Davon verstehen wir nichts.

Schon eine Kochvorführung des damals revolutionären Dampftopfsystems im Laden erschien ihm frivol, glaube ich. Ich dagegen liebte sie und aß fünfmal Mittag. Das Eisen in seiner reinen Form, Bleche und Geflecht, Röhren und Armierungen war ihm lieber. Wahrscheinlich empfand er das blühende Geschäft mit den Haushaltssachen als unmännlich, während dem anderen etwas Titanisches anhaftete, etwas von jenem Glühen, wofür die Maxhütte für mich alle Zeit ein Symbol bleiben wird. Es war damals nur Aufstieg denkbar, nur Himmelstürmerei, keine Stagnation, geschweige denn Rückschritt.

Ich hatte gedacht, meinem Großvater gehöre die Maxhütte irgendwie, sie sei das heimliche Zentrum seiner Kraft, seines Glaubens daran, dass die guten Kräfte des Eisen die vergangenen schlechten überwinden würden. Wir fuhren noch oft dorthin, manchmal an Feiertagen, als Picknickausflug getarnt, aber auch die typisch bürgerlichen sonntäglichen Spazierwege endeten oft mit einem Blick auf das Hüttengelände. Sachte begann die Frage nach seiner Nachfolger, denn er hatte zwar eine Tochter, aber Töchter waren keine Nachfolger, schon gar nicht fürs Eisen. Wenn er, sagte er, eine Textilfirma zum Beispiel gehabt hätte – da könne er sich einen weiblichen Chef vorstellen, er sei ja nicht gestrig. Außerdem war er mit Schickedanz befreundet und hielt schon damals Frau Grete für die geborene Unternehmerin. Aber Eisen und eine Frau, das ging nicht.

Und dann tat ihm meine Mutter das Schlimmste an und heiratete einen Künstler. Das hatte, weil der Künstler erst einmal in Uniform steckte und knapp einundzwanzig war, keiner so recht ernst genommen, es wollte für den Anfang erst einmal überlebt werden und dann würde man schon einen Eisenhändler aus ihm machen! Aber der heimkommende und nun auch schon wieder mit einer Tochter gesegnete Künstler – er sah mich mit vier zum erstenmal – wollte in die Kunst, ins Theater und sonst gar nichts.

Ein Versuch in den Fünfzigern, den widerspenstigen und brotloser Kunst verfallenen Schwiegersohn auf den einzig richtigen Weg, den des Eisens zurück zu bringen, ging nach einem knappen Jahr schief. Auch der Fachschule in Stuttgart, auf der mein Künstlervater das Handeln mit Eisen lernen sollte, gelang es nicht, ihn um zu stimmen. Es blieb nur die Flucht – aus Regensburg, aus der mächtigen eisernen Umklammerung von Familie und Firma, mit einem lachhaften Gehalt ans Wiesbadener Theater. Mich, das Kind, hatte natürlich keiner gefragt, und ich weinte lang dem schwarzen Duft im kühlen Regensburger Hausgang nach, den vertrauten Rufen der Angestellten in den schwarzen Kitteln, dem Geräusch der Treppen, wo der Eisengeruch nach und nach dem Geruch nach gutem Essen wich.

Aber Kinder sind noch nicht festgeklebt in den Träumen von der guten alten Zeit und ergeben sich neugierig der neuen, wenn sie nicht allzu schlecht ist. Das war sie nicht: Wir hatten jetzt einen Garten, es gab Nachbarskinder, ich lernte englisch und, was das wichtigste war, ich bekam eine Katze. Mein Vater machte ein Bühnenbild nach dem anderen, hatte Erfolg und verdiente ein bisschen besser, wenn auch noch längst nicht gut. Damals waren sie noch ganz jung, meine Eltern, und so waren sie zweimal dem Eisen entronnen, dem bösen und dem guten. Übrigens standen im Mittelpunkt der Bühnenbilder meines Vaters oft große, eiserne Konstruktionen.

FRANZ PFEFFER

BioRegio Regensburg im Aufwind

Die „Biopark GmbH“ – die jüngste Tochter der Stadt Regensburg

Auf den ersten Blick wird Regensburg als Geschichte wahrgenommen, als eine historisch attraktive Stadtkulisse, den sowohl die Einheimischen als auch die Touristen zu schätzen wissen. Gleichzeitig aber ist die Stadt ein wichtiger Wirtschafts- und Wissenschaftsstandort, der unlängst auch zum Zentrum modernster Technologie geworden ist. In der Biopark GmbH, der jüngsten Tochtergesellschaft der Stadt, geht es u.a. um so zukunftsweisende wie umstrittene Technologien wie z.B. die Gentechnik.

Regensburg wird rot-grün und ein schwarzer Oberbürgermeister hat seine helle Freude daran. Politisch also, das ist ohne weiteres einsichtig, kann dieser Farbwechsel nicht gemeint sein. Rot und Grün sind vielmehr die Signalfarben einer Zukunftstechnologie, der in Regensburg seit drei Jahren mit gewaltigem finanziellem wie organisatorischem Aufwand die Bahn gebrochen werden soll.

„Rote Biotechnologie“ und „grüne Biotechnologie“ umschreiben den weit gespannten Bogen aller Wissenschaften, die sich mit der Erforschung und der Veränderung von lebendem Material beschäftigen und die lebende Organismen für die Analytik und Diagnostik verwenden. Im medizinischen, roten Bereich und in der Pflanzenzucht, also der grünen Welt, laufen weltweit Bemühungen, der Natur auf die Sprünge zu helfen. Krankheiten nicht nur zu heilen, sondern abzuschaffen und den Hunger der Welt zu stillen, dies sind hohe Ideale und zugleich die größten Geschäftsfelder des kommenden Jahrhunderts. 1200 Biotechnologie-Unternehmen mit 45 000 Beschäftigten werden derzeit europaweit aufgelistet. 222 davon haben ihren Sitz in Deutschland, die Zuwachsrate liegt jährlich bei mehr als 20 Prozent. Von diesem Geschäft wollen sich Universität, Fachhochschule, Wirtschaft und Rathausführung in Regensburg rechtzeitig ein erkleckliches Stück sichern. Gemeinsam hoben sie die „BioRegio Regensburg" aus der Taufe. Und die Stadt Regensburg gründete zu dem selben Zweck eine Tochtergesellschaft, die BioPark Regensburg GmbH. Eine „Brutstätte neuer Ideen", so möchte Geschäftsführer Dr. Thomas Diefenthal die Gesellschaft gerne verstanden wissen. Aus akademischen Forschern rührige Existenzgründer zu formen, junge Unternehmen und Kapital nach Regensburg zu lenken, Betriebsräume zu schaffen und die Werbetrommel für die Hochtechnologie-Unternehmen in der „Mitte Europas" zur rühren, das sind die Aufgaben des Biologen, der seit 1. April 1999 in Regensburg ist. Statt Patente auf theoretische Ergebnisse an pharmazeutische oder medizin-technische Unternehmen zu verkaufen, sollen diese Keimzellen der BioRegio Ideen und Ergebnisse bis zur Marktreife entwickeln und erproben können. Nicht, oder nicht allein, zum höheren Ruhm der Regensburger Hochschulen, sondern zur Schaffung von zukunftsträchtigen Arbeitsplätzen.

„Wir können", äußerte sich Oberbürgermeister Hans Schaidinger euphorisch, „in den nächsten Jahren auf dem Sektor Biotechnologie 200, aber auch 2000 Arbeitsplätze bekommen". Solchen Prognosen tritt Thomas Diefenthal bewusst skeptisch entgegen. Von einer „schwierigen Anfangsphase" spricht er, „bis alles steht", so seine Vermutung, „wird das Jahr 2000 kommen". Die Voraussetzungen freilich seien hervorragend, neben Berlin, Heidelberg und dem Rhein-Main-Gebiet sieht Diefenthal in Regensburg die einzige „hochkarätige deutsche Region mit internationalem Niveau".

Dabei liegt die Geburtsstunde der BioRegio in einer schweren Niederlage für die Stadt. Als 1996 der amerikanische Pharmariese Bristol-Meyer-Squibb seinen Regensburger Standort aufgab, galt es, in kürzester Zeit Über-

Der Labormediziner Prof. Dr. Gerd Schmitz – einer der Motore von BioRegio Regensburg

nahmeinteressenten zu finden oder doch für die rund 400 hochqualifizierten Beschäftigten im medizinisch-pharmazeutischen Bereich Arbeitsmöglichkeiten anzubieten. Aus diesen Bemühungen entwickelte sich die Bewerbung für den „BioRegio Wettbewerb" des Bundesministeriums für Wissenschaft und Forschung. Obwohl Professor Dr. Helmut Altner, der Rektor der Universität, schon in der Vergangenheit nicht müde wurde, den „Weltruf" der Regensburger Molekular- und Mikrobiologen zu rühmen, scheint erst die, letztlich erfolglose, Bewerbung als BioRegio, zu der Erkenntnis geführt zu haben, welches Potential im Raum Regensburg schlummert. Die Bundesmittel flossen schließlich nach München, doch die Idee des Biotechnologiezentrums blieb bestehen.

21 Unternehmen konnte Thomas Diefenthal im Frühsommer diesen Jahres auflisten, weitere haben ihr Interesse an Regensburg bekundet. Sie alle nutzen die Einrichtungen der naturwissenschaftlichen Fakultäten und des Klinikums der Universität. Viele von ihnen sind klassische „Spin offs", also Existenzgründungen aus dem Wissenschaftsbereich heraus.

Ein Beispiel hierfür ist das Unternehmen „mi – multimmune" von Claus Botzler und Gabriele Multhoff. Bislang besteht „mi" aus wenig mehr als Visitenkarten, dem „Traum von der Unabhängigkeit" der beiden promovierten Biologen und den Ergebnissen einer achtjährigen Forschungsarbeit. Die Annahme, dass es Proteine geben muss, die in der Lage sind, die Zellaktivität zu erhöhen und so zum Beispiel das Immunsystem zu stärken oder die Metastasenbildung von Krebszellen einzudämmen, konnten Botzler und Multhoff schon vor geraumer Zeit im Versuch beweisen. Die beiden sind von München-Großhadern als wissenschaftliche Mitarbeiter an das Klinikum Regensburg gewechselt, weil sie sich mit der Grundlagenforschung nicht begnügen wollten. Doch für die Weiterentwicklung bis zur Erprobung am Menschen im klinischen Versuch gibt es klassischerweise nur zwei Wege. Ein pharmazeutisches Unternehmen interessiert sich für das Projekt und „kauft den Menschen mitsamt seiner Idee", so Claus Botzler. Oder ein Klinikum übernimmt die Aufgabe der Entwicklung bis zum Prototyp. Dafür aber fehlen in den meisten Fällen Geld und Kapazitäten. Die BioRegio öffnet nun einen Mittelweg: Die BioPark GmbH ist bei der Beschaffung von Risikokapital und Laborräumen behilflich, am Klinikum finden die beiden Wissenschaftler die medizinische Unterstützung und Patienten für die klinische Erprobung ihrer Erkenntnisse. Keine Wunder, dass Botzler und Multhoff Regensburg als „optimalen Fleck" qualifizieren.

Doch das Beispiel „multimmune" zeigt zugleich den bürokratischen Hürdenlauf, den Existenzgründer im Wissenschaftsbereich hinter sich bringen müssen und macht auf drastische Art und Weise deutlich, warum zwei Drittel der Biotechnologie in den USA zu Hause sind. Für Staatsbedienstete ist es keine Selbstverständlichkeit, dass ihnen eine selbständige Nebentätigkeit genehmigt wird. Versuche drohen daran zu scheitern, dass Labormitarbeiter pünktlich Feierabend machen. Wer nicht vorhersagen kann, wann er welche Erfolge aufweisen kann, hat bei Banken „null Chancen" auf ein Darlehen, so die Erfahrung von Gabriele Multhoff. Mit dem Geld aber, das sie nicht haben, sollen die Existenzgründer Büros, Labors und Ausstattung finanzieren, ohne zu wissen, wann jemals eine Mark mit den Forschungsergebnissen zu verdienen ist. Es brauche einen „langen Atem", erklärt Claus Botzler die Situation. „Unsere Patienten müssen fünf Jahre überleben, damit wir von einem Erfolg reden können." Und über all dem schweben Sicherheitsauflagen und ein Genehmigungsmarathon, der Existenzgründer zum Scheitern verurteilt.

Die größten Hindernisse, Geld, Raum und Bürokratie, hilft die BioPark GmbH für die Wissenschaftsunternehmen aus dem Weg zu räumen. Vom Steuerberater bis zum Patentanwalt stehen kompetente Berater zur Verfügung. Der Freistaat Bayern will in den nächsten Jahren 110 Millionen Mark aus dem Verkauf der staatlichen VIAG-Anteile in die BioRegio Regensburg pumpen. Und die drängende Raumnot soll – nach einigen Anlaufschwierigkeiten – ein neues Verfügungsgebäude auf dem Campus der Universität lösen.

Bereits im Juli 1996 hatte die „Süddeutsche Zeitung" den „baldigen" Bezug von 6000 Quadratmetern Büro- und Laborfläche im „Haus der Stiftung" verkündet. Johann Vielberth ließ dieses Verfügungsgebäude am Rand der naturwissenschaftlichen Fakultäten für die „Regensburger Universitätsstiftung" errichten. In die Räume sollten Existenzgründer und Forschungseinrichtungen einziehen. Von den Mieteinnahmen hätte ausschließlich die Universität profitiert. Eine in Amerika übliche Form der Wissenschaftsförderung, „einzigartig nicht nur in Regensburg, nein einzigartig im ganzen Land", wie es der Rektor für die deutsche Stiftungslandschaft beschrieb. Als es bei der Suche nach Mietern Verzögerungen gab und sich gleichzeitig ein stärkeres Engagement des Freistaates in der BioRegio Regensburg abzeichnete, wurde eine neue Konstruktion geschaffen. In einem Zwischenschritt erwirbt nun die Stadt das „Haus der Stiftung". Der Kaufpreis von 27 Millionen Mark wird erstattet, sobald der Freistaat das Geld dafür hat.

Einer der ersten Mieter, die in das Gründerzentrum wechseln werden, sobald die Stadt die Besitzurkunde dafür hat, wird die Firma „multiplex diagnostic" von Professor Dr. Gerd Schmitz sein. Der Labormediziner gilt als einer der Motore der BioRegio Regensburg und als Initiator des Entwicklungsschwerpunktes „Fluoreszente Bioanalytik". Erprobt werden, laienhaft ausgedrückt, Methoden, mit denen Zellveränderungen, etwa bei Krankheiten, durch farbmarkierte, fluoreszierende Zellteile diagonostiziert werden können. „Einfacher, schneller und umweltfreundlicher", sei dieser Ansatz als die heute gängige Markierung mit radioaktivem Zellmaterial. Schmitz sieht Regensburg und Bayerns auf einem guten Weg, mit der Einrichtung von Technologiezentren „den Humus zu schaffen", für eine unternehmerisch denkende Forschergeneration. Nicht mangelndes Wissen oder Geld, sondern drei andere Gründe hat der Lehrstuhlinhaber als Ursachen für das Hinterherhinken Deutschlands gegenüber den USA oder Frankreich ausgemacht. Übertrieben bürokratische Hürden seien eine davon. Als weitere sieht er die mangelnde Koordination von Forschung und Nutzung. Schließlich würde nur ein halbes Prozent aller Grundlagenpatente die Produktreife

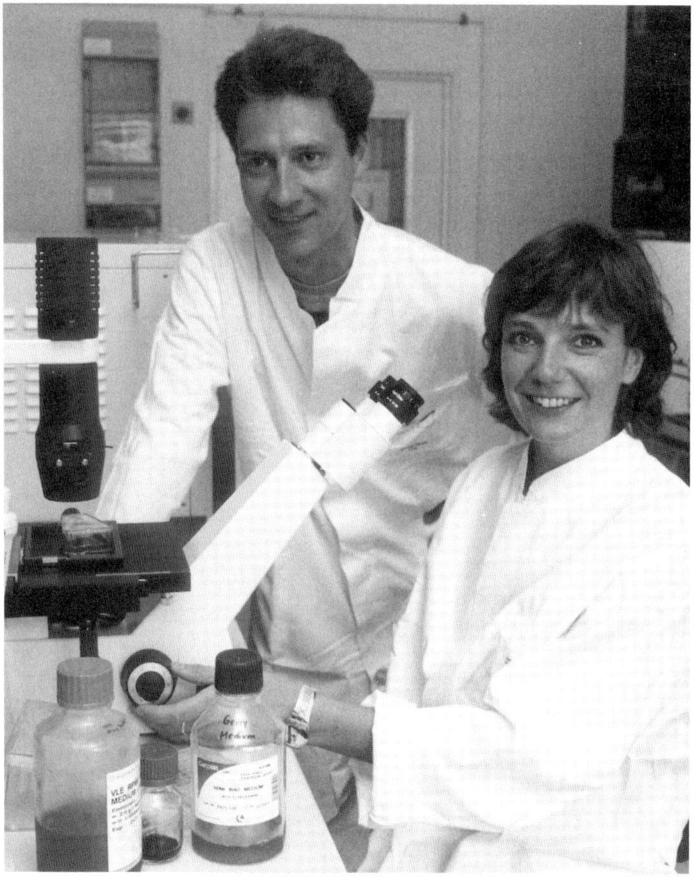

Claus Botzler und Gabriele Multhoff - die beiden Unternehmer von „mi – multimune"

erlangen. Und leider sei „unsere Luxusgeneration nicht mehr hungrig". Immer wieder müsse er an seinem Institut erleben, wie erfolgversprechende Mitarbeiter sich auf „Versorgungsposten" zurückziehen, statt den Mut zum Unternehmertum aufzubringen. BioPark und BioRegio könnten hier vieles erleichtern, sie seien aber nur ein Anfang. „Was fehlt ist eine Großforschungseinrichtung wie das Max-Planck-Institut." Das Klinikum müsse zügig weitergebaut werden, das Interesse der „südöstlichsten Universität Deutschlands" an den osteuropäischen Nachbar ausgebaut und der Blick der Industrie mehr auf Regensburg gelenkt werden. „Wir dürfen uns nach den ersten Erfolgen nicht schlafen legen", appelliert Gerd Schmitz.

Unterdessen haben die ersten Biotechnologie-Gründungen im ehemals städtischen Schlachthof eine Heimat gefunden. Dies aber soll nur eine Übergangslösung bleiben. „Kleine Unternehmen", bestätigt auch der BioPark-Geschäftsführer, Thomas Diefenthal, „brauchen die räumliche Nähe zu den Einrichtungen der Universität". Während also der Raum Regensburg bei der Schaffung von Innovations- und Telezentren, die als bayernweites Netzwerk Unternehmensgründungen im Handwerks-, Dienstleistungs- und Computerbereich fördern, leer ausgegangen ist, entwickelt sich auf dem Gelände der Universität ein hochspezialisiertes Gründerzentrum der Biotechnologie. Die Grundregeln folgen denen anderen Gründerzentren. „Wir konzentrieren uns auf Bereiche, die es nur bei uns gibt", betont Thomas Diefenthal. Und die Büros und Labors im Haus der Stiftung sollen kein ruhiger Parkplatz werden. Einen „Durchlauferhitzer" stellt sich der BioPark-Geschäftsführer vor, „aber wenn es brummt, dann müssen die raus".

„Brummen" könnte es gewaltig, wenn sich die Hoffnungen der BioRegio-Beteiligten erfüllen. Allein die Forschungsvorhaben, die im Bewerbungsband für den Bio-Regio-Wettbewerb von 1996 aufgelistet sind, weisen ein Umsatzvolumen von mehreren hundert Millionen Mark im Jahr auf. Dies würde gleichzeitig die Schaffung einiger hundert Arbeitsplätze erfordern. Greifbar sind solche Erfolge freilich noch nicht. In allen, auf 64 Seiten beschriebenen Projekten, wird auf die Nennung eines Zeitkorridors verzichtet, Ergebnisse lassen sich mit Geld allein nicht erzwingen.

Eine Sorge von unabsehbarer zeitlicher Bremswirkung berührt die Regensburger Zukunftsforscher nicht. Ethische oder politische Proteste gegen die Biotechnologie sind bislang ausgeblieben. „Bei uns ist fast alles im roten Bereich", sagt Thomas Diefenthal beinahe aufatmend. Denn die Medizinforschung bewege sich im öffentlichen Bewusstsein auf der „guten Seite" der Gentechnik. Anders sieht es dort aus, wo sich Entwicklungsabteilungen mit gentechnischen Manipulationen in der Landwirtschaft beschäftigen. Diefenthal selbst musste erleben, wie sich sein früherer Arbeitsplatz „vom verschlafenen Institut zu doppeltem Zaun und Schäferhunden" veränderte. „Wir haben unser Handwerk bei der Natur gelernt", verteidigt der Biologe die Gentechnik und stellt klar, dass Aufklärungsarbeit ein Teil seiner Aufgabe in der BioRegio ist. Immerhin halten, nach einer Studie der Akademie für Technikfolgenabschätzung, 70 Prozent der Bundesbürger die Gentechnik für „nicht kontrollierbar". Auch Thomas Diefenthal findet den Gedanken an den „gläsernen Menschen" entsetzlich, der etwa Lebensversicherungen nur noch nach einer Untersuchung auf krankheitserregende Gene bekommen könne. Grundsätzlich aber seien gentechnische Veränderungen etwas völlig alltägliches. „Wir machen nur mit System, was die Natur schon immer dem Zufall überlassen hat."

FLORIAN SENDTNER

Der Neupfarrplatz – eine endlose Geschichte

Raphael Straus (1887–1947) – der Mann, der als erster die Geschichte des Neupfarrplatzes ausgegraben hat

Der Neupfarrplatz, in seiner heutigen Form durch die Zerstörung des jüdischen Ghettos im Jahr 1519 entstanden, veränderte sich immer wieder in seiner Funktion und seinem Erscheinungsbild: Paradeplatz der reichsstädtischen Bürgerwehr, Schwammerlmarkt, „Neupfarrplatz-Parlament", Christkindlmarkt und Parkplatz. Seit seiner nicht ganz unumstrittenen Neugestaltung hat man für den einst so beliebten wie belebten Platz, der genau in der topographischen Mitte der Altstadt liegt, immer noch kein überzeugendes Konzept gefunden. Der folgende Beitrag beschäftigt sich mit dem Mann, der in den 1920er Jahren als erster die Geschichte des Neupfarrplatzes ausgegraben hat.

Als im August 1996 unter dem Pflaster des Neupfarrplatzes ein im Mittelalter vergrabener Schatz von mehreren hundert Goldmünzen gefunden wurde, war dies sozusagen das Sahnehäubchen auf einer archäologischen Sensation: Zuvor war man durch Zufall auf die Grundmauern und Keller der 1519 von den Christen zerstörten Judenstadt gestossen, ja sogar die Fundamente der ursprünglich romanischen, dann gotisch erweiterten Synagoge waren, nur knapp unterhalb des Pflasterniveaus, zum Vorschein gekommen.
Die reichsfreie Stadt Regensburg hatte im Mittelalter die bedeutendste jüdische Gemeinde in Bayern. Die zentrale Lage der Judenstadt – innerhalb des römischen Lagers Castra Regina, aus dem sich Regensburg entwickelt hat – deutet darauf hin, dass sich schon sehr früh Juden hier ansiedelten. Die jüdischen Kaufleute waren maßgeblich daran beteiligt, dass die Stadt zu einer Fernhandelsmetropole aufstieg und eine wirtschaftliche Blüte erlebte, von der noch heute die imposanten Patriziertürme der Christen zeugen. Die Juden dagegen konnten ihr Vermögen nicht so prestigeträchtig anlegen – sie mussten ihr Gold vergraben.

Doch im 15. Jahrhundert kam der wirtschaftliche Niedergang, und die christliche Mehrheit, die bis dahin jahrhundertelang ihre jüdische Minderheit gegen den immer wiederkehrenden Ansturm der Antisemiten in Schutz genommen hatte (indem sie vor diesen einfach die Stadttore verschloss) wurde nun selbst zur Pogrommeute. Jahrzehntelang eiferte, geiferte und hetzte man gegen die Juden, und im Februar 1519, als Kaiser Maximilian I., der „Schutzherr" der Juden, gestorben war, schlug man zu. Die komplette Gemeinde wurde vertrieben, das Ghetto samt Synagoge dem Erdboden gleichgemacht, selbst der Friedhof wurde geschleift, die Grabsteine sind als Siegestrophäen über die ganze Stadt und sogar noch weit in die Umgebung verteilt.

Aus zwei Gründen hatte kein Mensch mit Überraschungen unter dem Pflaster des Neupfarrplatzes gerechnet. Einmal waren sämtliche Historiker fälschlich davon ausgegangen, dass die Neupfarrkirche, die heute den Platz beherrscht, genau auf den Fundamenten der beim Pogrom zerstörten Synagoge stehe. Wenn man die historischen Quellen genauer gelesen hätte, hätte man wissen können, dass an der Stelle der Synagoge zunächst eine hölzerne Wallfahrtskirche errichtet wurde. Der Pogrom, obwohl von offiziell-städtischer (weltlicher wie kirchlicher) Seite initiiert und ins Werk gesetzt, war nämlich illegal (die Stadt nutzte das Machtvakuum nach dem Tod des Kaisers), und so versicherten sich die Christenmenschen gegen eine etwaige Rückkehr der vertriebenen Juden – nach dem Vorbild anderer Städte – dadurch, dass sie eilends an der Stelle der Synagoge eine Kirche errichteten: Die hätte kein Kaiser mehr abzureißen gewagt – auch wenn die Juden den von ihnen angestrengten Rechtsstreit etwa gewonnen hätten.

Dazu inszenierte man eine Marienwallfahrt: ein gewisser Jakob Kern war beim Abriss der Synagoge im Eifer des Gefechts unter einer einstürzenden Mauer begraben und für tot gehalten worden. Als sich herausstellte, dass er doch noch lebte, schrieb man dies dem persönlichen Eingreifen der seligen Jungfrau zu. (Kurz darauf erlag der Mann dann doch seinen Verletzungen, aber da hatte sich das Wunder schon zu sehr herumgesprochen.) Die Holzkirche hielt dem Ansturm der gläubigen Massen schon bald nicht mehr stand, denn Hunderttausende pilgerten aus ganz Europa nach Regensburg, zur „Schönen Maria". Darum fing man an, daneben eine stattliche Steinkirche zu bauen. Als die bezugsfertig war, hatte sich die Begeisterung für die „Schöne Maria" freilich längst wieder gelegt, und bald danach hielt die Reformation in Regensburg Einzug, die sich ausgerechnet die neue, große Wallfahrtskirche zum Gotteshaus erwählte. Sie hieß seitdem Neupfarrkirche und gab auch dem Platz seinen Namen. Die ursprüngliche Wallfahrtskirche aus Holz war längst abgerissen und an ihrer Stelle ein Brunnen errichtet worden.

Den anderen Grund lieferten die Nazis, die 1939 am Neupfarrplatz einen Luftschutzbunker bauten, genau auf dem Areal der einstigen Judenstadt. Man nahm an, dass dabei etwaige Überreste zerstört worden seien – und stellte zur Überraschung aller fest, dass links und rechts des schlauchförmigen Betonbunkers mehr oder weniger der Originalzustand von 1519 erhalten war. Und so fanden sich direkt angrenzend an den Bunker bestens erhaltene Kellergewölbe, teils aus dem 12. Jahrhundert, Treppenabgänge, Mauerbögen, Brunnen und sogar noch ein Ziegelfußboden auf Erdgeschoß-Niveau.

Die archäologische Sensation erregte internationales Aufsehen. Doch hat man bislang einen Mann vergessen, dessen Schicksal mit der Geschichte der Regensburger Juden verwoben ist, genauer gesagt mit der Geschichtsschreibung zu diesem Thema. Er hieß Raphael Straus. Die Nazis vertrieben ihn aus Deutschland, sein Name ist heute vergessen; selbst bei der jüdischen Gemeinde in Regensburg kennt man seinen Namen nicht mehr.

Genauso, wie der Nazibunker die Grundmauern des jüdischen Ghettos „stört“, wie die Archäologen sagen, genauso findet sich in der Wissenschaftsgeschichte zu dem Pogrom von 1519 ein Keil, der in den 30er Jahren unseres Jahrhunderts hineingetrieben wurde: Die zahlreich vorhandenen (lateinischen, frühneuhochdeutschen, hebräischen und jiddischen) Quellen zu dem Komplex 1519 wurden von dem jüdischen Historiker Raphael Straus in den 20er Jahren gesammelt und für eine Publikation aufbereitet. 1932 erschien sein Buch „Die Judengemeinde Regensburg im ausgehenden Mittelalter“, die dazu gehörende Quellenedition (auf die in dem genannten Werk bereits Bezug genommen wird), sollte anschließend herauskommen. Doch ab 1933 wird jede „jüdische“ Veröffentlichung verhindert, selbst eine harmlose Quellenedition. Statt dessen bemächtigt sich ein „arischer“ Historiker, der 22-jährige Wilhelm Grau, der von Straus gesammelten Quellen und verfertigt daraus seine antisemitische Doktorarbeit.
Grau hatte sich 1932 bei dem um 23 Jahre älteren Straus als demokratisch-ambitionierter, progressiv-katholischer Historiker und Journalist vorgestellt und daraufhin Einsicht in dessen Quellensammlung erhalten. Ein paar Monate später muss Straus vor dem Terror der Nazis nach Palästina fliehen (wo er nicht recht Fuß fassen kann), während Grau bei dem Nazi-eigenen „Reichsinstitut für Geschichte des neuen Deutschland“ als Abteilungsleiter für „Judenfragen“ eine wahre Blitzkarriere macht.
Der Regensburger Historiker Wilhelm Volkert fasst diesen Vorgang in dem Satz zusammen, Grau habe „die von Straus gesammelten Urkunden und Aktenstücke [...] zu einer nationalsozialistischen Hetzschrift verwendet“. Das ist natürlich richtig – und auch wieder nicht. Denn Grau war eigentlich und zuallererst niederbayerischer Katholik, jedenfalls keineswegs von vornherein ein überzeugter Nazi. Helmut Heiber, ein Mitarbeiter des Münchner

Unter dem Pflaster liegt das Ghetto

Instituts für Zeitgeschichte, hat Wilhelm Grau 1959 und 1964 eingehend zu seiner steilen Karriere in den 30er Jahren befragt und das Ergebnis in seiner umfangreichen Untersuchung über „Walter Frank und sein Reichsinstitut für Geschichte des neuen Deutschlands" vorgelegt; er kommt zu dem Schluss: „Grau war damals – das darf man ihm glauben – keineswegs Nationalsozialist. Auch sein Buch ist kein Beweis dafür, sondern zeigt lediglich, wie gut sich Christentum und Antisemitismus bis zum Nationalsozialismus miteinander vertragen haben."

Heiber setzt Graus auch 1933 noch bestimmende weltanschauliche Herkunft also im niederbayerischen Katholizismus an. Wenn auch sein Antisemitismus ganz offensichtlich mit dem der Nazis mehr oder weniger kongruent war, so war Grau dennoch alles andere als ein Nazi der ersten Stunde: „Grau hatte der Bayerischen Volkspartei zwar nicht angehört, ihr aber immerhin nahegestanden. Er war Mitglied von Neudeutschland und danach in verschiedener anderer Weise aktiv im katholisch-politischen Sinne tätig gewesen [...] Noch die Machtübernahme will er mit Entsetzen über das ohnmächtige Zusehen von Zentrum und BVP verfolgt und deshalb sogar eine – vergebliche – Reise zu einem rheinischen Zentrumsführer unternommen haben."

Zu dem gleichen Urteil gelangte auch Raphael Straus. Der junge Student Wilhelm Grau sei an ihn, Raphael Straus, im Herbst 1932 herangetreten, habe sich als Doktorand vorgestellt mit dem Thema Antisemitismus im Mittelalter am Beispiel Regensburgs und dafür um Zugang zu Straus' Quellenmaterial gebeten. Ohne danach von Straus gefragt worden zu sein, habe er sich als Demokrat ausgegeben, der sich nach der Promotionsprüfung dem liberalen Journalismus widmen wolle – was Straus im Nachhinein überhaupt nicht in Zweifel zieht: „The change in the German mental attitude in 1933 has influenced this young man, as it has many older persons [...]" Doch Straus' Urteil über Grau fällt darum nicht günstiger aus: „Should public opinion in Germany be subject to another change at a future periode, he will doubtless be prepared to return to his former viewpoint." Das Phänomen ist nicht neu, wie ein Xenion Goethes aus dem Jahr 1796 zeigt: „DER ZEITSCHRIFFTSTELLER". Bald ist die Menge gesättigt von demokratischem Futter, Und ich wette du steckst irgend ein anderes auf.

Noch 1935 liefern sich Raphael Straus und Wilhelm Grau einen wissenschaftlichen Schlagabtausch über die Geschichte der Regensburger Juden in einer jüdischen Historikerzeitschrift. Eine etwas ungleiche Angelegenheit: Straus schreibt ja aus Palästina, seine Tätigkeit als Historiker ist durch die Emigration stark eingeschränkt; Grau dagegen schwimmt im Land der Mörder obenauf. Nichtsdestotrotz will Grau diese „Diskussion" als rein wissenschaftlich verstanden haben. Graus Doktorarbeit erlebt 1938 eine glorreiche erweiterte Neuauflage, doch interne Querelen und Intrigen lassen seinen kometenhaften Aufstieg bald darauf in einem ebenso jähen Sturz enden. Raphael Straus hingegen geht 1945 nach New York, wo er indes bereits 1947 stirbt. Erst 1960, auf Betreiben seiner Witwe und mit einem Zuschuss des New Yorker Leo-Baeck-Instituts, erscheint seine Quellenedition: „Urkunden und Aktenstücke zur Geschichte der Juden in Regensburg 1453–1738". Obwohl mittlerweile einiges an neuerer Forschungsliteratur erschienen ist, ist diese Quellenedition nach wie vor das Standardwerk zum Thema.

Die überwiegende Mehrheit der Historiker, die sich über die Jahrhunderte hinweg mit der Regensburger jüdischen Gemeinde und mit dem Pogrom von 1519 befassten, waren handfeste Antisemiten. Da sind etwa die zwei wohl berühmtesten Stadthistoriker, Carl Theodor Gemeiner und Christian Gottlieb Gumpelzhaimer, die beide in den ersten Jahrzehnten des 19. Jahrhunderts schrieben: Da können die Beschuldigungen und Verdächtigungen, mit denen die Juden im ausgehenden Mittelalter überhäuft wurden, noch so hanebüchen und absurd sein, Gemeiner und Gumpelzhaimer nehmen sie fast grundsätzlich für bare Münze. Eine Kostprobe aus Gemeiners drittem Band seiner „Regensburgischen Chronik" von 1821, wo der Pogrom von 1519 samt Vorgeschichte ausführlich verhandelt wird: „Durch ein gränzenloses Sittenverderbnis, durch den drückendsten Wucher, den sich die Juden im Handelsverkehr hauptsächlich gegen die Christen erlaubten und durch eine unkluge Verspottung und Geringschätzung alles dessen, was christlich hieß, hatten sie [die Juden] die ganze Christenheit [...] zum höchsten gegen sich aufgebracht." Als Beleg werden irgendwelche Geschichtchen angeführt, die die angebliche Verworfenheit und Durchtriebenheit einzelner Juden zeigen sollen.

Und noch 1997 findet sich in der Literatur die Bemerkung, neben anderen Gründen hätten auch „das Wirtschaftsgebaren der Juden und ihre Geschäftspraktiken" den Pogrom von 1519 herbeigeführt.

Raphael Straus, die Oase in der Wüste der Historiographie zur Geschichte der Regensburger Juden, schrieb dagegen in einem bis heute nicht vollständig gedruckten Vorwort zu seiner Sammlung von „Urkunden und Aktenstücken" im Mai 1934 in Jerusalem, allein exaktes Quellenstudium könne zu einem angemessenen historischen Urteil führen: „ohne dass ein menschliches Subjekt seine Neigungen und Abneigungen, seine gläubige Phantasie oder seine Skepsis hinzuzugeben hätte." Seine Maxime lautete: „Die Quellen allein werden hier vernommen."

Der Tatsache, dass Wilhelm Grau die von Raphael Straus gesammelten Quellen schamlos ausgebeutet hatte, wird in einer Rezension, mit der Graus Mentor Walter Frank die Dissertation seines Schützlings im „Völkischen Beobachter" feiert, mit dem hübschen Satz Rechnung getragen: „Die Arbeit fußt auf sehr reichem Quellenmaterial." Weiter rühmt Frank am Debut des hoffnungsvollen jungen Forschers dessen Erkenntnis, dass „neben dem wirtschaftlichen Antisemitismus auch der religiöse und der rassische Antisemitismus als primär wirksame Kräfte bereits im Mittelalter wirksam waren." Dafür führt Frank folgenden Beleg an: „Einem Papst, Anaklet dem Zweiten, hat Bernhard von Clairvaux vorgeworfen, dass sein Urgroßvater ein Jude namens Pierleone gewesen sei!

Archäologische Funde unter dem Neupfarrplatz

Selbst in einem von der kirchlichen Idee beherrschten Zeitalter war also die Stimme der Rasse nicht unterdrückt."

Im Vorwort zur zweiten Auflage seiner Dissertation mokiert sich Wilhelm Grau über Straus' Streben nach Objektivität: diese ist für Grau „leblos und phantomhaft". Dagegen komme sein „Ethos der Geschichtsschreibung [...] dem großen Ideal der Objektivität näher", weil es „den tiefen geistigen und sittlichen Gehalt" des Antisemitismus „gerade durch die Geschichte bezeugt findet".

Und so läßt sich Grau 1942 im „Illustrierten Beobachter“ auf einer Doppelseite unter der Überschrift „Zum ersten Mal in der Geschichte: Judenforschung ohne Juden“ als historischer Pionier feiern.
Einen ganz besonderen Zug seiner antisemitischen Bemühungen offenbart Grau am Ende seiner programmatischen Schrift „Die Judenfrage als Aufgabe der neuen Geschichtsschreibung“. Dort gibt er nämlich bekannt, wie die „Judenfrage“ als „Forschungsproblem“ „in Angriff genommen“ werden müsse: „Mutig im Fragen, diszipliniert im Denken, der Wahrheit gehorsam, im Ertragen jeder Erkenntnis tapfer, treu allein dem angestammten Volk!“
Aus diesen Kardinaltugenden des Historikers sticht jene hervor, die dazu auffordert, „tapfer im Ertragen jeder Erkenntnis“ zu sein. Sie taucht wieder auf in der handschriftlichen Widmung Graus in einem Exemplar der zweiten Auflage seiner Dissertation von 1938: „Wir müssen zu den Gründen gehen / Und wenn wir daran zu Grunde gehen.“ (Gezeichnet: „Weihnachten 1938, Wilhelm Grau“)
Es geht offenbar um eine spezielle Tapferkeit des Historikers, die keine Grenzen kennt, auch nicht die der Selbstaufgabe. Wenige Wochen nach dem 9. November 1938, dem offiziellen Auftakt zur „Endlösung“ der „Frage“, der Graus historisches Institut gewidmet ist, bedrängen den jungen Historiker heroische Gefühle. Fast eine Art Martyrium scheint ihm zu schwanen. Sein Werk: ein Opfer für das deutsche Volk.
Wie so oft, haben die Nazis auch im Fall Raphael Straus einen Sieg auf der ganzen Linie errungen: Nicht nur, dass sie ihn aus seiner Heimat vertrieben, auch sein Andenken ist weitgehend ausgelöscht. Zwar ist sein wissenschaftlicher Nachlaß im New Yorker Leo-Baeck-Institut erhalten. Eine Suchanzeige nach seinen Nachkommen in der deutsch-jüdischen Zeitung Aufbau (New York) blieb indes erfolglos. Und das wenige, was man bis jetzt über Raphael Straus weiß, steht unter dem Schatten von Wilhelm Grau.
Darüber hinaus sind nur die gröbsten äußeren Lebensdaten von Raphael Straus bekannt: Er wurde am 25.2.1887 in Karlsruhe geboren, studierte ab 1906 in Freiburg, Berlin und Heidelberg Geschichte und legte 1910 seine Dissertation über „Die Juden im Königreich Sizilien unter Normannen und Staufern“ vor. Doch er war nicht nur Historiker, sondern auch Verleger: Zusammen mit seiner Frau (von der nur bekannt ist, dass sie ebenfalls promoviert hatte) betrieb er in München den Holbein-Verlag, dessen Geschäfte allerdings nur zeitweise florierten, so etwa 1928, als der Verlag zum 400. Todestag Albrecht Dürers die erste Gesamtausgabe seiner Holzschnitte präsentierte. 1927 sammelte er im Auftrag des Bayerisch-Israelitischen Gemeindeverbandes Dokumente zur Geschichte der Juden in Bayern. Von 1929 bis 1933 war er Schriftleiter der Zeitschrift für die Geschichte der Juden in Deutschland.
Ende November 1933 erhält die Industrie- und Handelskammer die Mitteilung, „dass sich der Inhaber der Firma Holbein-Verlag Kommanditgesellschaft in München [...] seit Mitte dieses Jahres dauernd im Ausland aufhält und vom Verlag eine Tätigkeit nicht mehr ausgeübt wird.“ Raphael Straus ist rechtzeitig, vermutlich mit seiner Frau, nach Palästina emigriert. 1939 erschienen noch in den USA und in Tel Aviv Bücher von ihm, daneben schrieb er eine ganze Reihe von Zeitschriftenaufsätzen. Am 3. Mai 1947 starb er in New York an einem Herzschlag.
Die Stadt Regensburg ist dabei, einen Teil der ausgegrabenen Kellergewölbe am Neupfarrplatz zugänglich zu machen und dort in einer Art Museum den Pogrom von 1519 zu dokumentieren. Dabei wird sie auch jenes jüdischen Historikers gedenken, in dessen Schicksal sich die mittelalterliche Verfolgung im 20. Jahrhundert widerspiegelt.

PETER MORSBACH

Die Neue Waag in Regensburg

Ein Streifzug durch ihre Geschichte

Mit der Renovierung des sog. „Napoleonsaals" in der Neuen Waag am Haidplatz, – heute Sitz des Bayerischen Verwaltungsgerichts – hat die Stadt ein weiteres historisches Schmuckstück erhalten, das nach den Worten des Verwaltungsgerichts-Präsidenten Dr. Manfred Sachau in Zukunft nicht nur als Sitzungssaal Verwendung finden, sondern auch als kultureller Veranstaltungsraum der Öffentlichkeit zur Verfügung stehen soll. Der folgende Beitrag befasst sich mit der wechselvollen Geschichte dieses traditionsreichen Regensburger Patriziergebäudes.

„Hier ruhet / der hochedlgebohrene Herr / Frantz Christoph Joachim Zinck, / Sr. Churfürstl. Gnaden zu Mayntz / Rath, dann bey fürwehrenden Reichs- / Tag allhier Legations- / Secretarius, und Reichs- / Dictator. / Welcher in Churfürstl. Diensten / 53. Jahr gestanden / einen christlichen Lebens- / wandel geführet, / und einen Gutthäter der / Armen abgegeben. / Gestorben den 23. Febr. / Anno 1766. im 77. Jahr / Seines Alters."
So steht es auf einem Epitaph in der Vorhalle der St. Emmeramskirche. Mancher Besucher, der eher zufällig diese Inschrift liest, stutzt, zieht die Augenbrauen hoch, kramt vielleicht in seinen geschichtlichen Kenntnissen, schaut auf die Jahreszahl, schüttelt den Kopf und geht verwundert weiter. Reichsdiktator: Reich und Diktator, mit dieser Wortkombination haben wir Deutschen zugegeben unsere Schwierigkeiten. Sicher aber war unser Herr Franz Christoph Joachim Zink ein braver, unbescholtener Mann, Kurmainzischer Rat und Legations-Secretarius, Sekretär der Gesandtschaft des Kurfürsten von Mainz auf dem Immerwährenden Reichstag zu Regensburg. Sein Arbeitsplatz war hier, in diesem Hause, in der Neuen Waag, in der heute abend diese Ausstellung eröffnet wird. Als kurmainzischem Legationssekretär oblag ihm das Amt des Reichsdiktators, hinter dem sich etwas ganz Harmloses verbirgt. Er war der Vorsteher der da-

mals sogenannten „Reichs-Dictatur Stuben", die uns in einer Ansicht von Andreas Geyer aus dem Jahre 1722 überliefert ist.

Dort stand sein – so Geyer – *„Catheder, worauf der Chur-Mainzische Herr Secretarius sich befindet, wann er dictirt"*. Unter den Fenstern standen der „Kurfürstliche Kanzellisten-Tisch", der „Österreichische und Salzburgische Canzellisten-Tisch", die Canzellisten-Tische der geistlichen Fürsten, der weltlichen Fürsten, der Grafen und der Reichsstädte. Hier schrieben die Canzellisten nach dem Diktat des Herrn Secretarius Zink die Protokolle der Reichstagssitzungen. Ansonsten war sein Platz, wie wir von Abbildungen der Reichstagssitzungen wissen, am Kurmainzischen Direktorialtisch im Reichssaal, wo er die Sitzungen protokollierte. Die Diktaturstube, nach Geyers Abbildung ein langgestreckter Raum mit mindestens sieben Fenstern (man möge diese Zahl nicht wörtlich nehmen!) und einem gegenüberliegenden Zugang, gibt es wohl nicht mehr, denn ich vermute, dass es sich um den großen – später unterteilten – Saal im ersten Obergeschoß des seit 1959/60 nicht mehr existierenden Südflügels der Neuen Waag handelte. Dieser Saal ist der einzige, der mit Geyers Abbildung weitgehend übereinstimmt.

Was für ein Gebäude war das eigentlich, in dem sich eine Einrichtung wie die Reichsdiktatur befand?
Gehen wir vom Namen des Hauses aus: Neue Waag. Er beinhaltet zwei Aussagen: Neue Waag heißt, dass es auch eine alte Waag gegeben hatte, die, wie wir wissen, bis 1441 in der St. Albans-Gasse gewesen war, also in der Nähe des Hafens und der sog. Eisengrät. Eine Grät oder Grede war die Bezeichnung für ein treppenförmiges Gerüst zum Ausstellen von Waren (von lat. *gradus*, die Stufe), in Süddeutschland und Österreich auch als „Niederlage" bezeichnet. Sie gehörte funktionell eng zusammen mit der „Waage" oder „Stadtwaage", die in erster Linie ein Lagerhaus für (zollpflichtige) Waren war, das im Mittelalter auch als „Kaufhaus" bezeichnet wurde. Auch in Regensburg hatten auswärtige Kaufleute ihre zollpflichtigen Waren zunächst zur Stadtwaage zu bringen, wo sie dann bis zum Verkauf gelagert werden mussten. Hier hing nicht nur die offizielle Waage, sondern waren auch die Längenmaße, wie sie sich am Portal des Alten Rathauses erhalten haben, angebracht, um eine Gleichbehandlung aller Waren zu garantieren. 1441 ging die Funktion der Waage an das Haus am Haidplatz über. So wurde es ein wichtiger Teil des Wirtschaftslebens der Stadt.

Die frühe Besitzergeschichte der später sogenannten Neuen Waag ist nur in Umrissen bekannt. Als Erbauer des Hauses konnte Walter Hofmeister den Patrizier Konrad Gumprecht auf der Haid nachweisen. (Vgl. W. Hofmeister, Der Weinhof in Regensburg, in VO 115, Jg. 1975, S. 251 f. und W. Boll, Das Runtingerhaus in Regensburg, VO 120, Jg. 1980, S. 25–68, hier S. 41.) Im 14. Jahrhundert befand sich das Haus weiterhin im Besitz der Familie Hofmeister, gelangte dann an die Patrizierfamilie Altmann, die es 1441 an die Stadt Regensburg verkaufte.

Dass es sich bei der Neuen Waag um ein Patrizierhaus handelte, ist jedermann ersichtlich. Ihr ältester Teil ist der im späten 13. Jahrhundert oder um 1300 errichtete Nordflügel, indem wir uns heute befinden, der sich zur Neue-Waag-Gasse hin orientiert. Das Schema des klassischen Regensburger Patrizierhauses mit dem Turm auf der rechten Seite und dem links anschließenden Wohntrakt mit einem repräsentativen Saal ist auch hier wiederzufinden. Aus diesem Saal ging 1782 der heutige Bibliothekssaal hervor. Die Haupteinfahrt in das Haus liegt ebenfalls auf der Nordseite und bildet heute den Zugang zum Musikaliengeschäft Reisser und dessen mittlerem Verkaufsraum. Im Erdgeschoß des Turms gab es die

Der „Napoleonsaal" in der Neuen Waag soll wieder ein kultureller Treffpunkt werden

Hauskapelle St. Christoph, auch sie nun ein Teil der Musikalienhandlung.
Als das historisch bedeutendste Ereignis in der Geschichte des Hauses erwähne ich das Regensburger Religionsgespräch von 1541, als sich hier, von Kaiser Karl V. ausgewählt, die katholischen Theologen Johannes Eck (Luthers großer Gegenspieler), Julius von Pflug und Johannes Gropper mit den protestantischen Theologen Philipp Melanchthon, Martin Bucer und Pistorius trafen. Der bedauerliche Ausgang dieses Gespräches ist bekannt.
Der rückwärtige Teil des Hauses, d. h. der fälschlicherweise immer wieder als Hauptfassade angesehene West-

flügel zum Haidplatz und der Südflügel zur Grieb, ist jünger als der Nordflügel. Deutlich setzt sich der Westflügel durch einen Knick im Mauerwerk vom Nordflügel ab. Es wird vermutet, dass anstelle des West- und Südflügels ältere Nebengebäude in Ständerbauweise standen, die im Rahmen einer durchgreifenden baulichen Neugestaltung zwischen 1572 und 1587 in Stein neuaufgeführt wurden. Aus dieser Zeit stammen die prachtvolle Säule, die hier im Saal den Unterzug stützt, und die Ihnen allen bekannten zweigeschossigen Renaissancearkaden im Innenhof.

Die vielen Besucher Regensburgs, die auf den Haidplatz geführt werden, hören, dass sich hier auch ein ganz zentraler Ort der städtischen Verwaltung befand, die Ratsherrentrinkstube. Trinkstuben gehörten in mittelalterlichen Städten zu den wichtigen Orten der Geselligkeit – man denke an den Kölner Gürzenich als das bedeutendste Beispiel dieser Art – und waren nach Stand oder Religion getrennt. So gab es beispielsweise im oberschwäbischen Biberach an der Riss zwei Trinkstuben, eine für die katholischen und eine für die evangelischen Patrizier. Da zu vielen dieser Trinkstuben repräsentative Räume – Festsäle – gehörten, könnte sich die Regensburger Ratsherrentrinkstube, die spätestens 1585/87 in der Neuen Waag nachweisbar ist, ihren Ort vielleicht dort gehabt haben, wo sich heute der Bibliothekssaal befindet oder nebenan im kleineren Bibliothekssaal im Turm, vielleicht aber auch im Sitzungssaal 1 mit seiner schönen spätgotischen Holzdecke. Wo immer die Trinkstube auch war, wir wissen, dass sie der Maler Melchior Bocksberger ausgemalt hatte. Bocksberger schuf bekanntlich die Fassadenmalereien am Rathaus und am Goliathhaus und den Freskenschmuck im Kreuzgang von St. Emmeram. Jedoch ist weniger bekannt, dass er auch die Neue Waag bemalte, nicht nur die Trinkstube, sondern auch zwei Fassaden. Die Reimchronik des Jakob Sturm berichtet im 17. Jahrhundert hierüber:

Der Dollinger Kriegstaht man gegenüber schaut,
wo die Trinkstube ist auf solchen Plaz gebaut
Die Herrenstube ist sehr herrlich anzusehen,
Bokksbergers Hand hat selbst mit kunstreich-Pinsel-drehen
viel Wappen eingemalet, ein Tisch darinnen stehet,
des Todes sei gedenk, zu lesen uns angehet.
Hier die Trinkstube wird auch auf der Wag genennet
die künstlich in und aus mit Mahlwerk ist berennet
durch des Bokksbergers Faust und weitberühmte Kunst
sie manchem fremden Gast erwecket Lieb und Gunst.

Es muss also ein prachtvolles Bild gewesen sein, dass die Neue Waag im 17. Jahrhundert nach außen bot. Sie war rundum bemalt: an der Nordfassade zur Neue-Waag-Gasse befand sich nach Sturm ein großes Wandgemälde mit der Darstellung des Kampfes Hans Dollingers gegen Krako, der bekanntlich am Haidplatz stattgefunden haben soll. Der Maler dieses Bildes war Melchior Bocksberger. Er malte in der Trinkstube „viele Wappen", was nichts anderes heißt, als dass hier die Wappen der damals regierenden Ratsgeschlechter an die Wand gemalt waren. Auch die Fassade zum Haidplatz bemalte er, während die Südseite „zum Gäßl", also zur Grieb, von einem bislang anonymen Regensburger Maler geschmückt wurde. Es ist anzunehmen, dass den bocksbergerschen Fassadenmalereien hier kein längeres Leben beschieden war als denen am Rathaus.

Schließlich hatte die Neue Waag auch noch eine weitere Funktion inne. Wenn jemand ein Haus in der Stadt kaufen oder verkaufen wollte, war dies nicht einfach eine Sache zwischen Käufer und Verkäufer. Jeder Hausverkauf musste durch „Intimationen" öffentlich bekannt gemacht werden. Die Immobilie wurde dann in der Neuen

Waag versteigert, wobei in der Regel der erste Kaufinteressent auch den Zuschlag erhielt.
1782 schließlich erfolgte im Nordflügel der Neuen Waag eine große Baumaßnahme, die den Anlass für unser heutiges Beisammensein bildet: die Einrichtung der Reichsstädtischen Bibliothek. Der ehemalige Festsaal des Hauses und der anschließende Turmraum wurden nach oben durchgebrochen und erhöht, so dass zweistöckige Galerien Platz fanden, wovon nach außen die ovalen Oberlichter Zeugnis geben. Planung und Ausführung der Bibliothekseinrichtung lagen in den Händen des damaligen Stadtkämmerers Bösner. Die Baukosten beliefen sich auf 3119 Gulden und 34 Kreuzer, was für die verarmte Stadt Regensburg eine ganz beträchtliche Summe darstellte. Aber ein neuer und großer Bibliotheksraum war unabdingbar geworden, nachdem 1783 die städtische Bibliothek mit der des geistlichen evangelischen Ministeriums und der des evangelischen Gymnasiums vereinigt worden war. Von 1783 bis 1875 war die Bibliothek hier aufgestellt, deren 15.000 Bände beide Räume füllten. Wir werden uns die Bücherschränke auf allen drei Gallerien vorzustellen haben. 15.000 Bücher verbrauchten damals sehr viel mehr Platz als 15.000 Bücher dies heute tun, wie Sie an den hier gezeigten Folianten unschwer erkennen können. Im Saal selbst dürften vielleicht niedrige Bücherschränke, für Großformate wie Atlanten gestanden haben.
Schließlich noch die jüngere Geschichte des Hauses: nach dem Übergang der reichsstädtischen in die Kreisbibliothek wurde die Neue Waag weiterhin als Schrannenhalle verwendet. 1940 kam sie in den Besitz Bayerns. 1944 beschädigten Bomben den Südflügel zur Grieb, der daraufhin dem Verfall preisgegeben war. 1959/60 fand eine durchgreifende Sanierung des Hauses statt, das für Bürozwecke umgebaut wurde, wobei der Südflügel damals abgebrochen und neuerrichtet wurde. Immerhin haben sich im Sitzungssaal 1 und dem anschließenden Beratungszimmer im Westflügel zwei schöne spätgotische Holzdecken erhalten. Auch die jüngere Geschichte des Hauses als Sitz des Verwaltungsgerichtes hat sicherlich viel Interessantes zu berichten, das jedoch von wenigen aufsehenregenden Prozessen abgesehen der Öffentlichkeit oftmals verborgen bleibt.

Sie werden sich daran erinnern, dass es hier im Hause noch zu Beginn der 1990er Jahre eine schon fast vergessene Taxizentrale gab, danach kurzzeitig auch eine Buchhandlung. Vor nicht allzulanger Zeit standen hier im Bibliothekssaal noch Tischtennisplatten. Dass der Saal heute wieder in altem bzw. neuem Glanz erstanden ist, wenn auch leider nicht mehr mit seinen Bücherbeständen, sondern als Sitzungssaal des Verwaltungsgerichtes, ist ein großer Gewinn für die Stadt Regensburg.

Wenn Sie jetzt erwarten, dass ich Ihnen verraten kann, woher der Name „Napoleonsaal" kommt, muss ich Sie enttäuschen. So viel scheint klar: es ist keine historische Bezeichnung. In der wissenschaftlichen Regensburg-Literatur (mit Ausnahme von Karl Bauer) kommt die Bezeichnung – soweit ich das sehe – überhaupt nicht vor. Es scheint sich also um eine eher belletristische Schöpfung zu handeln. Denkbar, dass die Formen der Galerien mit ihren durchbrochenen Feldern mit der napoleonischen Zeit assoziiert wurden und sich hieraus der Name entwickelte. Wer hierfür namhaft gemacht werden kann – das müsste man, wie Stadtbibliothekar Carl Theodor Gemeiner, der hier in diesem Saal wirkte, vielleicht gesagt hätte, *„bey dero mehrerer Muße einmalen erkunden"*.

Das Zitat von Jakob Sturm wurde entnommen aus:
Hermann Freiherr Reichlin von Meldegg, Jakob Sturm. „Historisch-Poetisch-Zeitverfassende Beschreibung der Stadt Regensburg" aus dem Jahre 1663. In: VO 31. Jg. 1875, S. 1–112, hier S. 105.

HEINZ REICHENWALLNER

Das waren Zeiten, als der Jahn vor 25 000 spielte …

Der Aufstieg in der Bayernliga ist zumindest geschafft

Wieder einmal schickt sich der SSV Jahn an, an bessere Zeiten anzuknüpfen. Vielleicht gelingt dem Team von Trainer Karsten Wettberg sogar bald wieder der Sprung in die Drittklassigkeit. – Der Wiederaufstieg in die Bayernliga war jedenfalls für MZ-Sportredakteur Heinz Reichenwallner Grund genug, in seinen Erinnerungen an die glorreiche Vergangenheit der Kicker im Regensburger Traditionsverein zu kramen:

Mein Onkel Fritz verlangte von einem Samstagnachmittag keine Dinge der Unmöglichkeit. „Wir wollen ein schönes Spiel sehen, Bua, und dass die bessere Mannschaft gewinnt“, sagte er leicht dahin, während ich fertig mit den Nerven in seinen Borgward schlüpfte. Rot mit weißem Dach das Auto, bleich mit rotem Pulli ich. Bald hörte ich das Feuerzeug klicken und wartete darauf, dass der Rauch seiner Mokri zu mir auf dem Rücksitz schlich. Da war er wieder, der Duft des SSV Jahn.
Die letzten Schritte vom Parkplatz an der Uhlandstraße ins Jahn-Stadion vertrieb ich mir damit, magische Zahlenkombinationen wie 4:0 oder 9:1 heraufzubeschwören, je nachdem, ob es in der Oberliga gegen Eintracht Frankfurt ging oder dem FC Schweinfurt. „Na, du bist mir aber ein Optimist“, sagte mein Onkel Fritz wohlwollend. Aber was blieb mir übrig? Die Schönheit des Fußballspiels war mir ja im Prinzip egal. Meist konnte ich ja sowieso nicht mehr viel davon sehen, als Männerrücken und Männerhinterköpfe und Zigarettenrauch. Für mich zählten nur Tore. Sepp Hubeny sollte sie möglichst schießen. Oder Kurt Hofmaier. Oder wenigstens Alfred Popp.
Mein Onkel Fritz und ich standen auf den Stehrängen unterhalb der Stadionuhr und jubelten und klatschten und konnten unser Glück kaum fassen, als der SSV Jahn 1959 durch einen 1:0-Sieg über den Freiburger FC am letzten Spieltag den Wiederaufstieg in die Oberliga schaffte. Ein anderes Mal schlurften wir betreten zurück

Das waren noch Zeiten: Jahn Regensburg gegen 1. FC Nürnberg in der Regionalliga am 2. November 1965 mit 0:1

zum Auto, weil Kickers Offenbach einfach verfluchtes Glück gehabt hatte, obwohl wir besser gewesen waren. Die Tante hatte dann die ganze Bescherung schon längst im Radio gehört. „Menschenskind! So ein Pech, zweimal an die Latte“, rief sie uns im Treppenhaus entgegen. Wir nickten ernst.

Es gab eine Zeit, da waren wir noch dafür zuständig, dem FC Bayern die Lederhosen gänzlich auszuziehen. 4:3 schlugen wir die Münchner und nicht nur die. Wir vermöbelten auch den KSC. Eine Saison später, als wieder der KSC der Gegner war, rückte ich, um besser jubeln zu können, den Wohnzimmertisch ein Stück zur Seite, bevor man das Ergebnis im Radio bekanntgab. 1:3 verloren. Ich schob alles auf den Schiedsrichter und den Wohnzimmertisch zurück auf seinen Platz.

Natürlich hält das Leben schlimmere Demütigungen bereit, als eine Niederlage des SSV Jahn. Auch wenn mir damals abends nach dem Spiel keine einfielen.

Meine Mutter war stets dagegen, dass ich Fußballprofi werde. Das hielt ich nicht weiter für tragisch, schließlich war auch niemand dafür. Befreundete Ballkünstler mit demselben Schicksal behaupteten aber all die Jahre über, ihre eigenen Fähigkeiten seien immer noch höher einzuschätzen, als die Begabung der jeweiligen aktuellen Belegschaft des SSV Jahn. „Die trainieren doch viermal in der Woche“, erregt sich etwa ein Bekannter, „da werden sie es doch lernen, den Ball einmal ins Tor zu schießen.“

Noch heute fühle ich mich mit meinem Onkel im Geiste darüber einig, dass es gemein ist, Misserfolge allein den Spielern oder dem Schiri anzulasten. An einem verlorenen Punkt im Heimspiel gegen Wacker München war zum Beispiel mein Freund Sepp Schuld. Er redete solange auf mich ein, bis ich statt auf den Jahnplatz mit ihm ins Kino ging. Da war es denn auch kein Wunder, dass ohne mich der Jahn nicht über ein 2:2 hinauskam. „Ach, Onkel Fritz hilf“, weinte ich nachts in meinen tor-

Volles Stadion: die Jahn-Fans drängen

losen Träumen. „Mit dir hätte es sowas niemals gegeben.“ Und dann gestehe ich ihm, dass mein Kumpel Herbert und ich uns einst sogar unrechtmäßig Zugang zur Haupttribüne verschafften, pardon, obwohl wir nur Stehplatzkarten hatten.

Den Aufstieg in die Regionalliga Süd haben wir damals geschafft, jawohl, mein Freund Herbert und ich. Verglichen mit dieser Zeit der unbeschwerten Spielfreude haben die Samstage schon lange ihren Zauber verloren. Während überall auf der Welt echtem Fußball gefrönt wird, sitzen wir fünftklassigen Regensburger apathisch in kleinen Zirkeln zusammen. Hypnotisieren die Ergebnisse des Videotextes, auf dass sie unserem Team wenigstens den Weg in die Regionalliga anzeigen möchten. Nach all den vergebenen Chancen haben wir schon oft debattiert, ob wir unsere Ersparnisse zusammenlegen und dem Karsten Wettberg einen Spieler kaufen sollen. Aber was kann das schon helfen. Was uns am meisten fehlt im Jahnstadion, seien wir doch ehrlich, ist, dass wir ein schönes Spiel sehen. Und dass die bessere Mannschaft gewinnt (also unsere). Wenn das irgendwann wieder gilt, dann kommt er vielleicht noch einmal zurück, der „Duft des SSV-Jahn.“

KONRAD MARIA FÄRBER

Ich war im Museumskonzert

50 Jahre Museums-Serenaden und 1000 Orgelstunden in der Minoritenkirche

Die Museums-Serenaden – am 13. Juli 1949 im rosenumrankten Kreuzgarten des ehemaligen Minoritenklosters zum ersten Mal erklungen – feierten in diesem Jahr ihren 50. Geburtstag. Zehn Schritte weiter in der Minoritenkirche gab Eberhard Kraus wenige Wochen davor seine 1000. Orgelstunde. Museums-Serenaden wie Orgelstunden waren Ideen des inzwischen schon legendär gewordenen Dr. Walter Boll, der von 1934 bis 1968 Museumsdirektor war und 1985 im Alter von 85 Jahren gestorben ist. Der folgende Beitrag befasst sich mit den Anfängen eines immer noch florierenden Konzertlebens im Stadtmuseum.

Die Museumskonzerte, die ich Ende der fünziger Jahre zum erstenmal besucht hatte, waren etwas ganz besonderes. Abgesehen davon, dass Regensburg damals nicht sehr viel an kulturellen Ereignissen zu bieten hatte, war ein Freiluft-Konzert in einem historischen Kreuzgarten, wo die Rosen blühten, die Schwalben zwitscherten und die Windlichter in den gotischen Fenstern flackerten, ein aufregendes Erlebnis. In der Pause gab es „Kalte Ente“, Käsestangen und Nussbeugerl von der Bäckerei der Gebrüder Buchner, und unter der damals noch leicht überschaubaren Zahl der Besucher war immer mindestens eine aufregende Schönheit auszumachen, die sich etwa im gleichen Alter befand und mit der man beim anschließenden zwanglosen Beisammensein im Kreuzgang ins Gespräch zu kommen hoffte. Am nächsten Tag war wieder Schule.

Die Museumsserenanden sind noch heute ein wahres Boll-Werk von bleibendem Wert. Es war vier Jahre nach Kriegsende, als ihr Schöpfer auf das eben wieder eröffnete städtische Museum am Dachauplatz aufmerksam machte – mit einer Serenade. Das Schindler-Quartett mit Rudolf Schindler (Violine), Willi Schönfelder (Violine), meinem späteren Musiklehrer Otto Vielberth (Viola) und

Ernst Heim - der erste künstlerische Leiter der Museums-Serenaden

Irmtraud Sawade (Violoncello) spielten am 13. Juli 1949 Streichquartette von Haydn und Schubert.
Die von Dr. Boll ebenfalls initierte „Vereinigung der Museumsfreunde“ trat offiziell als Veranstalter auf. Das Museum stellte Räume und Personal zur Verfügung. Die künstlerische Leitung übernahm zunächst der Regensburger Großhandelskaufmann Ernst Heim, der selbst ein aktiver Kammermusiker war. Schon bald brachte Ernst Heim auch seinen Kellermeister Franz Seidl mit, der in der Pause seine heute noch berühmte „Kalte Ente“ ausschenkte. „Er tat das 43 Jahre lang, bis zu seinem Tod 1991 im Alter von 87 Jahren“, erinnert sich Kurt Beisenherz in der zum Jubiläum erschienenen Festschrift. Franz Seidl hat jedoch sein Geheimrezept glücklicherweise an seine Tochter Margot überliefert, die seitdem in Nachfolge ihres Vaters zusammen mit ihrem Ehemann Dieter Trampusch die Regie am Kalten Buffet führt.

1949 kostete die „Kalte Ente“ 1 Mark, der Mokka 50 Pfennig und die Käsestangen waren für 10 Pfennig zu haben. Entsprechend niedrig waren auch die Eintrittspreise (1 Mark) und die Künstlerhonorare – 125 Mark für ein ganzes Quartett. 50 Jahre sind eine lange Zeit. Das merkt man auch bei einer Betrachtung der in der Festschrift abgedruckten Gästeliste des Gründerjahrgangs 1949 – die meisten von ihnen sind leider nicht mehr unter uns.
Als ich im Sommer 1957 meine erste Museumsserenade und meine ersten Liebes-Sehnsüchte erleben durfte, hatte bereits Dr. Ernst Schwarzmaier die künstlerische Leitung übernommen. Dr. Boll begrüßte die Gäste, die sich alle wegen der nächtlichen Frische warme Jacken und dicke Wolldecken mitgenommen hatten, er beschwor den Wettergott, wer immer dies auch sein mochte, und dann betrat Ludwig Hölscher unter großem Beifall den Kreuzgarten.

Der renommierte Cellist hatte bereits 1952 bei den Museums-Serenaden gastiert, und Regensburg war ihm vermutlich sehr angenehm in Erinnerung geblieben. Prof. Hölscher, der 1952 im damals noch existierenden Hotel Grüner Kranz (Obermünsterplatz) übernachtete, hatte Dr. Boll um ein ruhiges Zimmer zum Einspielen vor dem Konzert gebeten, und der Museumsdirektor hatte ihm darauf folgendermaßen geantwortet: „Wegen des Zimmers möchte ich vorschlagen: da wir nicht wissen in wie weit ein Hotelzimmer hinreichend ruhig ist, möchte meine Mitarbeiterin Frl. Dr. Diepolder Herrn Professor Hölscher in Ihre Wohnung, die ganz in der Nähe des Museums liegt, freundlichst einladen. Wenn Herr Professor Hölscher noch irgendwelche Wünsche für einen Kaffee oder einen kleinen Imbiss hätte, so bitten wir, uns dies mitzuteilen …"

Der Imbiss für die Konzertbesucher wurde während der Pause in der Onophrius-Kapelle gereicht. Vor dem Heiligen Oswald und der überlebensgroßen Figur des Kaiser Friedrich II. war eine Art Tresen aufgebaut. Franz Seidl hatte die „Kalte Ente" gemischt. Im Ausschank assistierten ihm drei Damen, darunter auch besagte Dr. Irene Diepolder sowie meine Mutter. Eine äußerst attraktive Erscheinung an der Museumsbar war die damalige Sekretärin von Dr. Boll. Ein bekannter Regensburger Lungenfacharzt, den ich ob seiner Eleganz und seines so weltläufigen wie anhaltend souveränen Junggesellentums sehr bewundert hatte, verliebte sich in die junge Dame und heiratete sie alsbald. Wie gesagt – die Museums-Serenaden dienten nicht nur dem Kunstgenuss, und Dr. Boll musste sich eine neue Sekretärin suchen.

Dass der Kunstgenuss trotzdem im Vordergrund stand, zumindest für einen Großteil der Besucher, bezeugt eine Reihe prominenter Namen. Nicht nur ein Prof. Hölscher gastierte hier, auch Max Pröbstl, der bekannte Bass der Münchner Staatsoper, Lotte Schädle und Fritz Wunderlich, Josef Schmalhofer, Maurice André, der Meister der Trompete, die Münchner Bach-Solisten ebenso wie die berühmt gewordene Academy of St. Martin-in-the-fields.

Im Jahr des ersten Hölscher-Gastspiels hatte der Museumsdirektor noch ein zweites musikalisches Boll-Werk geschaffen – die sonntäglichen Orgelstunden in der Mi-

Tausendmal an der Museumsorgel: Eberhard Kraus

noritenkirche. Am 11. September 1952 war die wiederhergestellte Orgel mit einem Konzert des Collegium musicum eingeweiht worden. Der 21-jährige Eberhard Kraus, damals noch bei Li Stadelmann (Cembalo) und Heinrich Wismeyer (Orgel) Student an der Akademie der Tonkunst in München, spielte Praeludium und Fuge in

D-Dur von Bach. Er hatte schon als Abiturient bei den Museums-Serenaden als Cembalist mitgewirkt und war von Dr. Boll kurzerhand für das Eröffnungskonzert an die Orgel verpflichtet worden. Der Museumsdirektor war von Kraus' Orgelspiel in der Minoritenkirche begeistert: „Jetzt endlich kann ich den Kirchenraum erleben" rief er aus und fragte den jungen Kraus, ob er nicht Lust hätte, am nächsten Sonntag wieder hier Orgel zu spielen. Drei Tage später gab der junge Organist seine erste sonntägliche Orgelstunde – am 23. Mai 1999 war es die tausendste.

Von Mitte Mai bis Anfang August spielte Eberhard Kraus Jahr für Jahr jeden Sonntag an der Orgel der Minoritenkirche – und das bis zum heutigen Tage, wobei man nicht vergessen sollte, dass er in dieser Zeit überwiegend als Domorganist gewirkt hat und vor jeder Orgelstunde in der Minoritenkirche bereits einen anderthalbstündigen Gottesdienst im Dom auf der Orgel begleitet hatte. In den sonntäglichen Orgelstunden hat Eberhard Kraus im Lauf dieser 47 Jahre nahezu sämtliche vorhandenen Werke der Orgelliteratur aufgeführt und es ist ihm hoch anzurechnen, dass er hier eine große Zahl der Werke von bis dato unbekannten Komponisten – vornehmlich aus der Oberpfalz – ausgegraben und gespielt hat, ganz abgesehen von den zahlreichen Eigenkompositionen, die nicht zuletzt auch für diese Matineen entstanden sind.

Eberhard Kraus wirkte weiterhin regelmäßig bei den Museums-Serenaden mit. Als er dann 1975 die Leitung des Collegium musicum übernahm, kam es nach längerer Abstinenz auch bei den Museums-Serenaden zu einem Wiederhören mit dem 1935 von Dr. Ernst Schwarzmaier gegründeten Regensburger Ensemble. Die künstlerische Leitung der Museums-Serenaden blieb bei Dr. Schwarzmaier. Erst 1995 übergab er hochbetagt die Aufgabe an Studiendirektor Udo Klotz.

Bis zur Einführung der Sommerzeit im Jahr 1979 begannen die Museums-Serenaden bereits bei einbrechender Dämmerung. Es war dann so hell oder so dunkel, wie es jetzt im Sommer kurz nach 21 Uhr ist. Meistens wartete der Dirigent noch kurz, bis das Gebetläuten zu Ende war und auch die letzte zwitschernde Schwalbe ihr Nest gefunden hatte. In der Pause war es dann fast immer schon ganz dunkel, so dass die in den gotischen Fenstern des Kreuzgangs aufgestellten Windlichter ihre malerischen Schatten werfen konnten. Nur in den seltensten Fällen waren die Nächte so warm, dass man auch nach dem Konzert noch draußen sitzen konnte. Regensburg war eben doch nicht Italien, und so drängte sich dann das bunte Häufchen der „Dableiber" in der Onophrius-Kapelle zusammen. Der Ausschank unter der Gesamtleitung von Franz Seidl ging ungehindert von jedweder Sperrstunde weiter. Irene Diepolder bewachte die Kasse. Wir Jungen schleppten Stühle herbei, wobei Dr. Boll stets mit gutem Beispiel voranging. Er besaß überhaupt die Fähigkeit allgegenwärtig zu sein. Bei den Museums-Serenaden stand er zuerst an der Kasse, dann am Einlass, er begrüßte die Gäste, trieb die Zuhörer nach der Pause aus dem Kreuzgang in den Garten und war beim abschließenden Umtrunk stets der Letzte. Er musste es auch sein, denn er musste ja das Museum zusperren, und nicht selten war es dann zwei Uhr früh.

Nichts überzeugt das Publikum so sehr wie die Qualität einer Aufführung, und nichts reizt es so sehr wie der Ruf der Exklusivität. Die Museums-Serenaden waren beides, aber es ist nicht auszuschließen, dass die Exklusivität und der wundervolle Rahmen auch so manchen magnetisch angezogen haben, der vielleicht sonst nicht ins Konzert gegangen wäre – und ein Schelm ist, wer Böses dabei denkt. Am Anfang waren es keine hundert, die im Kreuzgarten saßen, aber nach zehn Jahren waren die

Veranstalter an Kapazitätsgrenzen gestoßen. „Der einzigartige Reiz der Museums-Serenaden und die begeisterte Werbung von Mund zu Mund haben den Andrang derart wachsen lassen, dass die Begrüßung durch Museumsdirektor Dr. Walter Boll eher zum Ausdruck der Bestürzung wurde“, schrieb Dr. Joseph Thamm in der MZ vom 15./16. Juni 1961.

Ursprünglich waren die Konzerte geschlossene Veranstaltungen für die Inhaber von Jahreskarten des Museums. Die Eintrittskarte kostete für diese 1 Mark und für Gäste 2 Mark. Ab 1955 konnte man für 12 Mark ein Konzert-Abonnement erwerben (heute DM 140,–). Im freien Verkauf wurden so gut wie keine Karten ausgegeben. Nur wer eines der begehrten Abonnements besaß, erhielt Zutritt zu den hehren Hallen, ein Umstand, der den Reiz der Veranstaltung natürlich nochmals gewaltig steigerte. Die Abonnements, deren Zahl naturgemäß begrenzt war, wurden von den Besitzern gehütet wie heilige Kühe, in den Familien weitergereicht und weitervererbt. Am 8. Juli 1965 brachte die MZ einen Leserbrief des Studenten Reinald Lücke, der sich öffentlich über die Art und Weise der Kartenvergabe beschwerte: „Erfährt man aber weiter, dass die Abonnenten ihre Abonnements praktisch auf Lebenszeit sicher haben und dass deshalb schon auf Jahre hinaus Interessenten auf nicht erneuerte Abonnements warten und dass diese Konzerte in einem öffentlichen Gebäude stattfinden, dann ist doch irgendetwas nicht in Ordnung.“ Dr. Boll konterte zurück: „Die Serenaden finden außer Verantwortung der Stadt und ohne irgendeinen behördlichen finanziellen Zuschuss statt. Wir freuen uns über jeden schöpferischen Gedanken … es bedarf jedoch neben guten Ratschlägen dazu auch der Bereitschaft zur aktiven Mitarbeit und zu finanziellen Opfern.“

In den folgenden Jahren bemühte man sich, durch eine Vergrößerung der Platzzahl in dem kleinen Museumsgarten, die Zahl der Abonnements zu erhöhen, bzw. ein gewisses zusätzliches Kontingent von Eintrittskarten in den freien Verkauf zu geben. 1971 zählte man bei der ersten Serenade insgesamt 710 Besucher. Damit aber war der vorhandene Raum im Kreuzgarten bis auf den letzten Platz ausgereizt. Vielleicht etwas bereitwilliger als früher wich man bei halbwegs unsicherem Wetter immer öfters in die Minoritenkirche aus, weil diese die großen Besucherzahlen leichter zu fassen vermochte als der Kreuzgarten. Inzwischen aber versichert Museumsdirektor Dr.

Festschrift 50 Jahre Museums-Serenaden

Martin Angerer, dass ab nächstem Jahr sowohl für den Kreuzgarten als auch für die Kirche jeweils Bestuhlung und Podium vorhanden sind und aufgebaut werden, so dass man die Wetterlage buchstäblich bis zur letzten Minute abwarten kann.
Die Zahl der Besucher hat sich gegenüber den Anfangsjahren versiebenfacht, hingegen ist der Kreis, der nach dem Konzert noch in der Onophrius-Kapelle zusammensitzt, in etwa gleich groß geblieben, auch wenn sich

die alte Kernmannschaft schon etwas gelichtet hat und man merkt, wie sich das Rad der Zeit immer weiter dreht. Tini Lindinger ist noch dabei, mein ehemaliger Lehrherr Georg Aumüller und auch die unverwüstliche Frau Beisenherz sitzt noch da wie einst. Und als sie eine Zigarette rauchen will, was ihr prompt von einer Museumsaufsicht verboten wird, meinte sie: „Das war früher ganz anders." Da muss man ihr Recht geben.

Welche Rolle die Museumskonzerte im kulturellen Leben der Stadt schon in den sechziger Jahren spielten, zeigt auch eine in der alten Regensburger Woche vom 15. Juli 1965 im Stil der Filser-Briefe verfasste Kolumne.
Unter der Überschrift „Ich war im Museumskonzert" gab es folgendes zu lesen: „Ser geehrder Redakteer! Mit der Zeit geht oam als neir Schtadrad ollawei mer af. Mir is afganga, das i a Vatreda im Gulduraausschuß bin und es kannt da passiern, das i durt amol miredn mißat. Zweng dem bin i vorige Wocha amol in a Konzärt ganga, des wo im Musäum am Dachauplatz gschpuilt worn is und desweng Musäumskonzärt hoaßt. Iwadem hoaßts aa, das des a Konzärt fier besere Leid is und das ma mitn Dogter Boll guat bekannt sei muaß, sunst kriagt mer goar koa Billedl. I hob zwoar no koane Beziehungen zum Dogta Boll ghabt, aba grengt hats und desweng hats aa no a iebrige Kartn gebn.

Und weils grengt hat, drum war des Konzärt in da Minoritenkirch, oba Bänk warn umkehrt afgschtellt, damit d'Leit d'Orgel gseng ham und net den Altar. Da Dogter Boll derf des macha und es kei koa Sind für eam, weil d'Minoritenkirch brofanierd is. Für ins hoaßt des, das koa ewigs Lichtl mer brennt und das me se nimmer hikniagn muaß.
Ieber de musikalischn Sachn mecht i nix soagn, weil i nix verschteh davo. Oaba de Pause hat mer guat gfalln. Do hat se ois um an Disch druckt, wo ausgschengt worn is Kaffä, a kalte Antn, Sießwein und Schabbs, oba loada koa Bier.
Wiara me füradruckt ghabt hab, hoat ma as Freilein Dogta Diebolder an Kaffä gem und a Fuchzgerl dafier akssiert. Also deier war des net. Und lustig wars fasd wia im Festzelt af da Dult. D'Leit san se vor lauta Dränga af Pfüaß gschtiegn und ham recht sauba drunka.

Nach da Pause hod da Dogter Boll in sei Händ klatscht und d'Leit wiada in d'Kirch neitriebn, weil weidagschpuillt wordn is. Wias dann aus war, san viel Leit ganga, oba de andern, de wo zu de ganz Gunstsinnign ghert ham, san dabliebn. Des hat ma a Musäumsdiena gsagt, den wo im vom Hofbreihaus her kennt hab, und drum bin aa dabliebn und hinta de andern in dera Onofriuskapelln glandt. Von dem Heilign hab i zwar mei Leben lang no nix ghert, oba weil i mi am Dogter Boll als neicher Schtadrad vorgschtellt hab, hab i dableibn derfa und da Boll hoat mer glei aus am ganz oaltn Kupferkannerl eigschänkt und hat gsagt, das des sche is, wann so gunstsinnige Leit a kalte Antn dringa.
So gega zwelfe-null-Uhr war blos mer as Freilein Diebolder ganz nüachtern und mir andern scho a bissl blau. Oaba as Freilein Dogter hoat ja af de Getränkekassn obacht gebn müassn.
Wia mer dann oills ausdrunga ghabt ham, san ma ganga und wia i am näxtn Dag no recht schparsam gschaut hab, hat me mei Kreszenz bedauert, das ma als Schtadrad so schpäd ins Bedd kummt. Freindlich achtungsvollst, gezeichnet Simmerl Haglbuchner, Neugewählter Stadtrat."

Anmerkung: Hinter dem Pseudnoym „Simmerl Hagelbuchner" verbarg sich nicht – wie in der Jubiläums-Festschrift irrtümlich angegeben – der Musikkritiker und CSU-Stadtrat Dr. Franz A. Stein, sondern der damals bei der Regensburger Woche tätige Verfasser dieses Beitrags.

HARALD RAAB

Die WOCHE hat's gebracht

Die Geschichte von den G'schichteln

Vor einem Jahr verschied für viele trotz längerem Siechtums völlig überraschend und unerwartet im 31. Lebensjahre die Regensburger Zeitung „DIE WOCHE" – bewundert viel und viel gescholten, zuletzt viel betrauert und bedauert. Und weil mit diesem aus der alten „REGENSBURGER WOCHE" im Jahr 1968 hervorgegangenen Blatt gleich ein ganzes Kapitel Regensburger Zeitungsgeschichte zu Ende geht, ist ein Nachruf fällig. Es schreibt ihn einer, der es wissen muss, weil er von Anfang an dabei war.

Nehmen Sie sich in acht: Die Legendenmacher sind unter uns, im Kneitinger und im Hofbräuhaus, den angestammten Mutterhäusern für jedweden Regensburger Stadtratsch, auch im Orpée, dem Parlier- und Sehen-und-gesehen-werden-Tempel, dem Nach-Verinssagen-Treff für die Jungen und die Schönen, die Coolen und die Gescheiten, die Geldigen und die Prosecco-Künstlerkopien und für den großen Rest derer, die ein bisserl von alldem gern wären.

Es ist inzwischen schon eine alte G'schicht, die vom lang vorhergesagten und dann doch so plötzlichen Ableben der WOCHE. „Mei, des is ja sooo schad, dass es die WOCHE nimmer gibt." – Wenn nur die Hälfte von denen, die so oder etwas differenzierter ihr Beileid ausgesprochen haben, die WOCHE auch gekauft hätten, sie könnte noch pumperlgesund aufdecken und derblecken, an den Tag bringen und aus den Lumpen schütteln.

Sie wäre auch noch dabei auf dem Jahrmarkt der Eitelkeiten mit seinen Intriganten und G'scheithaferln, seinen Weltverbesserern und Ohrenbläsern, den Schönfärbern und Zuträgern.
Und natürlich weiß man haarnadelgenau, wer die Schurken in der WOCHE-Saga sind, wer die Helden und die Opfer.

Die G'schicht von der WOCHE-Geschichte ist eine waschechte WOCHE-Story mit all ihren bewährten Ingredienzen. Mitten drin die Ex-Wöchner, die gelernten und angelernten Legendenstricker und Hintergrundhäkler. Und damit ja kein Missverständnis aufkommt: Auch das ist eine Legende von der Legende. Die Katze lässt das Mausen nicht, der WOCHE-Schreiber nicht das Geschichten-finden und auch mal -erfinden.

Geburtshelfer Anderl Albrecht

„Buam, ihr macht's es." Die Entscheidung des alten MZ-Redaktionshäuptlings Anderl Albrecht duldete keinen Widerspruch. Hinterm Resopal-Schreibtisch, eine für dieses Mannsbild viel zu zierliche Reiseschreibmaschine vor den Bauch geklemmt, zog er die buschigen Augenbrauen steil nach oben, sprang auf und tigerte mit elastischen Reporterschritten auf und ab, tänzelnd wie ein Boxer im Ring. Das Nyltest-Hemd von undefinierter Farbe aus dem Hosenbund gerutscht, die Krawatte auf Halbmast.

Reporter müßten es sein, die das Blatt machen sollten, keine Redaktionsbeamten. Beim Wort „Beamten" machte der Anderl ein angewidertes Gesicht als hätt' ihm einer in den Maßkrug g'sochat. Nichts Menschliches war ihm auch in dieser Hinsicht fremd.

Lustig ist das Reporterleben: Das fanden auch die angehenden WOCHE-Burschen – jeder auf seiner Weise: Josef Titz und ich. Titz hatte als Faschingsprinz so seine Erfahrungen. Seine damalige zweite Redaktionsadresse war eine Lokalität in der Grasgasse mit dem auf eine harmlose Spur lockenden Namen „Café Mozart". Statt Mozartkugeln papierlten dort allerdings die engagierten Mädels ganz andere runde Sachen aus, mehr oder weniger gekonnt, aber immer mit Spannung belurt von den anwesenden Herren der Schöpfung.

Zwischen Rotlicht und Sigst-mi-net erholten sich im „Café Mozart" Stadträte, die Herrschaften von der CSU-Nomenklatura, so mancher brave Beamte, auch solche von der Polizei und ehrsame Geschäftsleute von des Tages Müh und Plage und auch ein bisserl von der christkatholischen Pflicht zur Sittenstrenge und bürgerlichen Wohlanständigkeit.

Josef Titz reichte oft die beschreibbare Fläche seiner Zigarettenschachteln nicht aus, um all das Gesteckte und Erlauschte heimlich am Klo zu notieren. Da lachte sein Reporterherz.

Das weißblaue Amtsgericht

Die Justiz war damals noch eine moralische Anstalt, bei der mit Eifer und erhobenem Moral-Zeigefinger verhandelt wurde, was einem heutigen Richter nur ein müdes Lächeln und – wenn's hoch käm' – einen kleinen Strafbefehl entlocken würde.

Dort walteten noch als Organe der Rechtspflege wahre Ludwig-Thoma-Gestalten ihres Amtes wie z. B. der Oberamtsrichter Dirscherl: kohlraberlschwarz die Gesinnung und nach glaubwürdiger Versicherung seiner Protokollführerin mit einem Rosenkranz im Hosensack. Als Richter ohne Furcht und Tadel stürzte er sich ins Kampfgetümmel wider Unmoral und Sittenverderbnis.

Horstl, der Frauenliebling

Was, wär' sie geworden, die WOCHE, ohne Horst Hanske, dem Schönsten, dem Größten, dem alle weiblichen Herzen von acht bis 80 und weit darüber hinaus zu Füßen lagen? Seitdem er die berühmten WOCHE-Titelmädchen zu fotografieren begann, riss der Reigen der Schönen nicht mehr ab, die von ihm abgelichtet werden wollten. Was haben die schreibenden Kollegen das lachende, kraftstrotzende Mannsbild mit der Kamera be-

Das Woche-Team in seiner besten Zeit: (v. l.) Günter Schießl, Margit Freilinger, Hanno Meier, Manfred Rohm, Ulrich Beer, Harald Raab, Josef Titz, Rosi Thoma, Horst Hanske, Helmut Hein und Aron Papp.

neidet, zumal er auch noch potenzsteigernde Motorräder fuhr. Da einmal Sozia sein zu dürfen, auch das erhöhte die Attraktion des feschen Horstls.

Die jeweiligen Redaktionssekretärinnen hatten alle Hände voll zu tun, die Bewunderungsanrufe der WOCHE-Leserinnen entgegenzunehmen und die Dates zu verwalten. Mit dem Abziehen bestellter Bilder kam der Vielbegehrte kaum nach. Was Wunder, dass nur besonders charmante Mädels und Damen in den Genuss prompter Bedienung kamen. Der ehrwürdige greise Kardinal Mindszenty aus Ungarn, der auch Fotos von seinem Besuch bei Bischof Graber nachbestellt hatte, ist überm Warten abberufen worden vor Gottes Thron.

Nur eine ließ sich trotz gemeinsamer Liebe zum Motorradlfahren nicht rumkriegen: die Prinzessin und spätere Fürstin Gloria. Sie fühlte sich verkannt von dem Schreiber Horst Hanske. Hat er doch die Durchlauchtigste immer ein bisserl frotzelnd, ein bisserl menschelnd präsentiert, nach ihrem Geschmack zu wenig als Hoheit und blitzgescheite Frau. Der abgewiesene Allbetörende war in seinem Stolz als Mann und Journalist gekränkt. Zwischen den beiden konnte es nix werden.

Aber es waren ja nicht nur die Buidln, es waren sehr bald auch die Geschichten, die Horst ein treues Fan-Publikum eingebracht haben. Was war, was ist sein Geheimnis? Einmal schreibt der Horst, wie er fotografiert, detailscharf und mit liebevoller, und wenn's sein muss auch ironischer Optik.
Zum anderen ist der Mann mit der Kamera auch der Mann mit dem Spiegel. Jede will sich als resche Person, jeder als Zapfenbursch darin mit Wohlgefallen sehen. Horst Hanske bedient in Bild und Schrift das unbandige, nie zu stillende Bedürfnis nach Aufmerksamkeit, sehr einfühlsam und ganz persönlich.

Der erste Feuilletonist

Der vierte im jungen WOCHE-Bund war Johann Wilfried Hammer (jwh.), Karlsbader von Geburt und Pessimist von Gesinnung: „Kinder, ich sage euch, es kommen schlechte Zeiten!" Vom Altmeister der Zunft, von Emil Dovivat in Berlin, war er zeitungswissenschaftlich geschult. Den Wochenzeitungskarren hat jwh. schon bei der alten REGENSBURGER WOCHE, der REWO, gezogen, angetrieben von dem seinerzeitigen Journal-Cäsaren und bekannten SPD-Stadtrat Josef Rothammer und der unerbittlichen Gewissheit, dass Woche für Woche die Spalten des Blattes zu füllen waren.
Den Mund zum Pfeifen gespitzt, den Hut in den Nacken geschoben, den Unschuldsknabenblick gen Himmel gerichtet, marschierte der Hans eiligen Schrittes durch Regensburgs Altstadtgassen, wenn er wieder einmal in seiner Theaterkritik angemerkt hatte, dass der Sladek und der Tippmann im „Zigeunerbaron" nicht ganz so lustig gewesen wären, wie man als Abonnent der Operette eigentlich ein Recht darauf hätte.
Jwh. kannte die drückende Last aus langen REWO-Jahren, wenn es Mittwochmittag wurde und sich noch immer kein schlagzeilenstarker Aufmacher auf dem Horizont der fieberhaften Recherchen abzeichnete.

Josef Titz rauchte Kette: „Zefix, sans denn alle brav worn", schimpfte er. Wenn ihn dann Frau Erika, die Weinfurtnerin, die viel später zur Stammbesatzung der journalistischen Originale der WOCHE stieß, mit mütterlichen Charme ermunterte: „Immer nur Lächeln", dann bekam sie knurrend zur Antwort: „Da kann i gar net lacha."

Die Leiche am Dachgepäckträger

Hatte der Boss gute Laune, weil sich eine Blattmischung zusammenbraute, die so recht nach seinem Gusto war, dann war er auch zu Scherzen aufgelegt. Ganz im Vertrauen erzählte er der stets eilfertigen Frau Erika: Er wisse da etwas von einer hochangesehenen Regensburger Familie, die mit der Großmama in Italien Urlaub gemacht habe. Die alte Dame sei dort verschieden, und um die behördlichen Kalamitäten wegen der Überführung der Leiche zu entgehen, sei die verblichene Oma wohlverschnürt auf dem Dachgepäckträger heimwärts kutschiert worden. Leider wisse man noch nicht, wer die sparsame Familie denn auch sei.

Frau Erikas Reporterseele brannte sogleich lichterloh. „Jupp, des is a Story. Des hama glei, des kriagma außa."
Die Weinfurtnerin, die für Gesellschaftsklatsch zuständig war, hob unvermittelt mit ihrer bei Freund und Feind gefürchteten Telefonrecherche an. Titz und einige Kollegen, die er eingeweiht hatte, lauschten vergnügt in Hörweite des Weinfurtnerischen Schreibtisches. Beendet wurde das grausame Spiel von der mitleidigen Redaktionssekretärin, der resoluten Rosa Pohl: „Des war fei nur a Gspaß." Die Gepratzelte rumpelte mit hochrotem Kopf ins Chefzimmer: „Jupp, des is a Gemeinheit. Wie stehn i jetzt da! Da kann i a fei net lacha."

Schlagzeilen finden

Manches Mal musste einer Schlagzeile auch schon etwas nachgeholfen werden, etwa so: Man hatte in der Redaktion von einer Lumperei längst vor der schlafmützigen Staatsanwaltschaft Wind bekommen. Diskret wurde dafür Sorge getragen, dass auch die Gesetzeshüter einen Wink bekommen haben. Dann erbrachte ein Anruf beim Oberstaatsanwalt die ersehnte Auskunft: Ja, in der Angelegenheit XY liefen Vorermittlungen. Die Vorsilbe „Vor" überhörte man geflissentlich, und schon war die G'schicht, bei der man etwas redaktionelle Geburtshilfe geleistet hat, fertig. Schlagzeile: „Wo ist der Kies, Herr Stadtrat?" oder „Wer ist der Peitschenmann?"

Apropos Kies: Der auf dem Jahn-Übungsplatz offenkundig fehlende Kies zur Befestigung des Untergrunds hatte Josef Titz und mich Ende der 1960er Jahre zum ersten Mal selbst vor den Kadi gebracht. Der Bauunternehmer und Stadtrat war empört über die Schlagzeile. Der Baggerführer, der beim Graben nicht auf die Stoandlschicht gestoßen war und die Affäre ans Tageslicht gebracht hatte, zierte sich erst, als Zeuge vor Gericht aufzutreten. Das Urteil ging halbscharig aus. Wo gegraben wurde, sei zwar kein Kies gefunden worden, das stimme schon. Doch das heiße ja nicht, dass nicht anderswo auf dem weiten Platz die bezahlte Schicht etwas dicker vorhanden sei. Man hätte den ganzen Platz umgraben lassen müssen, um den Beweis anzutreten. Doch das war Vater Karlheinz Esser, dem mit so manchen WOCHE-Kapriolen sehr nachsichtigen Verleger, doch ein bisserl zu kostspielig.

Die WOCHE und Justitia

Überhaupt die Gerichte und die WOCHE: Auch das wäre eine eigene Geschichte, ja sogar eine höchst ernsthafte Doktorarbeit wert. Da wurde in den 30 Jahren so manches juristische Eiertänzchen aufgeführt und auch mal ganz ungeniert parteiischer Hintersinn gedrechselt. Auch Richter sind nur Menschen und wollen Karriere machen. Im großen und ganzen ist's aber meist gut nausgangen für die Pressefreiheit und die frechen WOCHE-Artikeler, spätestens beim Oberlandesgericht in Nürnberg.

Paradefall und abschließende Krönung in Sachen Justitia mit der Augenbinde versus WOCHE wurde von der Schlagzeile „Schluckspecht unter Naziflagge" ausgelöst, mit Verve geschrieben von Ulrich Beer. Allerhand rechtslastige Unflätigkeiten hatten sich ein paar Junge-Union-Bürscherl im kollektiven Suff geleistet. Die Regensburger Richter wollten sich wohl nicht mit der Partei ihres Ministers anlegen und zogen sich mit Feinspinnerei aus der Affäre: Weil die einen Zeugen sagten, sie hätten die Reichskriegsflagge im Partykeller gesehen und Nazilieder gehört, die anderen aber nix gesehen und nix gehört haben wollen, könne man nicht sagen, was wirklich passiert sei. Die WOCHE wurde per Urteil kräftig hineingetunkt. Die Nürnberger Kollegen brachten's wieder in eine vernünftige Ordnung: Es genüge ein einziger Zeuge, der etwas gehört oder gesehen habe und dies glaubwürdig bekunden könne.

Andere WOCHE-Geschädigte zogen Selbstjustiz vor. Der etwas missratene Sohn einer ehrsamen Regensburger Kaufmannsfamilie, der in einer umfangreichen Betrugsaffäre eine Nebenrolle gespielt hat, drückte Josef Titz eine brennende Zigarette auf die Haut.

Der Bürgermeister einer Bayerwaldgemeinde lauerte mir in aller Hergottsfrühe vor der Redaktionstür am Haidplatz auf. „Bürscherl, dir hilf i scho", fauchte er erbost und packte mich beim Krawattl, dass mir die Luft wahrlich knapp wurde. Der Grund: In der WOCHE war er als gescheiterter Bäderkönig gefrotzelt worden. Ehrgeizig ließ er auf Gemeindekosten nach Heilwasser bohren. Was rauskam, war aber nur heiße Luft.

Als die Frauenbewegung in Regensburg in den Windeln lag, drangen Jung-Powerfrauen mit Transparenten in die Redaktion ein und besetzten das Chefredakteurszimmer. Der Grund des Frauenzorns: das WOCHE-Titelmädchen in Pin-up-Girl-Pose und die allwöchentlich mit viel Liebe von Manfred Rohm männlich-lyrisch getexteten Untertitel. Kostprobe: „Händchen in die Höh'!" unter dem Konterfei eines Mädels, das seine Hände als Büstenhalterersatz eingesetzt hat. Derlei sei sexistisch, fanden die aufgebrachten Demonstrantinnen. Josef Titz saß mit dicker Unterlippe und der stoischer Miene eines Ölgötzen in seinem schweinsledernen Chefsessel und murmelte etwas von Pressefreiheit und „die Leser wollen das so".
Am ach so harmlosen WOCHE-Mädel schieden sich die Geister. Als sie schließlich der Selbstzensur zum Opfer vielen – die Mehrheit der Redaktionsfrauen und Redaktionssoftymänner hatte sich gegen den hinhaltenden Widerstand leistenden Chefredakteur durchgesetzt –, da bekannten viele der schweigenden Genießer in der WOCHE-Leserschaft: Sie würden doch arg unter dem Entzug des allwöchentlichen, wohligen Adrenalinstosses leiden, für den die WOCHE-Schönen gut waren.

Man hätte, man sollte …

Ging's von da an mit der WOCHE bergab?
Nein, so leicht kann man es sich wirklich nicht machen. Der Niedergang der WOCHE ist viel komplizierter, sozusagen multikausal. Dem alten Erfolgsrezept war die spezifische Konstellation der gesellschaftlichen Gemengelage in Regensburg abhanden gekommen. Sex, Crime, Lokal- und Regionalpolitik, letztere beiden Bereiche von Ulrich Beer und Dagmar Ruscheinsky kritisch aufgeschäumt, Günter Schießls Engagement für Altstadtsanierung und längst vergessene Stadtgeschichten, dazu als eines der Markenzeichen ein munterer Kulturteil von Dr. Helmut Hein und mir, viel Klatsch und Ratsch von wechselnden Mitmischerinnen wie Rosi Thoma und Erika Weinfurtner, die Gerichtsgeschichten von Gertrud Baumgartl und die Polizeistories von Jochen Dannenberg, der besondere Sport von Manfred Rohm und nicht zuletzt die Bildreportagen von Hanno Meier: das alles konnte die WOCHE nicht mehr retten.

Das junge Farbkonzept musste erst das Laufen lernen. Der frisch zugesellte Chefredakteur Josef Seitz hatte es nicht leicht. Als dann Josef Titz grollend von Bord ging und ich in die unmittelbare Leitungsverantwortung genommen wurde, war das Schicksal der WOCHE bereits besiegelt. Das Anzeigenaufkommen war weggebrochen. Und damit die finanzielle Grundlage nicht mehr vorhanden.
Man hätte, man sollte … Hinterher sind alle Klüger. Vermutlich liegt die Wahrheit viel tiefer: Die Zeit der WOCHE war um. Die Jahrhunderte währende Periode der typisch Regensburgischen Zuschauergesellschaft ist zu Ende gegangen. Ihr liebstes Gesellschaftsspiel war, die Macher dort oben derbleckt zu sehen. Die dort oben, wir da unten: Das Schema passte so nicht mehr.

Die WOCHE als Regensburger Überdruckventil für gesellschaftliche Befindlichkeiten hat in einer Gesellschaft von so unterschiedlicher Interessenlage nicht mehr funktioniert, zumal das Markenzeichen „kritisch" nicht mehr Anspruch auf Exklusivität erheben konnte.
Was ist als verlegerisch-publizistisches, als journalistisches Verdienst der WOCHE geblieben?
Die WOCHE hat drei wichtige Jahrzehnte lang den Prozess der in Regensburg nachhinkenden bürgerlichen Emanzipation begleitet – und ein Stück sogar befördert. Und nicht zuletzt: die WOCHE hat Spaß gemacht, den Leserinnen und Lesern, aber auch den Machern.
Die WOCHE hat's gebracht.

KARL HORST WENDISCH

Die Tage Alter Musik in Regensburg

Seit 15 Jahren ein unverwechselbares Festival

Also ehrlich — die Zahl 15 ist kein Jubiläum. Aber wenn ein inzwischen jährlich wiederkehrendes musikalisches Ereignis in einer 2000 Jahre alten Stadt viel Freude bereitet, dann ist wohl erlaubt, auf die Serie von „15 mal Tage Alter Musik Regensburg" zu blicken. Zumal diese Markierung im letzten Jahr das alten Jahrhunderts, mehr noch des alten Jahrtausend stattfand. Wie ist das alles in den Jahren von 1984 an gewachsen?

Drei junge Regensburger hatten eine Idee – viel mehr: sie hatten ein Programm-Konzept für ein Musik-Festival in ihrer Heimatstadt Regensburg. Christof Hartmann, Stephan Schmid, Ludwig Hartmann bildeten eine lockere Arbeitsgemeinschaft für Alte Musik „Pro musica antiqua". Das Konzept für die TAGE ALTER MUSIK war überzeugend: „Musik des Mittelalters, der Renaissance und des Barock. Konzerte an historischen Stätten".

Beim Kulturamt der Stadt Regensburg fand man Bereitschaft, an solchen Tagen hilfreich mitzuwirken – Räume zu öffnen. Die drei jungen „Alt-Musik-Begeisterten" brauchten natürlich Unterstützung, um Ihre Idee und ihr Konzept an die Öffentlichkeit zu bringen. Ein glückliches Zusammentreffen war die Begegnung mit dem verstorbenen Verleger und Herausgeber der Mittelbayerischen Zeitung, Karl Heinz Esser, der der Profilierung der immensen kulturellen Qualitäten Regensburgs immer höchsten Wert beimaß. Als musikbegeisterter Werbe- und Marketingfachmann war es auch für den Schreiber dieser Zeilen Freude und Glück, an der guten Idee und ihrer Durchsetzung mitzuwirken. Da ging es auch darum, Zeichen zu setzen. Im wahrsten Sinne des Wortes eine Art Firmenzeichen. Schon damals kannte man den Begriff „Logo". Und das überzeugende Logo für die „Tage Alter Musik" gestaltete Klaus Marinoff. Bis zum 15. mal hat es klar und deutlich in der Aussage gewirkt.

Wie auch die Plakate und Prospekte und dann die „gedruckte“ Besonderheit dieses Festivals: die PROGRAMM-ZEITUNG der Tage Alter Musik. Für die MZ war es auch eine Zeitung – „Wenn wir bereit zur Unterstützung sind, dann muss dies auch in der Art unseres Mediums geschehen“. Kein normales Programm-Heft, sondern eine PROGRAMM-ZEITUNG. Und blickt man nun zurück, dann hat das alles geholfen, die unverwechselbare Qualität des Festivals zu profilieren.

Das Unverwechselbare ist das faszinierende Ambiente: Die historischen Stätten – die Konzertorte in Regensburg. Vom Reichssaal bis zur Minoritenkirche und die schönen anderen Räume genauso.

Unverwechselbar ist auch die hohe Qualität des künstlerischen Anspruchs, den die Programm-Planer Ludwig Hartmann und Stephan Schmid immer wieder unter Beweis stellen – oft mit ganz feinen, wohlüberlegten Variationen im Programm. Seit 1988 sind es diese beiden Planer, denn Christof Hartmann hat sich seitdem anderen musikalischen Managment-Aufgaben in Regensburg zugewandt.

Stephan Schmid und Ludwig Hartmann gelingt es immer wieder, das Festival-Publikum zu überraschen mit Künstlergruppen, die als Entdeckung gefeiert werden. Die Herkunft zahlreicher Gruppen aus der Neuen Welt fällt auf. Die meist jungen Musikerinnen und Musiker von dort haben eine äußerst frische Art, sich der Alten Musik zuzuwenden. Und das hat Schule gemacht. Inzwischen legt man Wert darauf, das Europa-Debut in Regensburg zu absolvieren. Kennzeichnend ist, wie ein Posaunist der New Yorker Philharmoniker erzählte, dass er unbedingt in Regensburg bei den Tagen Alter Musik spielen wollte und sich für seinen Job in New York extra einen Ersatz besorgen muss te. Das Erlebnis, im Reichssaal gespielt zu haben, hat ihn beglückt.

Dieses Ambiente der historischen Konzerträume ist es, was das Publikum ebenso schätzt wie die hohe internationale Qualität der musikalischen Darbietung. Apropos Publikum: Das ist wohl der dritte gute Faktor in der Harmonie der Tage Alter Musik. Es sind Musikbegeisterte von überall her, aber auch reichlich aus der Region. Und es ist hocherfreulich, dass dieses Publikum beachtlich jung ist. Also Zusammenklang der alten Stadt und der noch immer jungen Universität. Das Erlebnis der Tage Alter Musik gehört für viele zum Studium in Regensburg dazu. Über viele Jahre hinweg ist es bei vielen eine bleibende Erinnerung. Kein Wunder also, dass 1999 das Wagnis, die Tage Alter Musik sogar in's Audimax der Universität zu tragen, erfolgreich war. In dieser „historischen Stätte ganz besonderer Art“ wurde die Aufführung einer Ballett-Oper aus dem Jahr 1625 zum Ereignis.

Joshua Rifkin sagte in einem Interview 1988 als er sein Europa-Debut in Regensburg gestaltete: „Ich und die Mitglieder des Bach-Ensemble sind von diesem Festival ganz begeistert ... wir haben alle diese Stadt unwahrscheinlich gern und ich bin auch ganz stark beeindruckt von dem Konzept und der Organisation des Festivals und möchte sehr gerne wiederkommen.“ Er ist wieder gekommen und hat 1997 die Messe in h-Moll von Johann Sebastian Bach aufgeführt. Aber es ist von ihm auch ein bedenkenswertes Wort von ihm aus einer Diskussions-Runde in Erinnerung: Auf die Frage „ Wo fängt für Sie die Alte Musik an?“ antwortete er „Mit der Musik, die gestern komponiert wurde!“
An der Schwelle zu einem neuen Jahrhundert, zu einem neuen Jahrtausend kann man sich auf das Abenteuer „Alte Musik“ auch in Zukunft gewiss freuen. In Regensburg ganz bestimmt.

Tage alter Musik in der Dreieinigkeitskirche, dem ersten protestantischen Kirchenbau Regensburgs

TONI LAUERER

Im Spitalgarten

Die Abenteuer eines geplagten Familienvaters

Der Standesbeamte, Mundartautor und Kabarettist Toni Lauerer aus Furth im Wald, der mit seinem 1998 im MZ-Verlag erschienenen ersten Sammelband „I glaub, i spinn" auf Anhieb einen ostbayerischen Bestseller gelandet hat, war während seiner Ausbildung für den gehobenen Dienst eine Zeit lang in Regensburg, wo er mit großem Fleiß die hiesigen Biergärten besuchte. An seine damaligen Eindrücke sich erinnernd schrieb er jetzt die vorliegende Geschichte. Sie erscheint als kleiner Vorreiter auf sein nächstes Buch, das im Herbst 2000 ebenfalls wieder im MZ-Verlag herauskommt.

Viele Tage sind es in unseren Breiten nicht, an denen man einen Biergarten aufsuchen kann, ohne dass man sich warm anziehen muss. Oft ist es schon vorgekommen, dass ich ernsthaft überlegt habe, ob ich mir eine Maß Bier mit Sulz oder vielleicht doch lieber eine Halbe Glühwein mit Schweizer Wurstsalat bestellen soll. Das Schlimme ist, dass bis Ende Mai die Nächte noch kalt sind und dass sie ab August schon wieder frisch werden. Dazwischen liegt noch die Schafskälte im Juni und die alljährliche Regenperiode im Juli.

Aber wenn es einmal wirklich wacherlwarm ist und trotzdem kein Gewitter am Himmel steht, dann hält mich nichts mehr. Ich packe meine Siebensachen, bestehend aus Frau, zwei Kindern und Allergietabletten und ab geht's in den Spitalgarten!

Das Maulen der Kinder darüber, dass es dort weder einen Fernseher noch einen Nintendo 64 gibt, nehme ich nicht ernst, weil wenn es nach diesen verzogenen Bankerten ginge, müssten sogar in die Kirchenbänke Joysticks eingebaut sein.

Bevor wir aufbrechen, überlegt meine Frau noch, ob man nicht doch vorsichtshalber warme Jacken und einen Schirm mitnehmen sollte. Meinen Hinweis, dass der

Eine zünftige Stammtischrunde im Biergarten – der Traum eines geplagten Familienvaters

Wetterbericht für die nächsten drei Tage eine Bullenhitze und „wolkenlos“ angekündigt hat, begegnet sie mit der Bemerkung, dass erstens die Meteorologen nicht immer recht haben und ich zweitens nur zu faul bin, Jacken und Schirme zu tragen. Weil ich sinnlose Diskussionen hasse, nehme ich die Schlechtwetterutensilien mit und wir setzen uns in Bewegung: Ein begeisterter Biergartengeher, eine nach Gewitterwolken Ausschau haltende Frau und zwei grantige Kinder.

Einen Tisch zu bekommen ist gar nicht so leicht. Die besten Plätze entlang dem Gartenzaun mit kostenlosem Blick auf die Donau und die Steinerne Brücke sind natürlich alle besetzt. Das Zentrum wird von zahlreichen Stammtischrunden gehalten. In der hinteren Abteilung, wo offenbar vor 100 Jahren einmal eine Kegelbahn war, heißt es, dass nicht bedient wird. Da sehe ich zufällig, wie sich gerade vier Herren mittleren Alters an einem Tisch am Zaun von ihren Plätzen erheben. Offenbar werden sie zuhause erwartet. Ich steuere sofort mit meinen zwei Regenschirmen bewaffnet zielstrebig auf sie zu und verteile alle Jacken als Besetztzeichen auf den frei gewordenen Stühlen.

Kaum sitzen wir, fragen die Sprösslinge, wann wir wieder nach Hause gehen, weil im Fernsehen ein Film mit Zombies kommt. Meine Frau weist mich darauf hin, dass sie die Lindenstraße nicht versäumen möchte und ich deshalb höchstens eine Maß trinken dürfe. Gott sei Dank kommt überraschend schnell die Bedienung und fragt uns nach unseren Wünschen.
Eine Maß Bier für mich, eine Portion Kaffee(mit Milch, ohne Zucker wg. der Kalorien) für die Mama und je ein Limo für die Kinder. Kaum hören diese das Wort Limo, schreien sie im Duett: „Koa Limo! Spezi!“ Also gut, dann zwei Spezi, um des lieben Friedens willen. Obwohl ich jetzt schon weiß, dass die Gören wegen des Koffeins bestimmt vor Mitternacht nicht einschlafen können. „Owa mit Strouhholm!“ plärrt der stimmgewaltige Nachwuchs der enteilenden Kellnerin noch nach.
Ich erfreue mich gerade am kurzen Rock derselben, als nach ca. zehn Sekunden die Kinder erstmals fragen, wieso das Spezi noch nicht da sei. Nach zwanzig weiteren Sekunden flennen sie bitterlich, weil sie den Tod durch Verdursten befürchten. Bestimmt glauben die älteren Leute am Nachbartisch, dass ich ein Rabenvater bin und meine Sprösslinge regelmäßig austrocknen lasse. Aber das ist mir in Erwartung einer frischen Maß jetzt auch wurscht.

Um die Wartezeit zu überbrücken, schlage ich den Ausgetrockneten vor, einstweilen auf der nahe Rutschbank zu rutschen. Meine Idee wird begeistert aufgenommen und weg sind sie.
So ist's recht, jetzt kann ich wenigstens mit Genuss meine Maß trinken! Außerdem können wir in Ruhe überlegen, was wir essen. Während meine Gattin sich sehr schnell für eine ordinäre neumodische Currywurst mit Pommes Frites entschieden hat, steht mir, der ich eher konservativ bin, der Sinn nach einem original bayerischen Döner. Weil es aber diesen im Spitalgarten nicht gibt, werde ich mir einen Obatzten bestellen. Denn nichts ist befreiender für die Seele als ein herzhafter Kopperer, bestehend aus Bier-, Käse- und Zwiebeldünsten! Und siehe da, schon kommen die Getränke und wir können unsere Brotzeit ordern.

Dies ist schnell geschehen und ich setze gerade zum ersten wohlverdienten Schluck an, als ein markerschütternder Schrei vom Spielplatz her ertönt. Sofort erkennen unsere leidgeprüften Ohren den Urheber desselben: Unser Sohn!
Ein kräftiger Schluck Bier gerät mir vor Schreck in die Luftröhre und rinnt mir dann durch die Nase wieder

heraus, meine Frau springt auf, verschüttet die Hälfte des Kaffees und wir hasten besorgt zum Nachschauen.
Mein Sohn liegt, gottlob noch lebend, schreiend am unteren Ende der Rutschbahn. Aufgrund der übereinstimmenden Aussagen mehrerer grinsender minderjähriger Augenzeugen stellt sich folgender Tathergang heraus: Ein nach Auffassung der Kinder „alter Mann" von ca. 40 Jahren hatte jedem von ihnen einen Lutscher geschenkt. Mein Sohn erklomm, in der rechten Hand den Lutscher, die Rutschbahn und rutschte, in der rechten Hand noch immer den Lutscher, jubelnd hinunter.
Der Jubel war jedoch sofort beendet, als er unten ankam. Er landete, ungelenk wie er ist (das hat er von seinem Vater!), auf dem Gesicht und der Lutscher, den er immer noch krampfhaft festhielt, bohrte sich tief in seinen kleinen Rachen. Als nächstes folgte der Schrei, den wir gehört hatten.
Ein ca. achtjähriger, stark übergewichtiger Knabe, der daneben stand, meinte lapidar: „A so a Depp!" Und wenn er hundertmal recht hat, so etwas braucht er zu meinem armen Kind nicht sagen! Wenn jemand meine Familienangehörigen als Deppen bezeichnet, dann ich! Der wamperte Fratz hat großes Glück, dass ich jetzt meinen Sohn trösten muss, weil wenn ich Zeit hätte, würde ich ihm die Hammelbeine langziehen!
Nachdem wir unseren Buben beruhigt und grob gereinigt haben, sitzen wir fünf Minuten später wieder an unserem Tisch. Schlagartig erinnern sich die Kinder, dass sie ja eigentlich am Verdursten waren und greifen hastig zum Spezi.
Die Hast der Tochter ist so groß, dass sich der Strohhalm ins linke Nasenloch bohrt und sie sofort unter Nasenbluten leidet. Ich habe meiner Frau schon hundert Mal gesagt, dass weiße Kleidung für Kinder nichts ist. Jetzt hat sie es! Zwei dunkelrote Blutflecken zieren das weiße Sommerkleidchen. Hätte sie ihr ein rotes Kleid gekauft, wäre es gar nicht aufgefallen. Gottseidank ist das Nasenbluten so schnell vorbei, dass unser Töchterlein gar nicht zum Weinen anfangen braucht.
Der Obatzte und die Currywurst kommen und ich freue mich des Lebens und der Maß. Allerdings nur vorübergehend. Denn wie ich mich gerade so freue, bemerke ich eine Wespe am Rand meines Maßkrugs. Dieses Tier war für mich schon immer ebenso sinnlos wie hinterlistig. „Derschlogn sollt ma's alle, de Wessnkrippln!" sage ich zu meiner Frau und deute voller Verachtung auf die Wespe, die sich scheinbar auf meine Kosten einen ansäuft.
Das hätte ich nicht sagen sollen, denn mein Sohn hat es auch gehört. Normal tut er nie das, was ich sage, akkurat jetzt tut er es. Er haut voller Zorn auf meinen zu drei Vierteln vollen Maßkrug. Während die Wespe nach oben entschwindet, folgt das Bier, weil es keine Flügel hat, der Schwerkraft und entschwindet nach unten, dorthin, wo sich meine Hose befindet.
Eine beige, weil Sommer ist. Ich habe keine Chance. Der Gerstensaft ergießt sich über mein Beinkleid, hauptsächlich über das Gebiet des Hosentürls. Wie ich jetzt ausschaue! Wie ein Betrunkener, der es nicht mehr halten hat können. So eine Blamage. Jetzt mag ich den Obatztn auch nimmer, weil jetzt ist mir alles vergangen. Mir fällt spontan mein Freund Erwin ein. Der trinkt die erste Maß immer auf Ex. Jetzt weiß ich auch, warum. Und meine Frau? Die isst ihre Currywurst und lacht! Sie, die einmal versprochen hat, auch in schlechten Zeiten zu mir zu stehen, weidet sich an meinem Elend.
Wir haben dann relativ schnell gezahlt und sind gegangen, so dass die Kinder noch ihren Zombiefilm sehen konnten. Wie uns die Leute, die uns beim Heimgehen entgegengekommen sind, angeschaut haben, mag ich gar nicht näher beschreiben. So schnell gehe ich nicht mehr in einen Biergarten. Da müsste ich schon einen ganz besonderen Grund haben. Durst zum Beispiel.

INES KOHL

Bilder einer Ausstellung

Peter Liebl's große Retrospektive in der Städtischen Galerie „Leerer Beutel"

„Bilder von 1979 bis 1999" zeigte der in Donaustauf lebende Künstler Peter Liebl in der als eine erste größere Retrospektive angelegten Ausstellung in der Städtischen Galerie „Leerer Beutel" Regensburg. Die vom Publikum mit großem Interesse wahrgenommene Ausstellung war ein Lehrstück von Ausdauer und Durchhaltevermögen eines Malers, der davon überzeugt ist, gleichsam nicht kompatible Malprinzipien miteinander zu verbinden und den Betrachter mit bisher so nicht gesehenen Bildern konfrontiert.

Figürliche und nicht figürliche Malerei zusammenzubringen, das ist das eigentlich Ungewohnte und Neue an Peter Liebls Malerei. Die große Ruhe, die sich beim ersten Blick auf diese Bilder einstellt, kann dann auch schnell in Unruhe umschlagen, wenn man die emphatischen Gesichter der Madonnen wahrnimmt, die in ihrer ganzen scheinbaren Ausgeglichenheit ein gehöriges Maß an innerer Bewegung bündeln.
Seit 1981 lebt Peter Liebl mit seiner Frau und den Katzen Schnurrika und Grigioli zurückgezogen vom Kunstbetrieb in Donaustauf, mit weitem Blick über die Donauebene. Seine Frau Monika und gleich danach die beiden Katzen sind auch die wichtigsten Protagonisten auf Liebls Bildern. Ähnlich wie der von ihm verehrte Georges de La Tour, der dreißig Jahre ununterbrochen in Lunéville lebte, ist Liebl eine autonome Erscheinung in der zeitgenössischen Kunst. Sein Stil lässt sich nicht in Einflüsse auflösen, noch versucht er, irgendwelche Trends aufzugreifen. Allein wegen eines Bildes dieses Meisters fuhr er bis nach Nancy. Liebls Begeisterung für de La Tour kann man verstehen, wenn man weiß, dass der französische Maler des 17. Jahrhunderts ein großer Vereinfacher des Lichts, der Volumina und Silhouetten war, der mehr und mehr die Details vernachlässigte und die Formen auf geometrische Werte reduzierte. Besonders

beeindruckt zeigte sich Peter Liebl auf einer seiner vielen Reisen auch von den Wandteppichen der Apokalypse in Angers, die ihm wie ein kleines Weltwunder erschienen. Doch am nachhaltigsten wirksam blieb seine Begegnung mit dem wichtigsten Vertreter der italienischen Frührenaissancemalerei, mit Piero della Francesca. Nach langen Jahren ungegenständlicher Malerei war es auch das Erlebnis dieser Bilder, ihrer lichten Klarheit, die Liebl auf die Idee brachte, Figur und Geometrie zusammenzubringen. Die getragene Würde von Pieros Figuren, das innere Strahlen ihrer Gesichter hat wohl viel mit dem zu tun, was auch Liebl in seinen in sich ruhenden Frauenfiguren zum Ausdruck bringt. Als ständige Fingerübungen und um immer wieder Abstand zur figürlichen Malerei zu bekommen, entstehen aber weiterhin abstrakte Aquarelle, die in locker gesetzten Flecken Farbe und Atmosphäre der Jahreszeiten einfangen, gleichzeitig Stimmungsbarometer der künstlerischen Verfassung sind.

Liebl studierte an der Münchener Akademie von 1969 bis 1973 und war in dieser Zeit von vielen Zweifeln getrieben. Er experimentierte mit Kurzfilmen und Collagen und widmete sich ausgiebig kunsttheoretischen Schriften, vor allem den Ästhetiktheorien von der Antike bis hin zu Adorno. Daher das breite kunsthistorische und kunsttheoretische Wissen, das solides Fundament seiner Äußerungen in Theorie und Praxis ist. Nach der Akademiezeit verbrachte Liebl ein für ihn in vieler Beziehung wichtiges Jahr in Graz, noch heute ist seine Affinität zu Österreich, vor allem zu Wien sehr eng. In dieser Zeit entstanden noch ausschließlich abstrakte Bilder.

Liebl suchte nach einer klaren, ästhetisch überzeugenden und religiösen Bildersprache und er macht es sich nicht leicht mit seiner Kunst. Auf der Grundlage von zwei konträren Gestaltungsprinzipien, von ungegenständlicher und figürlicher Malerei entwickelt er ein Bildkonzept, das in seiner Art noch nicht vorhanden war. Darüber hinaus konfrontiert er den Betrachter mit scheinbarer Naivität und dem Bekenntnis zum Dekorativen in der Malerei. Bis die erste für den Maler gültige Symbiose von Figur und geometrisch angelegtem Grund gelang, sollten noch einige Jahre vergehen. Bei der Ausstellung „Heimat deine Sterne“ in Regensburg 1984 hatte er mit dem damaligen Leiter des „Leeren Beutels“, Veit Loers, eine Kontroverse über das ihm besonders geglückt erscheinende Bild. Doch unbeirrbar beschloss er, gerade diesen Weg weiter zu verfolgen, wobei ihm klar war, dass seine Malerei „jetzt noch mehr Ablehnung finden würde als bisher“, wie er selbst sagt. Doch dass sie allein den Reiz des Naiven – im Sinne von laienhaft und simpel – habe und die Vorstellung eines einfachen, freundlichen, netten, harmlosen Lebens weitertrage, wie ihm das in einer Ausstellungsbesprechung unterstellt wurde, so einfach liegen die Dinge nicht. Naivität im Sinne von Unbefangenheit, von Vorurteilslosigkeit hingegen kann man konstatieren an der Art, wie der Maler daran geht, Grenzen zu überschreiten.

Liebl arbeitet in zähen, kleinen Schritten hartnäckig an der Quadratur des Kreises. Schließlich ist er niemandem Rechenschaft schuldig, sein Lehrberuf bei den Regensburger Domspatzen macht ihn bis zu einem gewissen Grad unabhängig, daher sieht er ihn nicht nur als Hemmschuh, sondern auch als Vorteil. Und was die Langzeitwirkung seiner Malerei angeht, ist er durchaus zuversichtlich. „Eines Tages werden sie meine Bilder schon finden“, so formuliert er seinen Anspruch, etwas zu schaffen, was zeitlos gültig sein soll. Mit der konsequenten Verfolgung seines Konzepts des Austausches von Figur und Grund, das die Bewegung in die Farbfelder des Hintergrunds verlegt und die Figur inhaltlich und

formal zum Kristallisationspunkt macht, hat er eine Bildform gefunden, die so noch nicht vorhanden war.
Die Bilder enthalten viele Elemente, die sie eigentlich leicht zugänglich machen, und doch irritieren sie immer wieder aufs neue, stoßen auf Widerstand, wirken sogar provozierend, obwohl der Maler nichts weniger will als provozieren. Im Gegenteil, er sucht ein Gleichnis der Gewaltlosigkeit, ein Bild konzentrierter Ruhe, das keine weiteren Bedürfnisse weckt. Seine Auffassung von der Arbeit des Malens ist fast buddhistisch zu nennen.

Die Bilder sind geometrisch klar gegliedert, die Farben zueinander in lebendige Beziehung gesetzt; meist ist eine, manchmal sind zwei Figuren überwiegend frontal im Bild, häufig begleitet von einer Katze. Die Figuren sind um ein geringes aus der Symmetrieachse verschoben, der manchmal auch ornamental wirkende Bildgrund ist nicht rechnerisch konstruiert, sondern malerisch behandelt und weist kleine Unregelmäßigkeiten auf. Es ist keine Geometrie mit dem Lineal, sondern eine Geometrie des Gefühls. Körper und Kleidung sind nach einem strengen Formenkanon vereinfacht und mit Ausnahme von Kopf und Händen völlig flächig, so dass der optische Austausch von Figur und geometrischer Fläche funktioniert. Die Figur wird zur schlichten Gefäßform, die Schulter-Arm-Haltung wird vereinfacht und annähernd auf ein Oval zurückgeführt, Katzen und andere Tiere reduzieren sich auf schwarze Schattenrisse.

„Meine Malerei geht immer primär von der Farbe aus, ihren Klängen und Beziehungen, daher hat mich die Unterscheidung in gegenständliche oder nicht gegenständliche Kunst nie befriedigt", sagt Peter Liebl. Deswegen konzentriert er sich auf die Figurenbilder, in denen er darstellende Elemente mit geometrischen Grundformen unter dem gemeinsamen Nenner der Farbe in die Balance bringt. Die frontalen Figuren mit ihrer an die Jünglinge der griechischen Archaik erinnernden Frisur und die religiösen Elemente, der formale Austausch der Geometrie zwischen Figur und Grund ergeben zusammen mit den strahlenden Farben den festgefügten Kanon der Liebl`schen Formensprache. Und er nimmt sich bewusst die Freiheit, auch dekorativ zu sein, schließlich sollen seine Bilder Ruhe ausstrahlen und erfreuen, nicht bedrücken und aufregen.
Diese Gesetzmäßigkeiten seiner Malerei bewirken, dass die Bilder an Ikonen ebenso erinnern wie an religiöse Volkskunst, an Mondrian wie an den frühen Malewitsch. Trotzdem scheinen sie den Betrachter zu verunsichern, der sich nicht traut, so orthodox erscheinende Bilder unorthodox zu sehen. Hier werden die Grenzen scheinbar nicht kompatibler Malprinzipien überschritten, das mag vielleicht die Unsicherheit, ja aggressive Angst erklären, die sich manchmal angesichts dieser auf ihre Weise schon provozierenden Madonnen regt. Das strenge Dogma, das die Ikonendarstellung über die Jahrhunderte in feste Formen einband, wird von Liebl ersetzt durch das immer gleiche, aber individuell geprägte Antlitz, das nahezu unverändert das gesamte Werk durchzieht.
Liebl ist auf der Suche nach Harmonie, die er in seiner Malerei erreichen will, indem er der Figur durch die Geometrie eine zeitlose Ruhe zu geben sucht, das Abstrakte mit dem Figürlichen in Einklang bringt, das Subjektive mit dem Objektiven versöhnt. Daher ist das Porträthafte seiner Bilder eher sekundär; es sind überwiegend Frauen- und Madonnenbilder, die meist die Züge seiner Frau tragen, aber als Idealporträts gedacht sind und durch ihre Ausstrahlung Andacht und Ruhe verbreiten. Die individuellen Züge werden zum allgemeingültigen Porträt, das alle anderen Gesichter in sich schließt. Das Gesicht wird zum Zentrum des Bildes, das den Bruch mit der geometrischen Form vollzieht, zum Brennspiegel der

Geometrie und zur Wiederholung des Farbklangs aus dem vorgegebenen großen Klang des Hintergrunds.

Auch deshalb ist das Porträt kein Porträt und der Blick geht ohne festes Ziel am Betrachter vorbei, ist nach innen wie nach außen gerichtet, die dramatisch farbigen Gesichter leuchten von innen heraus. Auf das transitorische Element in der Unbeweglichkeit der Haltung hat bereits Herbert Schneidler hingewiesen. (Herbert Schneidler, Anmerkungen zur Malerei von Peter Liebl in: Peter Liebl, Bilder:1979–1999. Regensburg 1999 (Kunst und Raum) Auch die Perspektivelosigkeit der Bilder, die Präsenz des Raums in der Fläche, quasi seine „Verdichtung" verstärkt dieses Element. In neueren Bildern hat Liebl die rechteckigen und quadratischen Farbflächen in breite Streifen umgewandelt und nun auch das Dreieck miteinbezogen, das aus der Vorstellung von Flügeln entstand, und die schützende Zeltform, wie sie bei der „Indianermadonna" zu finden ist.

Vermutlich sind es mehrere Elemente, die den Betrachter irritieren. Liebls Bilder sind stark farbig, aber sehr streng; die Motive erscheinen auf den ersten Blick harmlos, doch sie halten den Betrachter auf Distanz, manch einer wendet sich sogar von der Frontalität der erschrockenen Gesichter ab. Es ist auch die Form des Andachtsbildes, die hier aufgegriffen wird und manchen doch wieder stutzen lässt beim Anblick des porträthaften Gesichts. Die enge Beziehung der Schlange zur Frau auf manchen Bildern betont den verführerischen Aspekt und verdoppelt gleichsam ihre Fähigkeit zur Erneuerung des Lebens. Die Bilder erinnern an Volkskunst und sind es doch nicht, denn zu viele verschiedene Elemente fließen zusammen, Bayrisches und Indianisches, Gegenständliches und Ungegenständliches, Figur und Geometrie, Renaissancehaftes und Modernes. Das alles zusammen ergibt die unverwechselbaren Bilder, die hinter dem

„Indianermadonna 1993" (Öl auf Leinwand, 110 x 115 cm)

Anschein von Naivität eine Emphase, eine Dramatik hervorscheinen lassen, die vom großen Ernst und der Würde religiöser Darstellungen getragen ist.
Liebl, der sich so seine eigenen Gedanken über den Zustand der Welt und der Menschen macht, stellt grundsätzliche Überlegungen darüber an, wie ein Bild beschaffen sein sollte angesichts der heutigen Probleme. Er wünscht

sich „Bilder, vor denen man die Arme ausbreiten und frei atmen kann“ (Mark Rothko), Bilder, vor denen man sich zu Andacht und Kontemplation aufgefordert fühlen kann. „Ich möchte große einfache Bilder malen, so wie wenn der Wind in ein Indianerzelt weht. Und man sitzt drin und staunt über den Geist, der hereinkam“, schreibt er in einem kleinen Büchlein „Dunkle Flecken“, das aufschlussreich und manchmal auch recht amüsant zu lesen ist, schon allein deswegen, weil der 1946 in Kötzting geborene und in Viechtach aufgewachsene Maler die Beschreibung einer Kindheit im Bayerischen Wald in der Nachkriegszeit liefert und eines Erwachsenwerdens, das zwischen Provinz und Großstadt, zwischen romantischen Künstlerträumen und den Studentenunruhen der 68er sich vollzog. Vielleicht haben gerade die Umstände und das bäuerliche Umfeld dieser Kindheit dem Erwachsenen ein Kulturverständnis erhalten, das sich von kurzlebigen Trends nicht beeindrucken lässt und die in positivem Sinne „altmodischen“ Werte hochhält, und eine Religiosität, die in der Liebe die Grundlage der Kultur sieht. Peter Liebl lebt seine Überzeugung und gibt ihr in seiner Malerei Ausdruck, einer Malerei, in der er seinen unverwechselbaren Stil gefunden hat, und die in manchen Aspekten auch die Tradition einer Volkskunst aufgreift, die leider verlorengegangen scheint. Es sind die „großen, einfachen Bilder“, von denen er träumt oder, wie es Henri Matisse formulierte, „eine Kunst des Gleichgewichts, der Stille und ohne beunruhigendes oder die Aufmerksamkeit fesselndes Sujet … etwas Ähnliches wie ein Sessel, in dem man sich von körperlicher Erschöpfung erholt“. Oder auch Inseln, doch nicht für den Egotrip, sondern mit dem Wunsch, die Reservate wieder auszudehnen. Es sind Bilder, deren Figuren einer anderen Welt angehören, vielleicht ist es die Welt, in der die Liebe das verknüpfende Band ist, und auf deren Boden eine Kultur wachsen kann, in deren Mittelpunkt wieder der Mensch steht.

Der Künstler Peter Liebl

Anlässlich der Ausstellung ist im Buchverlag der Mittelbayerischen Zeitung in der Reihe „Kunst und Raum“ ein schön gestalteter Bildband erschienen: Peter Liebl, Bilder: 1979–1999. Regensburg 1999, mit Texten von Herbert Schneidler und Patrick Roth.

HELMUT WANNER

Alles hängt am seidenen Faden

Regensburgs kleinste Bühne – das Figurentheater im Stadtpark

Draußen im Stadtpark unter den Linden steht ein Theater, bei dem alles im menschlichen Maß ist. Foyer, Theatersaal und Bühne, Direktorenwohnung, Kassenhäuschen und Requisite nehmen zusammen gerade mal 111 Quadratmeter ein. Das Zwei-Mann-Unternehmen leistet dabei Großes. 284 Aufführungen im Jahr absolvieren die Theaterdirektoren Heinz Polkehn und Evi Robl mit einem willigen Ensemble von 300 Schauspielern, Sängern und Tänzern. Mehr schafft das Stadttheater auch nicht. Helmut Wanner wirft einen Blick vor und hinter die Kulissen.

Und das Publikum? In der Regel verlässt es nach Schluss der Vorstellung paarweise das Haus durch den Seiteneingang und fasst sich dabei an den Händen. Vor Weihnachten und Ostern geht im Haus am Stadtpark bis zu drei Mal täglich der Vorhang hoch. Das Theater steht seit 1987 ständig an der Spitze amtlicher Statistiken. Nirgends bekommt man in Bayern mehr Singspiele zu sehen als an der Dr. Johann-Maier-Straße 3. Dabei kommen die beiden Kulturförderpreisträger Heinz Polkehn und Evi Robl praktisch ohne Subventionen aus – im „Figurentheater am Stadtpark“, wo alles klappt wie am Schnürchen.

In der Puppenspielermansarde schließen sogar die Türen wie von unsichtbaren Fäden gezogen. Sie folgen freilich nicht der magischen Hand, sondern dem Gesetze der Schwerkraft. Ganze 17 Zentimeter fällt der Dielenboden aus Tannenbrettern gen Westen ab. Man wähnt sich an Bord eines Windjammers bei schwerem Seegang, wenn man quer durch die Wohnküche geht. Das Problem ist gelöst. Die Ente legt den Hals in den Türrahmen. Täglich fiele für sie der Vorhang des Lebens gleich mehrmals, wäre sie nicht mit flauschigem Füllmaterial ausgestopft. Zwischen Büro und Küche bringt ein Frosch dasselbe Opfer. Er hält seine Plüschschenkel als Türstopper hin.

Heinz Polkehn und Evi Robl schätzen das schräge Wohngefühl als Stimulus fürs kreative Arbeiten. Die Wohnfarben Gelb und Rosa halten das Denken frisch. Im Sommer kann Heinz Polkehn von seinem Schreibtisch aus Quitten ernten. Die größten Früchte wachsen zum Fenster herein. Evi Robl macht Quittenauflauf und Quittenbrot daraus. Der Garten versorgt die beiden auch mit Kräutern, Gewürzen, Oberpfälzer Pfirsichen und dem Gefühl von majestätischer Ruhe. Sie nennen es „unser grünes Zimmer". Die 40 Quadratmeter Natur wirken von oben wie ein englischer Park. Das Geheimnis seiner Größe ist seine Kleinteiligkeit: Polkehn und Robl haben ihn als Apothekergarten angelegt. Niedrige Buchsbäumchen-Hecken markieren verschlungene Kieswege. Eine blaue Holzbank lädt an der Südwand des Häuschens zur Feierabendruhe ein.

In den betriebsamen Winterspielzeiten, wenn das arme Mäusekind und der tragische Dr. Faust an ihren Spielkreuzen kaum einmal abhängen können, entspannt das Puppenspieler-Paar Heinz Polkehn und Evi Robl in der Wohnküche vor dampfenden Teetassen. Nur 21 weiß lackierte Treppenstufen trennen sie von der Arbeit. Die beiden Künstler betreten sie nur mit Hausschuhen. Die holzgeschnitzte Treppe mit ihrem blassblauen Geländer ist ein Prachtstück, das einem Rokoko-Schloss gut zu Gesicht stehen würde und führt doch nicht zu feudalen Gemächern, sondern nur zu der Winzigkeit einer 44 Quadratmeter-Künstlermansarde.

Der vornehme Gang der englischen Standuhr in der Wohnküche ist dort oben die größte Attraktion . Das Geschenk des Schwagers zum 12. Geburtstag des Figurentheaters am Stadtpark hat so viele Jahre gezählt, wie das Haus in dem es heute Achtung vor der Zeit verbreitet. Ihr sattes Ticken ersetzt Polkehn das Prasseln des Feuers im Kaminofen, für den hier oben nun wirklich kein Platz mehr war. Alte Standuhren inspirieren den Puppenspieler „ganz ungemein". Sie erzählen ständig von einer anderen Zeit.

„So ein Job braucht einen anderen Alltag", sagt Polkehn. Die grauen Herren, die Traumfresserchen, können unter den Linden allesamt einpacken. Hier lässt sich keiner seine kostbare Lebenszeit stehlen. Den Fernseher hat Polkehn schon 1974 verkauft. Das Radio ja. Nicht als Gute-Laune-Ohrendusche. Deutschlandfunk wird bei Bedarf angestellt. Da bleibt was hängen. „Haben Sie die wunderbare Glosse über den Bastschoismus gehört, der den Spruch Bast scho auf s Korn genommen hat. Herrlich. Der fällt immer dann, wenn nix passt."

Die Medien füllen die Menschen ab. Und da leben zwei Leute so, als sei das Fernsehen noch nicht erfunden. Evi Robl sagt: „Für mich ist es ein Wunder, dass das Figurentheater noch Leute motivieren kann, zu uns zu kommen. Wo alle so voll sind. Alle so voll." Es gibt sie eben noch, die Menschen, die die guten Dinge schätzen können. Evi Robl legt eine Postkarte auf den Tisch, die ihnen eine Lehrerin geschickt hatte: „Ich schätze Ihre Art, den Rahmen und Inhalt zu gestalten, mit so viel Herzlichkeit und einem Bemühen, das ganz und gar nicht alltäglich ist, vielmehr kaum zu finden ist. Man spürt bei Ihnen beiden, dass viel mehr dahinter steckt, und das ist eine echte Wohltat. Ich glaube, dass Ihr Beruf viel Kraft und Energie kostet, und beides wünsche ich Ihnen." Anlage: Zwei Überraschungseier. Solche Zeilen sind das Brot des Puppenspielers.

Sie geben immer alles. Nach der Vorstellung sind die beiden total erschöpft. Sie stehen dann ganz blass und grantig hinter der Balustrade, wenn sie sich verbeugen. „Es haben uns schon Leute angesprochen, ob wir uns vielleicht hinter dem Vorhang gestritten haben." Manchmal hängt Heinz Polkehn sogar die Zunge raus. „Daran", sagt

Wie man sieht, können sich Kinder auch im Fernsehzeitalter immer noch für das Puppentheater begeistern

er, „muss ich noch arbeiten." Das Spiel verlangt den beiden Perfektionisten alles ab. „Wir müssen beim Spielen ständig übergreifen. Die größte Kunst ist eine ruhige Hand." Und daneben sind die beiden noch für Lichttechnik und Ton zuständig.

Jedes Mal gehen sie an die Grenzen. Von Abend zu Abend, von Inszenierung zu Inszenierung. 30 sind es mittlerweile geworden. Wenn sie damals das gewusst hätten, was sie heute wissen, dann hätten sie den Schritt in die Puppenspieler-Selbständigkeit wohl nicht gewagt, sagen die beiden offen. Sie sind Buchhalter, Programmeschreiber, Kassiere, Spieler, Bühnenbildner, Kostümschneider, Schnitzer, Autoren – und dies alles in Personaleinheit. Sogar die Entwürfe für die Plakate aquarelliert Evi Robl selbst. Sie hängen im Foyer in einer kleinen Galerie neben der Standuhr, wo sich die sieben Geislein verstecken.

„Alles hängt an einem seidenen Faden." Der Erfolg, die Gunst des Publikums, die Gesundheit. Gegen Heinz Polkehns Bandscheibenvorfall, den er 1997 erlitt, half Gymnastik und ein schwedisches Seniorenbett. Aber gegen die Angst des Puppenspielers vor der Premiere? „Sechs Wochen quält mich das. Ich dachte, das wird anders mit der Zeit, im Gegenteil: Es wird noch schlimmer."
Es war der Nikolaustag des Jahres 1985 als Heinz Polkehn und Evi Robl die Spielstätte Unter den Linden mit dem Stück „Der Tannenbaum" eröffneten. Die Stadt, die das Haus zum Zwecke der Einrichtung eines Figurentheaters saniert hatte, knüpfte damit an alte Puppenspielzeiten an dieser Stätte an. Zu Sebastian Becks Zeiten kostete der Eintritt auf den hinteren Bänken noch ein Fünferl. Papa Beck hatte das Theater zum großen Teil Ende des 19. Jahrhunderts in Bad Ischl erworben und war damit nach Regensburg gekommen. Hier übernahm es dann sein Sohn. Noch in den Zwanziger Jahren dieses Jahrhunderts spielte dort, so steht's bei Karl Bauer, Sebastian Beck jr. mit seinen Stabmarionetten Stücke mit fünf und mehr Akten, in deren Mittelpunkt hauptsächlich der Kasperl mit seiner Gretl als Sieger über Tod und Teufel stand. Aber auch „Die Herzogstochter in der Köhlerhütte" oder das bekannte „Dollingerspiel", wie der 1996 verstorbene Regensburg-Kenner Sigfrid Färber schrieb . Später führte es dann Anton Fritz als „Alt-Regensburger Puppenspiele" weiter, bis es 1944 ganz aufgeräumt wurde.

Der geborene Deggendorfer und die Regensburger Schneidermeisterstochter haben 41 Jahre später den Namen Figurentheater übernommen und den Zusatz „im Stadtpark" drangehängt. Ein Gefühl der Tradition? Heinz Polkehn verneint: „Eigentlich weniger. Wir kommen ja eigentlich aus einer ganz anderen Ecke. Wir haben uns ursprünglich als bildende Künstler gefunden." Das erste Programm von Polkehn und Robl startete 1983 im Leeren Beutel: „Verlasst die eingefahrenen Wege". Damals nannten sich die beiden noch „Bilderbühne". „Das muss man sich ungefähr so vorstellen, wie heute die Installationen. Bewegte Bilder. Das war's eigentlich. Ein graues Zimmer, ein Fenster, ein Stuhl. Und der beginnt sich plötzlich aufzurichten, bis er aussieht wie ein Mensch." Es folgten Stücke wie „Der bayerische Wald" oder „Die Römer sind unter uns" an wechselnden Gastspielstätten. Im Leeren Beutel, in der Galerie Bäumler oder in Günter Schießls „Alt-Regensburger Weinkeller". Dort wurde 1984 „Der Tannenbaum" nach dem Märchen von H.C. Andersen uraufgeführt.

Bald darauf wurden die beiden Künstler sesshaft. In der Dr. Johann-Maier-Straße 3 wurde Heinz Polkehn und Evi Robl die Möglichkeit geboten, einen Kindheitstraum Wahrheit werden zu lassen. Polkehn: „Es war bei mir schon immer der große Wunsch nach Einheit da: Da zu leben, wo ich arbeite. Wie der Bäcker am Arnulfsplatz. Das ist das Bild des Handwerkers, das vom Industriezeitalter zerstört wurde."

Als dann die Puppenspieler wieder Unter den Linden einzogen, war alles wie damals und doch war alles anders. Das macht den Unterschied: „Alles, was das Figurentheater im Stadtpark heute ausmacht, ist gewachsen, ist neu entstanden, aus uns heraus entstanden. Puppentheater als bildende und darstellende Kunst." Papa Beck spielte mit zusammengekauften Stabmarionetten. Im „Figurentheater im Stadtpark" kommt von den Entwürfen bis zur fertigen Marionette, vom Holzkörper bis zum Kostüm alles aus einer Hand. Alles ist aus einem Guss. Der Regensburger Musiker Sepp Frank schreibt den Marionetten die Musik förmlich auf den Leib, jeder Ton wird mit dem besonderen Bewegungsrhythmus der Figuren abgestimmt. Dabei entstanden Ohrwürmer, die es in keinem Schallplattenladen der Welt zu kaufen gibt.

Die Aura, die das Regensburger Figurentheater im Stadtpark umgibt, ist Teil dieses ganzheitlichen Kulturkonzepts. Die Puppenspieler wohnen weltverloren im Park, aber im Herzen einer Großstadt und darum mit wachem Ohr für die Probleme dieser Welt. Polkehn und Robl versuchen sich dabei am Menschen zu orientieren und nicht am Kunden, so wie es heute Mode ist. „Es heißt: Die Kinder von heute sind das Theaterpublikum von morgen. Wir sagen: Die Kinder von heute sind das Publikum von heute. Das ist unser Statement zum PR-Argument. Wir nehmen die Bedürfnisse der modernen Kinder ernst: Ihre schlechten Träume, ihre Minderwertigkeitsgefühle wegen zu langer Nasen und zu großer Füße, ihre Lebenssituation als Kinder von Eltern, die in Scheidung leben." Polkehn und Robl erfahren es fast täglich in ihren Vorstellungen: Selbst Sechstklässler, die sich auf der Straße in Bomberjacken großtun, werden

Der Kopf einer jeden Figur wird handgeschnitzt

still, wenn es dunkel wird. „In der Dunkelheit, da gehen sie auf", sagt Polkehn, der beim Spiel mit großem Ohr im Zuschauerraum hängt.
Nicht Geld und Karriere sind die Triebfedern für das Tun der beiden Künstler. „Was Leben irgendwie ausmacht, ist Gefühle miteinander zu erleben", lautet das Credo Polkehns. 20 Minuten vor Beginn der Vorstellung wird aufgesperrt. Kinder mit ihren Eltern oder Großeltern stehen

Schlange vor dem kleinen Kassenhäusel, das zugleich Gastherme ist. In einer Schuhschachtel neben dem Türfenster schnurrt „die Schlummer“, die gelb-gefleckte Hauskätzin. Sie will überall dabei sein. Sie hat den Namen weg, weil sie 1986, zur Premiere von Traumfresserchen, Teil des Inventars wurde. Heinz Polkehn sitzt wie ein guter Polyphem am schmalen Theatereingang, schaut auf die Hände und zwickt Sternchen in die Eintrittskarten.
„Ich muss die Menschen zuvor gesehen haben, sonst kann ich nicht spielen“, sagt er. Für Heinz Polkehn und Evi Robl ist dieser nach Holz und Bohnerwachs duftende Saal ein fein gestimmter Klangraum, den sie durch ihr Spiel zum Schwingen bringen müssen. Theater ist aber auch ein sozialer Ort für Polkehn. „Ich sehe die Hände der Leute an. Unvorstellbar wie unterschiedlich die sind. Hergewerkelte, schwielige Hände sind darunter. Ich sehe Kinderhände mit nur zwei Fingern dran. Bei uns ist die Vielfalt der Welt, in der wir leben. Sprachverzögerte, körperbehinderte Kinder kommen zu uns.“

Einmal war auch ein blindes Mädchen bei einer Vorstellung von Mäusekind im Winterwind. „Nach der Vorstellung brachte ich dem Mädchen das Mäusekind, damit es die kleine Maus abtasten konnte, damit alles für das Mädchen plastisch wird.“

Kinder lieben Rituale, die Wiederkehr des ewig Gleichen, 284 Mal im Jahr und im nächsten Jahr wieder. Warten, Schlangestehen, Sternchen in die Karte, Sitzplatz suchen, schauen und warten. Dass in der Tiefe des Raumes, in den Grenzen eines roten hölzernen Rechtecks etwas passiert. Die Bühne hat nur 94 Zentimeter Höhe. Die Holzdecke wirkt in ihrem Blau und Weiß luftig und leicht. Wenn alle sitzen, tritt Meister Polkehn hinter die Balustrade und sagt den Kindern, wo die Musik spielt und wann die Pausen sind. Dann verschwindet der Pup-

Idylle im Grünen: Evi Robl und Heinz Polkehn im Garten ihres Figurentheaters

penspieler hinter dem schwarzen Tuch. Polkehn: „Wenn ein Umbau angesagt ist, haben die Kinder neuerdings Verständnis. Die Werbung! Das kennen sie ja vom Privatfernsehen.“
Die ersten zwei Jahre hat Evi Robl alle Äußerungen des Kindermunds in ihr blaues Buch geschrieben. „Ihr habt es schön, ihr dürft beim Hasen Theophil wohnen“, ist die schönste. So etwas zeigt Evi Robl: „Die Figuren sind die Stars, nicht wir.“
Der Applaus ist kurz. Das ist immer so bei Kindern. Es sei denn, es war ein Zirkus in der Stadt. Dann gibt es sogar Szenenapplaus und Ole-Rufe. „Es könnt öfter Zirkus sein in Regensburg“, meint Evi Robl. „Vorhang zu und aus, und plötzlich sind die weg.“ Aber für kostbare Minuten bleibt da noch etwas im Raum, wie der Duft eines geliebten Wesens am Bahnsteig, lange danach, wenn der Zug schon abgefahren ist. „Wenn man den Saal aufräumt, dann spürt man die Kinder noch. Das ist eigenartig. Als ob jedes ein Stück seiner Seele zurückgelassen hätte.“

WERNER A. WIDMANN

Große Wende, aber ziemlich ruhig

Regensburg vor 50 Jahren

Drei mehr oder auch weniger bedeutende Ereignisse gab es im Jahr 1950 zu feiern: Am 7. August wurden die Schwimmbecken des ersten Regensburger Freibads eingelassen und das neue RT-Bad am Oberen Wöhrd war eröffnet. Am 13. September lud das im ehemaligen Karmelitensaal errichtete Bavaria-Filmtheater zur Premiere, und am 23. November wurde die in den letzten Kriegstagen gesprengte Nibelungenbrücke wieder dem Verkehr übergeben. Werner A. Widmann erinnert sich an Regensburg vor 50 Jahren.

Es ist ein Abenteuer, dieses Blättern in 50 Jahre alten Zeitungen. Ist unsereiner dann noch gut zwei Jahrzehnte älter als diese Blätter, dann wird das zur kleinen Forschungsreise in der eigenen Lebensgeschichte. Ich weiß jetzt zum Beispiel, dass ich im Jahr 2000 mein Goldenes Journalistenjubiläum feiern kann. Doch davon später. Hauptergebnis meines Schmökerns in der damaligen Lokalpresse: Das Jahr 1950 war ein ruhiges Jahr für Regensburg selbst. Noch im Nachhinein haben mich vielmehr die Titelseiten ganz durcheinander gebracht. Es war mir nicht mehr bewusst, dass im Frühsommer 1950 die Welt in den Koreakrieg schlitterte und dass daraus beinahe ein Atomkrieg geworden wäre. Sogar US-Präsident Truman drohte mit dem Einsatz von Wasserstoffbomben, ein Mann, den ich doch mit seiner Brille so absolut friedlich und spießbürgerlich in meiner Erinnerung habe. Am 28. Juni, sechs Tage nach meinem 24. Geburtstag, lautete die MZ-Schlagzeile jedenfalls: „US-Streitkräfte greifen in Korea ein.“ Mit Ausnahme von Frankreich sprachen westliche Politiker, vor allem Sir Winston Churchill, von einer Wiederbewaffnung Westdeutschlands und sogar der große Mann der damaligen SPD, Kurt Schumacher, erklärte sich zu dieser Zeit und angesichts einer großen Bedrohung durch die Sowjetunion damit einverstanden, vorausgesetzt, die westlichen Großmächte würden ihr Teil zur Verteidigung des freien Europa beitragen. Da ist man dann als Blätterer in vergilbten Zeitungsbänden froh, dass am 30. September die MZ in der Schlagzeile melden konnte: „Am 38. Breitengrad – die Südkoreaner halten."

Das einzige „kriegerische" Ereignis im Regensburg von 1950 fand in Keilberg statt. Bei einer Kirchweihfeier war es offensichtlich zu einer größeren Rauferei gekommen. Die herbeigerufene Polizei erkannte sofort, dass hier ein Aufruhr vorliege, holte Verstärkung, erzielte damit prompt nicht Beruhigung, sondern Eskalation und soll dann – nach Aussage der Keilberger – mit dem eingegriffen haben, was man heute „unverhältnismäßige Mittel" nennt. Das hatte dann mehrere Nachspiele im Stadtrat, wobei noch gesagt werden muss, dass ja die damals noch in Blau gekleideten Regensburger Ordnungshüter unter städtischer Hoheit standen und der damalige CSU-Oberbürgermeister Georg Zitzler seinen Bürgern nicht ungern den Glanz „seiner" Streitkräfte vor Augen führte. Keilberg und die übrige Welt hatten also 1950 ihren Krieg. Auf unserem Planeten wurden in jenem Jahr bei einer Weltzählung der Bevölkerung 2,33 Milliarden Menschen festgestellt. Man hatte sich damit seit 1850 so ziemlich genau verdoppelt, doch war die Erde – gemessen an unseren heutigen sechs Milliarden Bewohnern – noch ziemlich leer. Die immer noch sehr dünnen und immer noch nur dreimal wöchentlich erscheinenden beiden Regensburger Tageszeitungen brachten ein erstaunlich buntes Gemisch an Meldungen und Berichten. „Haftschalen – die unsichtbaren Augengläser" wurden in der MZ schon im Januar 1950 gemeldet (kaum zu glauben) und das noch blutjunge Allensbacher Institut für Demoskopie hatte herausgefunden, dass 88 Prozent aller Bundesbürger an Gott glauben. An diese fromme Gesellschaft wandte sich der noch ziemlich neu im Amt befindliche Bundespräsident Theodor Heuss in einem auf Seite eins der Neujahrsausgabe abgedruckten Aufruf, empfahl viel Hoffnung, wünschte Glück und Segen und schloss darin „die Brüder und Schwestern der mittel- und ostdeutschen Bezirke" mit ein. Das Jahr hatte übrigens arbeitnehmerfeindlich begonnen: Der 1. Januar war ein Sonntag.

Ehe ich so richtig im Lokalteil blättere (viel war da ja wie gesagt in diesem 50er Jahr nicht zu berichten), will ich noch ein paar 50 Jahre alte Neuigkeiten aus dem Bayernteil mitteilen. Dort war zu lesen, dass in Bayern im Augenblick 1.924.000 Flüchtlinge und Heimatvertriebene leben, untergebracht meist in Notlagern oder in ländlichen Regionen. In Rottach-Egern starb am 26. November 1950 eine der ersten deutschen Frauen, die man „Erfolgsschriftstellerin" nennen konnte. Viel belächelt war sie, aber auch viel gelesen: Hedwig Courths-Mahler. Am 23. September meldete die Bayernseite den Baubeginn am Sylvensteinspeicher. Das segensreiche Bauwerk im Isarwinkel war heftig und noch lang umstritten, vor allem weil das berühmte Jäger- und Holzfällerdorf Fall („Der Jäger von Fall") in den Fluten zu versinken hatte. Falls ich damals diese Meldung gelesen haben sollte, konnte ich nicht wissen, dass dieser Bau einmal für mich ein ganz besonderes Berufserlebnis bringen sollte. „Zehn Jahre nach dem Fall von Fall" hieß nämlich in den Sechzigerjahren einer meiner Filme für das Bayerische Fernsehen. Darin gab es auch ein Interview mit der letzten Wirtin von Fall, die mittlerweile einen prächtigen Gasthof in Hundham bei Fischbachau hatte. Wie sie mir da so ihre alten Fotos ihres geliebten Heimatdorfes zeigen will, hat sie derart viel weinen müssen, dass wir nicht mehr weiterreden konnten. Das war für mich ein unvergessliches Erlebnis.

Das größte Ereignis der bayerischen Politik im 50er Jahr fand am 26. November statt: die Landtagswahl. In Re-

Fürstin Margarete und Fürst Albert feierten im Juli 1950 Diamantene Hochzeit: OB Zitzler gratuliert. In der Bildmitte der spätere OB Hans Hermann sowie Hofmarschall Baron von Schirnding

gensburg erhielt die CSU damals 17.709 Stimmen, die SPD 17.204. Schwarz hatte damit nur 400 und Rot rund tausend Stimmen gegenüber 1946 dazugewonnen. Landesweit war es ein bitterer Tag für die CSU. Von bisher 104 Sitzen verlor sie 40, die SPD kam von bisher 54 auf 63 Sitze, die neu ins Parlament einziehende Bayernpartei erhielt 39, die FDP 12 und der BHE, die Partei der Heimatvertriebenen, 26 Sitze. Es kam dann vier Tage vor dem Weihnachtsfest zu einer Großen Koalition mit Dr. Hans Ehard (CSU) als Ministerpräsidenten und dem Sozialdemokraten Dr. Wilhelm Hoegner als Innenminister und Ehards Stellvertreter. An Bayerns Spitze standen damit zwei hervorragende Politiker.

Nun aber endgültig zum Regensburger Jahr 1950. Da wurde der 9. Januar als „Verheißungsvoller Tag für die Donauschiffahrt" gefeiert, weil im Hafen erste Güter aus Jugoslawien eintrafen. Und wenn man mich nun auffordert, wenigstens noch drei wichtige Ereignisse für das Regensburg von 1950 aufzuzählen, dann kann ich schon dienen: Am 7. August wurde das heute immer noch beliebte Schwimmbad der Regensburger Turnerschaft auf dem Oberen Wöhrd eingeweiht, wobei es auch zu einem sportlichen Eröffnungsschwimmen kam, am 13. September lud das nagelneue „Bavaria-Filmtheater" die Regensburger Prominenz zur ersten Vorstellung ein. Zur letzten Vorstellung, die 1999 stattfand, wurde niemand mehr eingeladen. Und am 23. November wurde die wiederaufgebaute Nibelungenbrücke dem Verkehr übergeben. Ja, und da war dann noch im Juni der „1. Deutsche Fleischerverbandstag" in der Stadt. „Wir grüßen die deutschen Fleischer!" lautete die Schlagzeile im Lokalteil, obwohl die Fleischer bei uns damals noch offiziell Metzger genannt werden durften. Diese deutschen Fleischer konnte aber unser wieder langsam aufblühendes Fremdenverkehrsgewerbe immerhin als mutige Vorhut von Tagungswilligen aller Art verstehen, die dann in den folgenden Jahren in ständig steigender Zahl neben der Diskussion ums Fachliche auch die Schönheit und die Vorzüge Regensburgs genossen.

Beim Mangel an richtigen Skandalen und anderem groß herauszubringenden Vorgängen gab es im Lokalteil Platz für die verschiedensten Überlegungen. Zweispaltig wurde da zum Beispiel erörtert, ob es nicht zweckmäßig wäre, private Rundfunk-Regionalstationen einzuführen. Wem der kürzlich stattgefundene Bürgerentscheid über die Steinerne Brücke noch im Gedächtnis ist, wird an meiner Mitteilung Interesse finden, dass ein Architekt A. Butz sich am 2. November 1950 im Lokalteil sehr detailliert darüber ausließ, ob die Steinerne Brücke breiter werden solle oder so schmal bleiben dürfe, wie sie immer war. Er setzte sich für das Schlankbleiben ein und schlug auch Verkehrsbeschränkungen vor. Das hatte dann aber noch fast 50 Jahre Zeit. Und weil eben Platz für allerlei Sonderlinge war, gab es auch hin und wieder eine Jugendseite mit einer Bastelecke, zum ersten Mal in der MZ-Ausgabe vom 4. Januar 1950. Die sprang mir beim Blättern gewaltig ins Auge; denn da zeigte einer mit Text und Skizzen jungen Lesern den Bau einer Wiege „für die Puppe, die zu Weihnachten angekommen ist." Und unter diesem Artikel steht mein Name. Jetzt weiß ich, wann zum ersten Mal etwas von mir in einer Zeitung abgedruckt wurde. Also, meine Goldene „Hochzeit" mit der Schwarzen Kunst kann gefeiert werden.
Von einem Silberjubiläum ist im Lokalteil am 25. Oktober lang und breit die Rede. Darin wird die lapidare Feststellung getroffen, dass die Heimat der Rosi Mittermaier, die Winklmoosalm bei Reit im Winkl, eigentlich ureigenstes Gebiet der Regensburger Skifahrer ist. Der erste Wirt dort oben war nämlich Hans Artmann, ein Regensburger, der 1925 auf der Winklmoosalm die ersten Gäste, zu-

nächst vorwiegend Regensburger, betreute, nachdem das Gebiet von Regensburger Alpenvereinsmitgliedern entdeckt worden war. In diesem Bericht kann man auch erfahren, dass Hans Artmanns Vater in Regensburg unter anderem das im Krieg zerstörte Schützenheim und den Pürkelguter Keller bewirtschaftet hatte. Rosi, Du warst erst weit nach uns da! Und weil wir gerade beim Sport sind, möchte ich auch nicht verheimlichen, dass am 15. Mai im Sportteil leider gemeldet werden musste, dass „der Jahn" aus der damaligen Oberliga absteigen müsse, nachdem er gegen den FSV Frankfurt 3:1 verloren hatte. Die Tabelle der obersten Fußballklasse führte damals die Spielvereinigung Fürth an, der „Club" stand an 9. Bayern München an 12. Stelle, die Frankfurter Eintracht, der „Jahn" und die Stuttgarter Kickers bildeten die Schlusslichter von 16 Mannschaften.

Mit Erstaunen mag der Regensburger von 1950 am 16. Januar eine große Todesanzeige gelesen haben, mit der das Fürstliche Hofmarschallamt „die traurige Pflicht erfüllt, das Ableben von Frau Margit Gräfin Sztáray von Sztára, K.u.K. Sternkreuzordensdame, Oberhofmeisterin Ihrer K.u.K. Hoheit der durchlauchtigsten Frau Fürstin von Thurn und Taxis, Erzherzogin von Österreich, Prinzessin von Ungarn, anzuzeigen." So musste Fürstin Margarete ein halbes Jahr später ohne die Sternkreuzordensdame am 6. Juli ihren 80. Geburtstag und eine Woche später mit Fürst Albert die Diamantene Hochzeit feiern. Beide Feste wurden im Lokalteil in überdimensionaler Aufmachung gewürdigt. Am 15. Juli wird dann – auf einer ganzen Seite – über die Verleihung des Ehrenbürgerrechts an das Fürstenpaar berichtet. Da war halt noch ein Respekt da!

Ein paar Tage vor der Fürstlichen Doppelfeier hatten unsere Zeitungen mit einer anderen würdigen Persönlichkeit viel Schreibarbeit zu leisten: Am Fest Peter und Paul beging Erzbischof Michael Buchberger sein Goldenes Priesterjubiläum und bekam ebenfalls den Ehrenbürgerbrief. Mit dem Feiern war es dann noch nicht vorbei. Am 26. Juli reisten Oberbürgermeister Georg Zitzler und Kul-

Oberbürgermeister Zitzler zeichnet den Regensburger Kunstmaler Josef Achmann mit der Albertus-Magnus-Medaille aus

turdezernent Dr. Walter Boll gen Schliersee, ins schöne Gebirg. Sie nahmen an einer Festsitzung des dortigen Gemeinderats teil, in deren Verlauf die beiden Regensburger Gesandten dem damals in Schliersee lebenden Regensburger Maler Josef Achmann die erst im Jahr zuvor gestiftete Albertus-Magnus-Medaille überreichten. Achmann hatte in den Jahren nach dem Ersten Weltkrieg zusammen mit seinem Regensburger Dichterfreund Georg Britting die Zeitschrift „Die Sichel" gegründet und damit den Namen Regensburgs für alle Zeiten mit der Epoche des Expressionismus verbunden.

Im März 1950 brach ein wahrer Regensburger Kulturfrühling an. Kritiker lobten die Premiere von Carl Zuckmayers „Barbara Blomberg" im Stadttheater. Die Titelrolle spielte die mir (und sicher manchem anderem) unvergessliche Marianne Wehmer. Dann kam das große damalige Regensburger Theaterwagnis: „Die Meistersinger von Nürnberg". Die Premiere endete als mittlerer Triumph, begann aber eher als Fiasko. Man hatte für den Junker Stolzing Anton John als Gast engagiert. Ausgerechnet am Premierentag brachte dieser keinen klaren Ton heraus, ja konnte nicht einmal halbwegs „markieren". So war Beckmessers Urteil am Ende des ersten Akts, „versungen und vertan", gar nicht so beckmesserisch. Zum Beginn des zweiten Aktes trat Intendant Dr. Decker vor den Vorhang und kündete Rettung an: Aus München sei Lorenz Fehenberger, Kammersänger an der Bayerischen Staatsoper, eilends unterwegs und werde zum dritten Akt vorhanden sein. Ohne jede Art von Probe meisterten Fehenberger und das Regensburger Opernensemble dann diesen letzten Akt mit dem berühmten Stolzing-Lied „Morgenlich leuchtend". Und leuchtenden Auges sollen dann auch die versöhnten Zuhörer das Theater nach langem Beifall verlassen haben. In der Improvisation zeigt sich eben der Meister!

Gar so wenig war also doch nicht los im Regensburg von 1950, wenn man noch dazu bedenkt, dass im Oktober erste Überlegungen für ein neues Domspatzenheim angestellt wurden, nachdem die jungen Sänger auf Baracken in Etterzhausen, die viel zu kleine Dompräbende in der Orleanstraße („Dr.-Heim-Villa") und die Jugendherberge verstreut waren. Kurz vor Jahresende wurde dann noch der Landkreis von der großen Kultur heimgesucht. Auf Schloss Hauzenstein wurden Szenen zu dem Film „Das ewige Spiel" gedreht, mit Willy Birgel, Cornell Borchers und Margarethe Haagen. Da schwärmten die Zeitungsleute!

Die Adventszeit brachte erstmals einen Vorgeschmack späterer Weihnachtswerbung im Anzeigenteil. „Was schenke ich?" stand groß über den Anzeigenseiten. Ein Angebot von vielen, aber auch ein typischer Sehnsuchtswunsch aus damaliger Zeit: „Grundig-Musiktruhe, 3 Wellenbereiche mit UKW, Plattenspieler, Plattenschrank, DM 615.–" Und das nicht im elektronischen Supermarkt, sondern bei einem Fachhändler. Was ich damals zu Weihnachten bekommen habe, weiß ich freilich nicht mehr und was ich geschenkt habe, auch nimmer.

In der Silvesternummer der Mittelbayerischen Zeitung stand über dem Leitartikel des damaligen Mitherausgebers Dr. Karl Debus in großen Lettern: „1950, das Jahr der großen Wende". Er meinte damit die Wende von der Zeit vor dem Koreakrieg zur Zeit nach dem Koreakrieg. Die wirkliche Wende ließ die Deutschen wenigstens noch 40 Jahre warten. Aber eine Art Wende war sicher auch 1950, wenn auch für Regensburg eine ziemlich ruhige. Was ja kein Nachteil sein muss. Und wo werde ich am Neujahrstag hingegangen sein? Vielleicht ins „Olympia"? Dort lief nämlich der Film „Bitterer Reis" mit der großäugigen Silvana Mangano. Und die hat mir damals sehr gut gefallen. Das weiß ich ganz bestimmt.

BENNO HURT

Tatorte des Ungewissen oder die Notwendigkeit von Kunst

Walter Zacharias zum 80. Geburtstag

Zum 80. Geburtstag des aus einer alten Regensburger Künstlerfamilie stammenden Walter Zacharias fanden in diesem Jahr drei bedeutende Ausstellungen statt. Die Universitätsbibliothek präsentierte die Ausstellung „Buchobjekte". Die Städtische Galerie „Leerer Beutel" zeigte vom 13. Juli bis 12. September „Malerei, Collagen, Objekte von 1996 bis 1999". Der zweite Teil dieser Ausstellung war vom 17. September bis 24. Oktober im Diözesanmuseum Obermünster zu sehen. Nachfolgend veröffentlichen wir eine Betrachtung des Regensburger Schriftstellers Benno Hurt.

Natürlich hatte ich von ihm gehört, seinen Namen in der Zeitung gelesen. An ein kunstvoll eingerissenes Stück Papier erinnere ich mich noch, im Schaukasten einer Galerie, an der ich vorbei eilte, darunter gut leserlich W. Zacharias geschrieben. Ein dünn gedruckter Text läuft in meinem Kopf quer über den Papierfetzen, mit schwarzen Strichen ist diesem Lauf energisch Einhalt geboten, zwei, drei Punkte über das Blatt verteilt. Stehenbleiben konnte ich nicht, auf meinem Weg zur Justiz. Eine nervige Vormittagsverhandlung sollte in wenigen Minuten ihren strapaziösen Fortgang finden, wo es um Urkundenfälschung, Unterschlagung, um schwer durchschaubare, strafbare Manipulationen ging. Nein, mir war nicht nach Kunst zumute.

Den ganzen langen Nachmittag dann schwebte das im Vorbeigehen erfasste lyrische Dokument über den Dokumenten dieses Strafprozesses, die sich auf dem Richtertisch vor mir ausbreiteten. Eine nur für mich erkennbare Membrane zog sich über die Beweisstücke. Auf eine wunderbare Weise wurde der Kampf gegen die Kriminalität erträglich.

Gleich nach der Urteilsverkündung suchte ich den Tatort, die Galerie in der Innenstadt auf. Dieser Künstler und der Täter, stellte der professionell deformierte Richter, als Tatbestand gewissermaßen, fest: Die beiden haben eines gemein, sie fälschen die Realität. Dem Täter damals ging es um ihren gewinnbringenden Schein. Die Kunst des Walter Zacharias freilich zielt auf anderes ab: Nicht den Schein hat sie im Auge, nicht den schönen Schein von Realität. Um deren Überwindung geht es ihr. Deren Verwandlung. Wirklichkeit erscheint zwar noch, zerknittert als Packpapier, als ein Fetzen Stoff, mit Farbe getränkt, als der durchstoßene Deckel eines Buchs. Aus den gesellschaftlichen Verwertungszusammenhängen herausgelöst, glimmen die Funktionen des Gebrauchs schwach fort, während das Ausgangsmaterial seine Erscheinungsform verloren hat, längst übergegangen ist in einen anderen, neuen Aggregatszustand. Von einem höhergelegenen Standpunkt aus, von dem der Kunst nämlich, wird Realität unter sich gelassen, ohne dabei verleugnet zu werden. In den Bildern des Walter Zacharias wird an das erinnert, wovon und womit wir leben, an das, was uns umgibt.

Ein Satz von Ernest Hemingway, dem amerikanischen Dichter, kommt mir in den Sinn. Das Ziel seiner Prosa sei es, zu einer vierten und fünften Dimension zu gelangen, die viel schwieriger sei als Poesie. Hemingway war ein Meister der Aussparung, der Beschränkung, der Künstler Walter Zacharias ist es auch.

Wer aber wie Zacharias weglässt, ausspart, beschränkt, gerät nicht gleich in die Gefahr, überschätzt zu werden. Lesen muss man lernen, belehrte mich Dieter Wellershoff, Lektor von Heinrich Böll. Sehen muss man lernen, das Ansehen von Bildern auch. Was bei ungeübtem Hinsehen, auf einen ersten Blick beliebig erscheint, ist es nicht. Die den Collagen, Installationen, Objekten innewohnende Ästhetik und Konzentration stellt sich nicht zufällig ein. Die Leichtigkeit in den Collagen, diese unerhörte Leichtigkeit ihres Seins bestticht. Es ist etwas so Zartes und so Fernes, sagt der Dichter Apollinaire, dass daran zu denken, es bereits zu sehr verdichtet. Die Leichtigkeit in diesen Collagen, die mit so wenig auskommen und von denen die stärksten nichts anderes wollen als sein, diese Spannung aus Strichen, Chiffren, Zitaten, von der jedes Blatt wie von einem Rahmen zusammengehalten wird, Spannung, die keine Anspannung des Künstlers verrät, diese strenge, dabei so beiläufig wirkende Ordnung, sie zieht sich durch Zacharias' gesamtes Werk. Sie verdankt sich der Person des Künstlers und nicht einem Glück.

Die dem Ausgangsmaterial scheinbar versehentlich zugefügten Verletzungen, die fahrigen Striche, die das Objekt zerteilen, die klecksigen Punkte übers Papier geträufelt, die gestrichelten Linien am Fuß einer Schrift – imaginäre Räume werden eröffnet und wieder geschlossen, Wunden fügt der Operateur seinen Objekten zu, Wunden, die er auf wundervolle Weise heilt, ohne dass dabei die heile Welt hübscher Bilder entsteht. Dieses Treiben des Künstlers und sein Getriebenwerden, diese Vielzahl bewusster und bewusstloser Entschlüsse, sie schaffen etwas, worum es bei Kunst nicht nur, aber nicht zuletzt auch geht: Sie garantieren das Original.

Das Annähern an die Welt realer Gegenstände und das künstlich-künstlerische Sich-davon-Entfernen erzeugen eine Balance von Vertrautheit und Irritation. Eine Balance, die schaukelt, voll Poesie. Poesie hat mit Vergänglichkeit zu tun. Die Zeit, die vergeht, spielt in Zacharias' Werken eine dominierende Rolle. Ihr schöner steter Fluss ist angehalten. Der Vergänglichkeit ist Einhalt geboten. Bild für Bild. Objekt für Objekt. Jahre, nicht nur die unseren, sind in Zacharias' Arbeiten geschichtet.
Was ich sagen will, ist schwer zu beschreiben. Außerhalb des Mediums, mit dem er beschreibt. Nicht die

Wehmut von Nostalgie meine ich. Die konservieren will, was nie existiert hat in dieser Form, was niemals gepasst hat, in keine Zeit.

Das Bewahren und das Zerstören ist das zentrale Thema seiner Kunst. Das behaupte ich. Und ich bin mir nicht sicher, ob er, der Künstler, das gerne hört, ob er es weiß. Für die glänzende Einkaufstüte seiner attraktiven Frau gilt das, für das Grundbuchblatt einer Liegenschaft, die es schon lang nicht mehr gibt: Bewahren und Zerstören. Und beides zugleich. Aus dem Gleichgewicht bringen, aus seiner gewohnten Ordnung, um es in eine neue zu bringen, die viel aufregender ist als die bestehende. So gesehen ist er ein Mann der Ordnung, sage ich mir, als ein Mann, der von Berufs wegen sich auf Ordnung, auf die herrschende allerdings nur, versteht.

Das Gefühl von Verstörung mag aufkommen bei einem, der sich vor Zacharias' Werk aufbaut mit dem zwanghaften Vorsatz, zu definieren, was Kunst denn ist. Seine Collagen betrifft das wie seine Landschaftsbilder aus bemaltem Holz und seine bemalten Türen. Provoziert er gar, Walter Zacharias, dieser sanfte Rebell, wenn er beharrlich auf der Geringfügigkeit seiner künstlerischen Eingriffe besteht?
Der Begegnung mit Walter Zacharias vorgeschaltet, eine Begegnung mit Dieter Krieg. 1969, hoher, stiller weißer Raum, Maximilianstraße, München, mein Freund, hypersensibel, gefährdet, und ich, Referendar schon, Rechtspositivist, In A White Room, singen die Creams, die Zeit bleibt draußen, aus diesem weißen Zimmer, eine Wirklichkeit außerhalb der Wirklichkeit, eine Wirklichkeit außerhalb der Zeit, röhrenartige poröse Verläufe verlieren sich auf weißer Leinwand, Schriftgekritzel, ungerahmt. „Wenn das Kunst sein soll …" Das Leben machte damals zu schaffen, den besten Köpfen unserer Generation. Vielleicht zum ersten Mal sah ich an diesem weißen Tag,

Der Künstler Walter Zacharias feierte seinen 80. Geburtstag

was ich vorher nicht gesehen hatte, bezog Kraft aus etwas, was auch da war, was es auch gibt in unseren Städten. Etwas anderes, schwer fassbar; etwas jenseits von Lärm, Schmutz und Großstadtmonotonie. Kunst.
1997, Zacharias und ich auf dem Weg zu seiner Wohnung. Neues will er mir präsentieren. Ich will einem Phänomen auf den Grund kommen. Warum einer malt, Tag für Tag. Warum einer dabei nicht den Glauben verliert. Ja, er glaubt, sagt er, dass er etwas bewirkt. Freilich, sagt er. Dass sie den anderen helfen kann, seine Kunst, höre ich ungläubig – ich, der ich ihr nachgereist bin durch dieses Land, als nichts mehr half, am Ende eines zunächst hoffnungsvollen, schließlich so gewaltsamen Jahrzehnts.

Diese ungebrochene, freundliche, ja fromme, niemals trauernde Vitalität, mit Zacharias' Gläubigkeit hat sie zu tun. Sein Glaube an die Notwendigkeit der Kunst. Dass er sie braucht. Und dass sie gebraucht wird von anderen. Keinen Gedanken verschwendet er an das Verschwinden von Kunst, das Mondrian noch beschwört.

Das Abtasten in seiner Wohnung dann, umgeben von alten Büchern, von hinter Glas gemalten religiösen Motiven. Die Religion, der Katholizismus – eine andere Gläubigkeit, ein anderes Glauben. Das Rituale, Sakrale, in einem Gottesdienst, sagt er; in einem Strafprozess, gebe ich zu bedenken. In Zacharias' Werk. Dieter Wellershoff noch einmal, eingeblendet zum tieferen Verstehen: 1965, in der Hochburg des Katholizismus, im Köln des Heinrich Böll, nach einem Arbeitsessen, der Literaturwissenschaftler Wellershoff zu mir: Dass er sich Fesseln anlege, der Autor von Ansichten eines Clowns durch sein unseliges Sich-Auseinandersetzen mit der katholischen Kirche. Ein Standpunkt, den ich nicht teile. Auf den bekennenden Katholiken Zacharias übertragen, der sich auf das Sakrale beruft in Kunst und Liturgie, gilt für mich: Wo immer auch der Impetus seines Schaffens wurzelt, in finstren Tiefen oder nahe am Licht, ich will dessen Herkunft akzeptieren, mich von dem begeistern lassen, was er hervorbringt, was er sichtbar bewirkt.

Das Sakrale sei sein Anliegen, das Unbekannte auch, das Magische, schränkt er ein. Das Unbekannte, das Magische – ja, es dominiert die Aura seiner Objekte, seiner Installationen, erfunden mit den Relikten einer ländlichen Arbeitswelt. Bewahren und Zerstören zentrales Thema auch hier. Eine zuweilen unheimlich anmutende Übersetzung bäuerlicher Lebenskultur. Ein anderer Zacharias. Der sich in diesen Installationen, in diesen Objekten zu erkennen gibt. Der sich outet. An eine Grenze taste ich mich heran, vorsichtig nähere ich mich den rätselhaften Skulpturen. Die Versicherung beim Anblick eines Holzkarrens, man hätte damit niemals anderes transportiert als Früchte des Felds; das verrostete Torschloss, das Glauben macht, niemandem die Freiheit entzogen, sondern immer nur gesichert zu haben; diese Rückzüge auf den bestimmungsgemäßen Gebrauch – nein, sie beruhigen mich nicht.

Das Sakrale, das Magische vor allem, das Unbekannte auch in Zacharias' dunklen Arsenalen, ein Sog, der einen anzieht, ein Strudel, in den man gerät. Tatorte des Ungewissen, zu denen man zurückkehrt, sich wortlos erinnernd an etwas, was früher einmal gewesen ist, vielleicht, oder an etwas, was niemals war. Diese andere Abteilung dynamischer Transformation: Sie atmet den Hauch vom Ursprung, ja, von Verzauberung.

Im Frühjahr 1997 dann Zacharias' aufgeregte Mitteilung, er mache etwas mit Büchern. Ich, argwöhnisch bei dem Gedanken, er könne auf die Literatur zugehen oder sich gar einlassen mit ihrem Betrieb. Was will er schon mit Büchern machen? Lesen und dann das, was im Deutschunterricht Aussage heißt, multiplizieren durch ein Manipulieren an dem, worin Verlage Geschichten oder Verse verpacken. Zacharias' Kunst als Sinnverstärkerin der Wörter, als bildhafte Begleiterin belletristischer Mitteilungen, die der Erklärung bedürfen, als flankierendes Teil des Bauwerks Literatur? Dem satten Leser von heute etwa Das Brot der frühen Jahre wieder schmackhaft machen? Bilder, schreibt darin Heinrich Böll, kommen aus der Dunkelkammer herauf. Doch Walter Zacharias hatte sie schon, seine eigene Vorstellung von Bildern: Das Buch nicht als die Geschichte, die es zwischen seinen zwei Deckeln verwahrt. Nein, seine Erscheinung, das sinnliche Objekt in Farbe, Form und Ausstrahlung – „und was man damit machen kann", wiederholt sich der Künstler in dem Begleitblatt zu einer Ausstellung, rührend lapidar.

Man kann aus Gebetbüchern drei schwarze Türme errichten und dazwischen ein Kreuz postieren. Bet-Türme, übereinandergeschichtete, verrutschte Lasten, gestapelte Sünden, die zum Himmel wachsen – ob sie Vergebung finden, im Zeichen des Kreuzes? frage ich mich. „gras gräber kreuz und die monatsbeichte oh Herr ich bin nicht würdig dass du …" sei ausnahmsweise aus einem eigenen Gedicht zitiert. Das Bedrückende eines Beichtstuhls, Worte zwischen Stolazipfel und Fliegengitter, Obsessionen steigen beim Anblick dieses Objekts aus meinem Unterbewusstsein auf – Walter Zacharias winkt ab und lächelt.

Themaverfehlung? Mitnichten! Wo doch diese schwarze Architektur mich, den Betrachter, zurückwirft, in „Die Zeit der Monatsbeichten" – so der Titel meines Gedichts. Dass mit mir etwas geschieht bei dieser Begegnung mit Zacharias' Buchobjekt, das allein ist entscheidend. Der wahre Künstler wird seine eigene Absicht nie ganz durchschauen; seine Herrschaft ist nicht uneingeschränkt über das, was ihn anleitet, verleitet und treibt. Das Treiben wieder und das Getriebenwerden. Und wenn alles zusammenkommt, wenn es sich fügt: Gleichberechtigt, autonom, mein, des Dritten Verhältnis zu dem, was dabei entsteht.

Erotik möchte er ausdrücken mit Büchern, vertraut er mir an. An Zolas Roman „Une page d'amour" denke ich, an die „Geschichte der O". Nein, er geht ihn nicht, diesen bequemen Weg, bei dem am Ende das Thema Erotik sich aus den Untertiteln erklärt. Statt dessen bei Zacharias, so einfach wie genial: Bücher fallen übereinander her, verschränken sich, um ineinander einzudringen. Diese ganz und gar nicht artgerechte Anstrengung verdeutlicht die elementare Macht des Begehrens.

Die Höflichkeit des Mannes, den ich kenne, seine Art, mir zuzustimmen, ein wenig verunsichert sie mich. Kein Rolf Dieter Brinkmann will er sein, Brinkmann in einer Akademie, wie er den Roman, aus dem er gerade gelesen hat, in die Höhe hält und seinen Zuhörern droht: „Wenn das hier ein Maschinengewehr wäre, würde ich Sie umlegen!" Nicht einer der neuen jungen Wilden will er sein, die alle auf die gleiche Art ein paar Jahre wild sind, bevor sie verstummen.

Ein Hans Hansen schon eher, herausgetreten aus Thomas Manns Erzählung Tonio Kröger. Da steht er, mitten unter uns, groß und von schlankem Wuchs, Walter Zacharias, wie Thomas Mann ein Patrizier unter den Künstlern, ein Seidentuch im offenen Hemdkragen, locker geschlungen. Freundlich lächelnd blickt er mit uns auf seine Bilder.

Vortrag zur Eröffnung der Ausstellung „Buchobjekte" in der Universitätsbibliothek Regensburg am 25. Februar 1999.

KONRAD MARIA FÄRBER

Regierungspräsident und Almanach-Herausgeber

Nachruf für Prof. Dr. Ernst Emmerig

In der Reihe der Oberpfälzer Regierungspräsidenten, die alle hervorragende Verwaltungsjuristen waren, im gesellschaftlichen und kulturellen Leben Regensburgs aber eher etwas farblos blieben, bildet er eine rühmliche Ausnahme. Ob als brillanter Vortragsredner, als kenntnisreicher Buchautor, als langjähriger Herausgeber des Regensburger Almanachs oder einfach als anregender Gesprächspartner – Prof. Dr. Ernst Emmerig wurde und war eine Regensburger Persönlichkeit, ein Freund der Musik, ein Förderer der bildenden Künste, ein Kenner der Literatur und ein Mann mit Sinn für historische Zusammenhänge. Am 9. Mai 1999 ist er im Alter von 86 Jahren gestorben.

Bei den zahlreichen kulturellen Veranstaltungen, bei denen er auftrat oder als Gast teilnahm, war er nicht zu übersehen: Groß, schlank, distinguiert und federnden Schritts zum Rednerpult eilend, immer freundlich, aber etwas distanziert, immer äußerst höflich, aber gleichzeitig ganz geradlinig, nicht nur ein echter Honoratior – ein bayerischer Grandseigneur der alten Schule. Prof. Dünninger verglich ihn einmal mit einem seiner Vorgänger: Eduard von Schenk, von 1831 bis 1841 Regierungspräsident der Oberpfalz und ebenso vielseitig und poetisch begabt.

Am 1. Oktober 1962 war Ernst Emmerig in sein Amt als 32. Regierungspräsident der Oberpfalz eingeführt worden, und schon bald konnte man ihn in Regensburg bei vielerlei kulturellen Anlässen treffen oder auch sprechen hören: er formulierte brillant, sprach meistens frei und seine sonore Stimme mit dem kaum spürbaren bayerischen Akzent war die eines geübten Rethors. Da war nichts beamtenmäßiges zu spüren, nichts von staatlicher Obrigkeit oder von behördlicher Wichtigtuerei. Im Gegenteil – man hatte eine Rundfunksendung von

Reinhard Raffalt im Ohr oder einen Vortrag von Benno Hubensteiner.

Ernst Emmerig erinnerte dabei immer noch ein wenig an den Kavaliersreisenden des 18. oder an den klassischen Bildungsbürger des 19. Jahrhunderts. Den Spuren Goethes oder eines Jakob Burkhardt folgend hatte er mit Vorliebe die mediterrane Welt des Mittelmeerraums bereist: Griechenland, Andalusien, Italien, die Provence. Hier, so scheint es, konnte er die meisten seiner „Glücksmomente" einsammeln. Nicht selten hat er, wie auch seine großen Vorbilder, die Reiseeindrücke im Manuskript festgehalten. Eine Auswahl seiner besten Reisebeschreibungen erschien 1996 im Buchverlag der Mittelbayerischen Zeitung unter dem Titel „Begegnung mit der Welt".

Er war aber nicht nur Weltgelehrter und Weltbürger, Schöngeist und Musenfreund, sondern er wusste sehr wohl um seine Pflichten, die ihm das Amt eines Regierungspräsidenten auferlegte. Gleich zum Amtsantritt hatte er sämtliche Landkreise und kreisfreien Städte in seinem Regierungsbezirk bereist – und das waren damals noch wesentlich mehr als heute, denn die Gebietsreform kam erst 1972. Die Reise durch sein Oberpfälzer Fürstentum begann er damals nach dem Alphabet und zwar abwechselnd von A und Z ausgehend.

In seine „Regierungszeit" fielen die Schulreform und die ebenfalls von der bayerischen Staatsregierung in Angriff genommene Förderung für die heimische Wirtschaft. Die Oberpfalz war Grenzregion und lange Zeit galt sie als das „Armenhaus" Bayerns. Als Regierungspräsident setzte sich Ernst Emmerig nachhaltig für wirtschaftliche Sanierungsprogramme ein. Er stärkte das Selbstwertgefühl der Oberpfälzer, indem er etwa ihr Geschichtsbewusstsein pflegte, beispielsweise mit den von ihm initiierten „Beiträgen zur Geschichte und Landeskunde der Oberpfalz". Jeder Schulabgänger erhielt auf sein Betrei-

Almanach-Herausgeber Ernst Emmerig und Almanach-Verleger Karl Heinz Esser

Das war 1962: Ernst Emmerig als frischgebackener Regierungspräsident im Alter von 46 Jahren

ben bis vor wenigen Jahren ein Büchlein über die Oberpfälzer Heimat. Das waren noch Zeiten.
Emmerig, dessen Großeltern im Kreis Regensburg und in Tirschenreuth beheimatet waren, war 1916 in München als Sohn des Direktors der Landestaubstummenanstalt zur Welt gekommen. Nach dem Abitur am Münchner Theresiengymnasium studierte er Jura an den Universitäten München und Würzburg, machte den ganzen 2. Weltkrieg als Soldat in Frankreich, Rußland und Nordafrika mit und war zuletzt ein Jahr in Kriegsgefangenschaft in den USA.
Nach dem Staatsexamen und der Promotion zum Dr. jur. 1948/49 war Regensburg seine erste Station. Für ein Jahr ging er damals an die Regierung am Emmeramsplatz, die zu dieser Zeit noch „Regierung für Oberpfalz und Niederbayern" hieß. (Die Wiedererrichtung eines eigenen niederbayerischen Regierungsbezirks wurde erst 1952 begonnen und 1959 abgeschlossen.) Von 1950 bis 1962 war er im Staatsministerium des Inneren, um dann 1960 als Abteilungsleiter an die Regierung der Oberpfalz zurückzukehren. Aus dieser Position heraus wurde er 1962 vom Bayerischen Ministerrat zum Regierungspräsidenten berufen.
Ernst Emmerig, der bis zu seinem Ausscheiden aus dem Amt im Jahr 1981 insgesamt über 200 Aufsätze veröffentlicht und über 50 Festvorträge, die teilweise in gedruckter Form vorliegen, gehalten hat, wurde 1978 als Honorarprofessor für Verwaltungsrecht an die Universität Regensburg berufen. Von 1974 bis 1982 war er der 1. Vorsitzende des Vereins der Freunde der Universität Regensburg.
Als 1984 der damalige Herausgeber des Regensburger Almanachs, der Finanzpräsident Josef Ernstberger, im Alter von 62 Jahren ganz überraschend gestorben war, konnte der Verleger Georg Zwickenpflug (Walhalla- und Praetoria Verlag) Prof. Emmerig als Nachfolger und neuen Herausgeber gewinnen.
Die Berufung Emmerig erwies sich für den Almanach als Glücksfall, denn der kunstsinnige Regierungspräsident verstand es, eine Reihe prominenter Autoren, darunter namhafte, aus Regensburg stammende Literaten wie Eva Demski oder Albert von Schirnding sowie Hochschullehrer der Universität Regensburg für den Almanach zu gewinnen. Als der Regensburger Almanach 1989 vom Walhalla und Praetoria Verlag zum Buchverlag der Mittelbayerischen Zeitung wechselte, war es für den Verleger Karl-Heinz Esser natürlich gar keine Frage, auch den prominenten Herausgeber mit ins Boot zu nehmen. Ernst Emmerig blieb Herausgeber bis 1994 und begleitete den Almanach auch in den folgenden Jahren mit Interesse und Ratschlägen.
Als Dank für seine langjährige Tätigkeit überreichte ihm Verleger Peter Esser im Rahmen einer kleinen Feierstunde im Dollingersaal am Vorabend seines 80. Geburtstages im März 1996 das erste Exemplar des im MZ-Verlag erschienenen Buches „Begegnung mit der Welt".

GÜNTER SCHIESSL

Die Beer-Mare

Ein Nachruf auf ein Regensburger Wahrzeichen

Wer kannte sie nicht – die Beer-Mare mit ihrem Radistand neben dem Adlerbrunnen gegenüber dem Dom? Schon zu Beginn der 1960er Jahre war sie Dank der Findigkeit eines Fotografen und eines Fremdenverkehrsdirektors zu einem Regensburger Wahrzeichen geworden. Keine Zeitung oder Zeitschrift von Tokio bis New York, die über Regensburg berichtete, konnte es sich leisten, auf eine Abbildung der für das Stadtmarketing so wirkungsvollen Radifrau zu verzichten. Ende 1998 ist sie im Seniorenheim „Sauerer Gockl" im Alter von 94 Jahren gestorben.

Im „Gravenreuther", dem Wirtshaus hinter der Grieb, sind Regensburger Originale unter der der hölzernen Balkendecke in Schnitzplastiken verewigt. Da lachen der „Mozartl", der „Schmalzler-Franzl" oder der „Wusti Wusti" den Gästen in die Maßkrüge. Die Geschichten, die sie reif für einen Stammplatz in dieser ungewöhnlichen Galerie der Originale machten, kennt kaum noch jemand.

Regensburger Originale – sie wurden in Holz geschnitzt oder wesentlich früher in Kupferstichen verewigt. Ihre Aufnahme in die Galerie der Originale hat die Beer-Mare dem Regensburger Fotografen Wilkin Spitta und dem damaligen Fremdenverkehrsdirektor Dr. Sigfrid Färber zu verdanken. Sie machten die Radifrau vom Dom in einem gewissen Sinn unsterblich. Der eine mit seinen Fotos, der andere mit seinen Stadtprospekten. Das kann man behaupten, auch wenn sie Ende 1998 im Seniorenheim „Sauerer Gockel" im gesegneten Alter von 94 Jahren gestorben ist.

Am 16. Oktober 1959 war es: Wilkin Spitta entdeckte die echteste der Regensburger Radifrauen, die damals noch ihren Stand vor den Freisitzen des als Nobelrestaurant geltenden „Kaiserhof" aufgebaut hatte. Geduldig ließ sie sich fotografieren, war genügsam genug, als „Honorar"

fürs Modellstehen nur einen Fotoabzug zu verlangen, den Spitta gelegentlich vorbeizubringen versprach. Er dachte nicht daran, dass die damalige Porträtsession vor dem Dom die Geburtsstunde der Gallionsfigur des Regensburger Fremdenverkehrs war.
Wenn Spitta heute darüber nachdenkt, dann erscheint ihm die Karriere der Radifrau allerdings durchaus logisch. Ihre Ausstrahlung war schon ganz etwas Besonderes, erinnert er sich mit Fotografenblick. „Von dem Zeitpunkt an erschien sie in allen Stadtprospekten. Ihr Konterfei rückte in die Bildbände über Regensburg und das Fremdenverkehrsamt verschickte das Foto von der Beer-Mare zusammen mit der historischen Stadtansicht an die Zeitungen im In- und Ausland. Bald war sie selbst zu einer Sehenswürdigkeit geworden, die von den Touristen mit Vorliebe fotografiert wurde."
Wilkin Spitta erinnert sich noch genau, was ihm der städtische Fremdenverkehrsdirektor damals eingeschärft hatte: „Regensburg ist eine historische steinerne Stadt. Um sie werbewirksam zu vermitteln, müssen wir sie sinnlich wahrnehmbar machen. Und dazu brauchen wir eine Symbolfigur." Und die war mit der Beer-Mare gefunden.
Verdient die Beer-Mare deshalb tatsächlich das Prädikat Original? Eher nicht. Persönlich war sie keinesfalls von der Sorte jener damals noch existierenden Zeitungsverkäufer, die von Wirtshaus zu Wirtshaus zogen und lispelnd oder brüllend den neuesten Tratsch anpriesen. Die Beer-Mare war von zurückhaltender leiser Art; manchen kam sie wie ein Monument vor. Rotbackig, gekleidet in eine blau-weiße Kittelschürze, die grauen Haare zu einem Zopf geflochten und im Nacken zusammengebunden, immer gleichbleibend freundlich schaute sie hinter ihrem Berg von Rettichen hervor. Das rundliche freundliche Gesicht vor allem haben die Regensburger von Maria Beer in Erinnerung. Und Respekt nötigte sie den Radi-Kennern ab. Denn sie pflegte ihre Ware sorgfältig. Kaum war sie mit ihrem Karren beim Adlerbrunnen am Krauterermarkt angelangt, versorgte sie ihre Ware mit kühlendem Nass, kümmerte sich darum, dass sie stets wie frisch geerntet zum Kauf lockten.
Da gibt es viele Zeitungsgeschichten, die berichten, wie die Beer-Mare (Geburtsjahrgang 1904) frühmorgens bereits als 13-jähriges blondbezopftes Kind mit der Mutter aus Weichs kommend (damals noch eine eigene Gemeinde) in die Stadt marschierte und vor dem Weißbierkeller den Radi verkaufte. Mit ihrem Wagerl, das sie jahrzehntelang über die Steinerne Brücke zum Markt zog, ist sie zur Legende geworden. Von 1918 bis in die Mitte der 80er Jahre – insgesamt über 65 Jahre lang – hat sie ihr Leben tagein tagaus im Schatten des Domes als „die Radifrau" zugebracht, bei jedem Wetter im Sommer wie im Winter. Liebend gerne posierte sie vor den Kameras ganzer Heerscharen von Japanern, Amerikanern, dann auch Italienern. Vielen Kommunalpolitikern verhalf sie zu mehr Popularität, wenn sie sich mit ihnen ablichten ließ und ihnen dabei mit ihrem berühmten freundlichen Lächeln einen Strauß Rettiche entgegenstreckte. Zum 70. Geburtstag des ehemaligen bayerischen Ministerpräsidenten Alfons Goppel hat sie sich sogar ein festliches schwarzes Dirndl mit roten Röschen und einer grünen Schürze geleistet. Das war aber nur eine Ausnahme für den Ehrentag des Politikers, der ebenso wie sie ein Reinhausener Gewächs war. Das Staatsdirndl kam kaum noch einmal in Einsatz. Ein schlichtes Kleid mit Schürze war ihre Berufskleidung; und wie bei den Schotten fragten sich die besonders Neugierigen, was sie wohl darunter tragen möge. Anlass zu Spekulationen gaben die sieben Unterhosen in verschiedensten Farben, die gelegentlich die Nachbarschaft im Garten ihres Häuschens einträchtig nebeneinander hängend wehen sah.
Ihr Privatleben kannte kaum jemand. Auch heute beruht das Wissen über sie meist nur noch auf schemenhafte Er-

innerungen. „Die Beer-Mare war die Beer-Mare und aus," so brachte ein Regensburg-Kenner seinen Eindruck über sie auf einen knappen Nenner. Ihr Mann und ihre Tochter blieben Unbekannte. Welche Vorlieben die Frau außer dem Rettich pflegte, ist so gut wie unbekannt. Dass sie gerne ins Theater ging und Operetten über alles liebte, wie behauptet wird, hätte niemand von ihr gedacht. Und dass sie ihre Tochter, die nach Amerika ausgewandert ist, gerne als Schauspielerin gesehen hätte, erscheint den Regensburgern auch kaum glaub-

Der Entdecker:
Fotograf Wilkin Spitta

Mit dem Spitta-Foto vom 16. Oktober 1959 wurde die Beer-Mare zum Regensburger Wahrzeichen

haft. Den Tanzunterricht für ihre Marille in der Tanzschule Krippner-Jerusalem allerdings hat sie sich tatsächlich geleistet.
Das kleine Häuschen in Reinhausen, dessen Adresse in Illustrierten auf einer Papptafel mit der Aufschrift „Maria Beer, Urbanstraße 11, Weichser Radi" abgelichtet war, gibt es nicht mehr. Es ist durch einen Neubau ersetzt worden. Dass der Prophet im eigenen Gäu nichts gilt, bestätigt sich hundertprozentig bei Maria Beer. In der Nachbarschaft bleibt die Erinnerung an sie eher rass. Da sehen sie die Anwohner als eine Frau, die nicht gerade mit Großzügigkeit gesegnet war. Im Morgengrauen machte sie sich mit ihrem Karren auf den Weg zum Rettichkauf nach Weichs. Dann schleppte sie die Fuhre über die Steinerne Brücke zum Dom. In den letzten Jahren vor ihrem Abschied half ihr eine wortkarge Gestalt, der „Schore", beim Schieben und beim Standlaufbau. Nur wie an einen Schatten können sich die Nachbarn an die gekrümmten Konturen des Begleiters erinnern. In ihren Augen waren sie und der „Schore" zwei bedauernswerte Gestalten, die sich allmorgendlich in die Stadt quälten. Inzwischen verblasst auch schon die Erinnerung an die Weichser Rettichfelder, von denen ganze Generationen gelebt hatten. An der Holzgartenstraße ist alles zugebaut, nur „für den Hausgebrauch" pflegen einige Anwohner des Schwabelweiser Wegs noch ein paar Beete.
Niemand zweifelt daran, dass die Beer-Mare viel Geld, sehr viel Geld, besessen haben muss. „Bis aus Berlin sind sie angereist, um von ihr vor dem Dom Rettiche zu kaufen," weiß eine Nachbarin. „Und billig waren die gerade nicht." Sacklweise soll sie das Bargeld im Keller versteckt haben. Bis auf die kleinen Summen, die sich ihr früh gestorbener Mann geholt hat, um sich wieder einmal ein paar Maß zu gönnen, habe sie den Schatz so lange zusammengehalten, so lange sie konnte. Ausgeben hat sie das viele Geld nicht mehr können. Plötzlich – Mitte der 80er Jahre – war die Beer-Mare aus „gesundheitlichen Gründen" weg vom Domplatz. Bekannte fanden sie nahezu hilflos in ihrem Haus. Sie war kaum mehr ansprechbar, fast keiner Erinnerung fähig. In einer Tischschublade ihrer Behausung lag ein dickes Bündel von Geldscheinen. Weit mehr als 100.000 Mark zählten die städtischen Bediensteten, die zur Hilfe gerufen wurden. Es war ein sauer verdienter Geldberg, der nach dem Radiverkauf jeden Feierabend immer weiter anwuchs.
Fast eineinhalb Jahrzehnte ihres Lebens musste sie dann in trauriger Verfassung im Seniorenheim „Sauerer Gockel" in Kumpfmühl zubringen. Ende 1998 starb sie, 94 Jahre alt geworden, in der Pflegeabteilung.
Die Zeit ist heute wieder reif für kulinarische Entdeckungen, wie sie vor über einem Vierteljahrhundert zunächst noch eher zögerlich in die Fremdenverkehrsprospekte Einzug gehalten haben. In der Juli-Ausgabe 1999 der Zeitschrift „Essen & Trinken" sprechen die Autoren von Regensburg als der „schönsten mittelalterlichen und italienischten Stadt in Deutschland". Regensburg sei ein „fulminanter Frontalangriff auf alle fünf Sinne". Die Nase spüre den vier Regensburger Winden nach. „Von Norden zieht der Würschtldampf über die Stadt, von Westen duftet der süße Senf und von Osten der Zucker, der Südwind bringt die Prise Schnupftabak."
Den Weichser Radi und die Radieschen rückt, nicht unfotogen, David- und Bischofshof-Wirt Herbert Schmalhofer ins Illustrierten-Bild. Eine Beer-Mare haben die Regensburger Entdeckungen der Zeitschrift aber nicht mehr zu bieten, sondern nur den knappen Texthinweis auf ihre von den Profifotografen ignorierten Kolleginnen: „Radi aus Weichs. Die Radifrauen stehen im Sommer morgens am Krauterermarkt." Knappe drei Zeilen sind heute der Zunft gewidmet, die einst das warmherzige Regensburg-Gefühl verkörperte und das wie der Weichser Radi mit der Beer-Mare ausgestorben scheint.

FRIEDRICH GEISSELMANN

Abschied von einem Pionier

Nachruf für Dr. Max Pauer – dem Vater des „Regensburger Bibliothekssystems"

Dr. Maximilian Pauer, Stadtrat von 1978 bis 1990 und kulturpolitischer Sprecher der CSU-Stadtratsfraktion, hat als Gründungs-Direktor der Regensburger Unibibliothek ein Kapitel Bibliotheksgeschichte mitgeschrieben. Er gilt seitdem als der Vater eines neuen wissenschaftlichen Bibliothekssystems. Völlig überraschend und unerwartet entschlief er sanft und friedlich während einer Briefmarkenauktion in München. Nachfolgend veröffentlichen wir die Trauerrede, die sein Nachfolger im Amt des UB-Direktors anlässlich eines feierlichen Requiems in der Pfarrkirche St. Paul gehalten hatte.

Am 4. Juni 1999 mussten wir Abschied nehmen von Dr. Max Pauer. Für alle die ihn kannten und schätzten, für die Mitarbeiter der Universitätsbibliothek wie für seine ehemaligen Kollegen im Stadtrat, vor allem aber für seine Familie, war es unfassbar, dass er so plötzlich von uns gegangen ist. Uns erscheint es erst vor kurzer Zeit, dass er aus Anlass seines 75. Geburtstags unter uns war und mit uns gefeiert hat. Er war in alter Frische. Es wurden Erinnerungen an alte Zeiten, an vergangene Probleme und vor allem an Erfolge wach. Damals hat niemand daran gedacht, dass er bald von uns gehen würde.

Seine Tätigkeit für die Universitätsbibliothek Regensburg, die sein eigentliches Lebenswerk darstellt, soll hier in Erinnerung gerufen werden. Dr. Max Pauer war 39 Jahre im Bibliotheksdienst. 1942 machte er das Abitur in seiner Vaterstadt München. Danach studierte er Klassische Philologie und Germanistik in München. Das Staatsexamen legte er 1949 ab. Ab 1950 war er Bibliotheksreferendar und promovierte 1952. Seine dienstliche Laufbahn führte ihn über die Bayerische Bibliotheksschule, deren Leitung er 1955 – 1959 inne hatte – ich erinnere mich an die lebhafte Schilderung eines bedeutenden Bibliotheksdirektors, der ihn dort erlebt hat. Seine nächste Station war die Universitätsbibliothek Würzburg, deren Direktor er 1959 wurde. Von dort wagte er den Schritt an die neu gegründete Universitätsbibliothek Regensburg, die er von Beginn an aufbaute.

Sicher war dies eine ausserordentlich reizvolle Aufgabe, wie sie nur selten jemandem geboten wird; er empfand dies auch sicherlich so. Nur wenige können, wie er, ein Stück Bibliotheksgeschichte schreiben.

Bei seinem Abschied aus dem Dienst im Jahr 1989 würdigte der Rektor der Universität, Prof. Dr. Hans Bungert, die Verdienste von Dr. Pauer u. a. mit folgenden Worten: „In der kurzen Geschichte der Universität Regensburg hat es mehrere Glücksfälle gegeben. Ein ganz außerordentlicher und besonders wirkungsreicher Glücksfall war die Übernahme der Leitung der neu gegründeten, der erst aufzubauenden Universitätsbibliothek durch Max Pauer."

Das wesentliche Kennzeichen für die damalige Zeit war der Pioniergeist, die Risiko- und Innovationsfreude. Was Max Pauer geschaffen hat, war ein Bibliothekssystem in einem völlig neuen Sinn. Uns erscheint dies heute selbstverständlich. Dieses System hat aber damals ein Umdenken bei Bibliothekaren und Wissenschaftlern vorausgesetzt. Das System durchzusetzen erforderte anfangs sehr viel Überzeugungskraft und sicherlich auch Kämpfe. Es ist dem Verstorbenen jedoch geglückt, die Universität von dieser Idee zu überzeugen, auch wenn es nicht immer einfach war. Die Leistungen, die seine Bibliothek erbracht hat, waren weit höher als sie bei einer anderen Organisation hätten erreicht werden können. Es ist ihm gelungen, die Bibliothek in den Mittelpunkt der Universität zu rücken und sie zählte daher zu den Aktivposten dieser Universität, was auch heute immer wieder bei Berufungsverhandlungen zu Buche schlägt.

Dr. Pauer beeindruckte stets durch seine reichen Kenntnisse. Die Zusammenarbeit mit anderen Bibliotheken lag ihm sehr am Herzen. Er war einer der Begründer des Bibliotheksverbunds Bayern.

Ein wichtiger Punkt von Max Pauer war auch, dass die Bibliothek technisch führend sein sollte. Auch hier hat er die Weichen gestellt und die richtigen Mitarbeiter gefunden. Es waren Berufsanfänger, die Kraft zu Innovation hatten und die er mit dieser Aufgabe motivieren konnte. Die Entschiedenheit und Überzeugungskraft, mit der er dies tat, war ein Vorbild für alle. Dass es daneben auch magere Jahre gab, als der Schwung der Anfangszeit durch eine Umverteilung von oben gebremst wurde, tat dem keinen Abbruch.

Max Pauer blickte jedoch auch über Regensburg hinaus. Er war von 1971–1973 Vorsitzender des Vereins Deutscher Bibliothekare, 1972 Präsident der Deutschen Bibliothekskonferenz, 1976–1982 Mitglied des Bibliotheksausschusses der Deutschen Forschungsgemeinschaft, anschließend des Unterausschusses für Datenverarbeitung beim Bibliotheksausschuss und von 1980–1987 Mitglied des Steuerungsgremiums der Zeitschriftendatenbank. 1982–1983 gehörte er dem Stiftungsrat für die Katholische Universität Eichstätt an.

All diese knappen Daten können nur unzureichend die Leistungen, die dahinter stehen, wiedergeben. Seine Erfahrungen waren überall gefragt und mit seinem Bibliothekssystem hat er in Bayern und darüber hinaus Schule gemacht.

Daneben hat er sich auch politisch betätigt. Als Stadtrat wirkte er insgesamt 18 Jahre, zunächst in beiden Amtsperioden von Oberbürgermeister Friedrich Viehbacher (1978 bis 1990), dann während der Amtszeit von Oberbürgermeisterin Christa Meier (1990–1996). Seine aufrechte Überzeugung vertrat Dr. Pauer in den Ausschüssen für Kultur, Umwelt und Finanzen. Er galt als das grüne Gewissen seiner Partei, wirkte zunächst in der

Zwischen Familie und Politik: Dr. Max Pauer, der Vater des „Regensburger Bibliothekssystems"

Umwelts-Arbeitsgemeinschaft der CSU, später als zweiter Chef dieses Gremiums in der Oberpfalz. Für eine Wahlperiode übernahm er auch die Position des kulturpolitischen Sprechers der CSU.
Nicht zuletzt engagierte er sich im 1991 gegründeten Verein der Freunde von St. Emmeram, dessen 1. Vorsitzender er bis zuletzt war, sowie in der Regensburgischen Botanischen Gesellschaft.
Dr. Pauer war 1976 ein der Mitbegründer des Literaturarchivs Sulzbach-Rosenberg, das mit der Universität Regensburg eng zusammenarbeitet. Er gehörte als Schriftführer der Vorstandschaft über lange Jahre an und hat hier stets ausgleichend gewirkt.
Ein wichtiger Zug seines Charakters war der Humor. Er hatte Freude am Leben und konnte mit den Kollegen gut feiern. Seine Verdienste beim Schafkopfen sind berühmt, er schätzte ein gutes Bier und den Pfälzer Wein. Auch heute ist das Moped, mit dem er im grau-grünen Ledermantel rasant um die Ecken fuhr, noch sagenhaft an der Regensburger Universitäts-Bibliothek.

KONRAD MARIA FÄRBER

Der erste „3. Bürgermeister" von Regensburg

Dr. Sigmund Silbereisen starb im 87. Lebensjahr

Er war ein Mann vom Fach: Im Regensburger Almanach 1971 hatte Dr. Sigmund Silbereisen einen aufschlussreichen Beitrag über die Geschichte des Regensburger Krankenhauswesens verfasst. Dr. Silbereisen war immerhin seit 1950 Sozialdezernent, dem in dieser Eigenschaft auch die Regensburger Krankenhäuser und Altersheime unterstanden. 1966 wurde er der erste 3. Bürgermeister von Regensburg. Jetzt ist er im 87. Lebensjahr gestorben.

Die Wahl des einstigen CSU-Stadtrats Dr. Silbereisen zum 3. Bürgermeister der Stadt Regensburg löste damals einigen Wirbel aus, denn pikanterweise kam diese Wahl nicht mit, sondern gegen die Stimmen der CSU zustande. Gewählt wurde Dr. Silbereisen von der SPD, die damals unter OB Schlichtinger die Mehrheit im Stadtrat besaß. Die CSU, die ihren Fraktionsführer Willi Gastinger zum 3. Bürgermeister gewählt haben wollte, nahm es Dr. Silbereisen übel, dass er sich für die Wahl zur Verfügung gestellt und sie anschließend sogar noch angenommen hatte. Ausschluss aus der Fraktion war die Quittung. Der CSU, der er seit 1953 angehörte, blieb er trotzdem treu und umgekehrt die Partei ihm auch. Selbst die Stadtratsfraktion nahm ihn ohne großes Aufsehen recht bald wieder in Gnaden auf.

Dr. Silbereisen, leicht untersetzt und stets freundlich lächelnd und mit seinem silbergrauen Bart zuletzt immer mehr an einen Künstler erinnernd als an einen pensionierten Bürgermeister, fehlte auf keinem städtischen Empfang. Er, der von der Stadt Regensburg mit der Silbernen und später mit der Goldenen Bürgermedaille ausgezeichnet wurde, hatte zeitlebens zahlreiche Ehrenämter inne, wobei er sich wohl am meisten für das Rote Kreuz eingesetzt hatte, zu dessen Kreisverbandsvorsitzenden er seinerzeit einstimmig gewählt worden war.

OB Schaidinger gratuliert dem ersten „3. Bürgermeister i. R." Dr. Silbereisen zum 85. Geburtstag

In Reisbach an der Vils (Niederbayern) geboren wurde der junge Silbereisen in der nahen Benediktiner-Abtei Metten und dessen humanistischen Gymnasium erzogen, bevor er zum Jura-Studium nach München ging. 1941 promovierte er mit einer Arbeit über die „Rückfälligkeit von jugendlichen Straftätern". 1943 zum Regierungsrat befördert ging Dr. Silbereisen nach Kriegsende und überstandener Entnazifizierung zunächst als Rechtsrat an das Regensburg Landratsamt, das damals von dem exotischen, aber inzwischen schon fast vergessenen Landrat Dr. von Mallinkrodt regiert wurde.

Die Familie Silbereisen lebte damals in einer kleinen Wohnung im vierten Stock der ehemaligen Kreissparkasse am Neupfarrplatz. Über die CV-Mitglieder Dr. Habbel, Stadtrat Richard Wagner und Stadtdirektor Dr. Tschurtschentaler fand er Kontakt zu weiteren CSU-Stadträten, die ihm rieten, sich als Stadtrechtsrat bei der Stadtverwaltung zu bewerben. Die Bewerbung scheiterte zunächst, weil sich ihm mit dem aus Reinhausen stammenden Alfons Goppel, dem späteren bayerischen Ministerpräsidenten, der damals noch Stadtrechtsrat in Aschaffenburg war, ein erfolgreicher Gegenkandidat in den Weg gestellt hatte.

Dr. Silbereisen hatte sich inzwischen als Oberregierungsrat mit dem Referentenposten des damaligen bayerischen Innenministers Willi Ankermüller („Brücken-Willi") abgefunden, als ihn Ende 1949 der Regensburger Oberbürgermeister Georg Zitzler (1948 bis 1952) mit folgenden Worten in die Donaustadt zurückholte: „Das mit dem Goppel haut nicht hin. Der will eine Mords-Aufwandsentschädigung, der fordert für seine fünf Kinder eine große Wohnung, das schaffen wir einfach nicht."
Am 1. Januar 1950 wurde Dr. Silbereisen als Nachfolger von Stadtrechtsrat Zwick zum Sozial- und Jugenddezernenten gewählt, wobei er gleichzeitig auch für das städtische Krankenhaus- und Stiftungswesen zuständig war. Netto-Gehalt: 800 DM.

Als es dann einige Jahre später nach dem von OB Zitzler erlassenen Aufführungsverbot für den Film „Die Sünderin" in Regensburg heiß herging und der Oberbürgermeister im Schutz eines gepanzerten Polizeiwagens vor der wütenden Volksmenge in Sicherheit gebracht werden musste, hatte auch Dr. Silbereisen als der für den Jugendschutz verantwortliche Dezernent keinen leichten Stand. Unter dem Eindruck der Ereignisse um die „Sünderin" ließ er sich von katholischer Seite für die Aktion „Saubere Leinwand" gewinnen. Dr. Silbereisen, der auch Mitglied des Filmclubs Regensburg war (einmal im Monat wurde im Astoria, dem heutigen Garbo, und später im Ostentor ein künstlerisch wertvoller Film gezeigt), lächelte später, wenn er auf diese Aktion vergangener Tage angesprochen wurde.

1972 musste er das Amt des 3. Bürgermeisters an Stadtrat Dr. Karl Pfluger von der Freien Wählergemeinschaft abtreten, weil sich die damals im Abwärtstrend befindliche Regensburger SPD gezwungen sah, sich mit der Stimme Dr. Pflugers und der des FDP-Stadtrat Werner Gallus eine knappe Zweistimmen-Mehrheit zu sichern. Dr. Silbereisen, der bei der Kommunalwahl von 1972 das beste Stimmenergebnis erzielt hatte, schied trotzdem ohne Bitterkeit aus dem Amt, blieb aber noch drei weitere Wahlperioden im Stadtrat. Erst 1990 – im Alter von 78 Jahren – beendete er seine Stadtratstätigkeit, behielt jedoch weiterhin zahlreiche Ehrenämter.

Nie ganz verwinden konnte er den frühen Tod eines seiner beiden Söhne, eines begabten Journalisten, der bei der MZ volontiert hatte, dann nach München gegangen und dort 1992 durch einen tragischen Unglücksfall ums Leben gekommen war. Der Vater hatte vor vielen Jahren sein hübsches Reihenhaus in der Reithmayrstraße verkauft und war selbst in eine bescheidene Mietwohnung gezogen, um seinen beiden Söhnen den Erwerb einer Eigentumswohnung in München zu ermöglichen. Nicht nur verdienter Mann vom Fach also, sondern auch ein guter Vater.

WERNER TIMM †

Thomas Mann in Regensburg?

Erinnerung an den ehemaligen Leiter der Ostdeutschen Galerie

Als ein feiner und feinsinniger Kunstkenner und Kunstsachverständiger hat er sich den Regensburger Kunstfreunden nachhaltig ins Gedächtnis geschrieben. Als Direktor der Ostdeutschen Galerie von 1980 bis 1992 war es ihm gelungen, die am Stadtpark und damit etwas außerhalb des Regensburger Kulturbetriebs liegende Galerie aus ihrem Schattendasein heraus zu führen und zu einem überregional beachteten Ausstellungsraum zu machen: Dr. Werner Timm starb im April dieses Jahres im Alter von 72 Jahren – nicht überraschend für die, die ihn näher kannten. Anstelle eines Nachrufs veröffentlichen wir posthum einen von ihm verfassten Beitrag für den Regensburger Almanach.

„Um sich den Herzen der Völker näher zu bringen, hat Thomas Mann sich entschlossen, als blinder Passagier auf dem rechten Puffer des Zuges P 855 von München nach Regensburg zu fahren." So lautet jedenfalls der Text zu einer Zeichnung von Erich Wilke in der berühmt gewordenen Münchner Zeitschrift „Jugend" vom 17. November 1928. Ist ein Fünkchen Wahrheit dabei? Besuchte Thomas Mann, der von 1894 bis 1933 in München wohnte, auf seinen zahlreichen Vortragsreisen kreuz und quer durch Deutschland in den zwanziger Jahren auch Regensburg?

Im Ortsregister der sorgfältigen von Hans Bürgin und Hans-Otto Mayer verfassten Lebenschronik von Thomas Mann findet man Regensburg nicht erwähnt. Einige wenige pauschale Angaben wie „Vortragsreise durch Deutschland 25.11.–12.12.1928" lassen zumindest die Möglichkeit noch offen.

Vermutlich aber dürfte es Münchner Ironie sein, den Schriftsteller Thomas Mann die „Herzen der Völker" ausgerechnet in Regensburg suchen zu lassen, ihn in die Provinz zu schicken. „Ja Regensburg – wo liegt das?"

konnte man noch vor einigen Jahren bei einer bekannten Münchner Zeitung beim vergeblichen Versuch, dort einen Beitrag über Regensburg unter zu bringen, hören.

Das Jahr 1928 war für Thomas erfolgreich und zugleich mit mancherlei Ärger verbunden. Von den „treudeutschen Männern" der Süddeutschen Monatshefte war eine recht unfreundliche Broschüre herausgegeben worden, die sich auf vermeintlich verfälschende Kürzungen bei der Neuherausgabe der „Betrachtungen eines Unpolitischen" bezogen und auf den in einem privaten Brief geäußerten „flüchtigen Unwillen über die modisch maßlose und kulturwidrige Überbewertung sportlicher Rekorde und ihre nationalistische Ausbeutung" beim Empfang der Flieger Köhl, von Hünefeld und Fitzmaurice, die nach Charles Lindberghs legendärer westöstlicher Atlantiküberquerung (1927) die Gegenrichtung bezwangen. In der ersten Aufwallung schrieb Mann unglücklicherweise von den „Fliegertröpfen" und fiel damit dem nationalen Heldenkult in den Rücken. Für die sportliche Leistung der „tapferen Luftschiffer" hatte Thomas Mann durchaus Verständnis, doch nicht für den „nationalistischen Kopfstand" beim Empfang. Immer stärker geriet Thomas Mann in Kollisionskurs zu den immer deutlicher werdenden nationalistischen wie nationalsozialistischen Tendenzen in Deutschland.

Die Münchner Zeitung schreit, „ich hätte mich endgültig vom deutschen Volke, von seiner Liebe und seinem Stolz getrennt" notiert Thomas Mann.

Also könnte der Karikaturist der „Jugend" an eine Art Wiedergutmachungsfahrt nach Regensburg gedacht haben? Und nicht ohne Häme scheint der Obertitel verfasst: „Auf dem Weg zum Weltruhm". Dafür hatte Thomas Mann indessen schon hervorragende Leistungen erbracht, vor allem mit den „Buddenbrooks" und dem „Zauberberg". Und wenn auch 1928 vom „entzauberten Berg" geschrieben wurde, so brachte vor allem der Nobelpreis im folgenden Jahr 1929 Thomas Mann weltweiten Ruhm.

Direktor der Ostdeutschen: Dr. Werner Timm

Thomas Mann, Eine Chronik des Lebens, zusammengestellt von Hans Bürgin und Hans-Otto Mayer, Frankfurt a. M. 1974; Thomas Mann, Briefe 1889–1936, Frankfurt a. M. 1961

Unsere Autoren

Birgit Angerer

Dr. phil., geb. 1955 in Hamburg. Studium der Kunstgeschichte in München. Museumsausbildung am Schleswig-Holsteinischen Landesmuseum und Germanischen Nationalmuseum in Nürnberg. Seit 1986 in Regensburg. Zahlreiche Veröffentlichungen zu kulturgeschichtlichen Themen.

Ludwig Bemelmans

Geb. 1898 in Meran. Sein Vater war der belgische Kunstmalers Lambert Bemelmans, seine Mutter Franziska (Fanny) eine geborene Fischer und Tochter des Regensburger Brauereibesitzers Ludwig Fischer (Brauerei Emslander). Die ersten Kindheitsjahre erlebt er in Gmunden am Traunsee und zieht 1904 nach der Trennung seiner Eltern mit der Mutter ins Emslander-Haus am Regensburger Arnulfsplatz. Nachdem er in der 1. Klasse der Kgl. Kreisoberrealschule (1908–11) zweimal durchgefallen und auch der letzte Versuch an einer Privatschule in Rothenburg ob der Tauber wegen „Ungehorsams, Unaufmerksamkeit und ungenügender Noten“ gescheitert war (1911/12), wechselt er in eine Hotellehre bei seinem Onkel Hans Bemelmans in Bozen, beendet jedoch auch diese vorzeitig und bricht schließlich 1914 mit einem Empfehlungsschreiben des Onkels nach Amerika auf. Anfänglich in New York im Hotelfach tätig, beginnt er 1929 eine steile Karriere als Zeichner, Schriftsteller und Humorist. Er erfindet die Kinderbuchfigur „Madeline“, veröffentlicht über 40 Bücher und verfertigt über 1000 Bilder und Zeichnungen. Seine Madeline-Bücher erreichen eine Gesamtauflage von sieben Millionen. Bemelmans kommt immer wieder nach Regensburg, besucht hier seine Mutter, die 1950 in Lech am Arlberg gestorben ist. Er stirbt am 1. Oktober 1962 in New York.

Eva Demski

Geb. 1944 in Regensburg. Stammt mütterlicherseits aus der traditionsreichen Regensburger Eisenwaren-Großhandlung und Fabrik Christlieb & Fischer, ihr Vater war der Bühnenbildner Prof. Rudolf Küfner. Kindheitsjahre in Regensburg, dann Wiesbaden und Frankfurt/M. Studium der Germanistik, Kunstgeschichte und Philosophie in Mainz und Freiburg (1964–68). Zunächst Dramaturgieassistentin, freie Lektorin und Übersetzerin, dann Mitarbeit bei der TV-Sendereihe „Titel, Thesen, Temperamente“ (1969–77), seit 1977 als freie Journalistin und Schriftstellerin in Frankfurt/M. In ihrem autobiographisch geprägten Debütroman „Goldkind“ (1979) verarbeitet sie Regensburger Kindheits-Eindrücke. Es folgten die zeit- und gesellschaftskritischen Romane „Karneval“ (1981), „Scheintod“ (1984), „Hotel Hölle, Guten Tag…“ (1987), „Afra“ (1992) sowie etliche Sammelbände, Poetik-Vorlesungen und zahlreiche Fernsehfilme. 1987 erhielt sie den Kulturpreis der Stadt Regensburg.

Michael Drucker

Dr. phil. Geboren 1943 in Leipzig, Studium der klassischen Philologie und Nachbarfächer in Heidelberg, 1975 Promotion. Nach Ausbildung zum wiss. Bibliothekar von 1975 bis 1994 an der Universitätsbibliothek Regensburg, dann Leiter der Staatlichen Bibliothek.

Eberhard Dünninger

Prof. Dr. phil. Geboren 1934 in Würzburg. 1953 Abitur am Alten Gymnasiums in Regensburg. 1953–1958 Studium der Germanistik, Geschichte und Anglistik an den Universitäten München, Würzburg und Dublin. 1959–1999 im Bibliotheksdienst, davon 1965–1986 im Bayerischen Staatsministeriums für Unterricht und Kultus. 1986–1999 Generaldirektor der Bayerischen Staatlichen Bibliotheken. 1992 Honorarprofessor für deutsche Philologie (unter besonderer Berücksichtigung Bayerns) an der Universität Regensburg. Zahlreiche Veröffentlichungen zur Geschichte und Literatur Bayerns, vor allem Regensburgs und der Oberpfalz. Vorsitzender des Vereins „Freunde des ehemaligen Benediktinerklosters Prüfening". Lebt in München und Regensburg.

Konrad Maria Färber

Dr. phil. geb. 1941 in Innsbruck, 1945 mit den Eltern zurück nach Regensburg, Schule und Druckereilehre, Redaktionsvolontär bei der Mittelbayerischen Zeitung (1963–1964), Redakteur bei der Regensburger Woche, Abendzeitung Nürnberg und Bildzeitung in München und Hamburg (1966–74), Studium der Neueren Geschichte in Berlin und München (1975–80), Promotion in München (1982), wissenschaftlicher Mitarbeiter am Deutschen Historischen Institut in Paris und Rom (1983–86), Pressereferent der Stadt Bamberg (1987–90), seit 1991 Leiter des Buchverlags der Mittelbayerischen Zeitung und des Universitätsverlages.

Friedrich Geißelmann

Dr. phil. Geboren 1943 in Göppingen, Studium der Politischen Wissenschaft, Geschichte und Germanistik, Promotion 1972 an der Universität Tübingen, 1973 Bibliotheksassessor, 1973–1989 Bibliothekar an der Universitätsbibliothek Augsburg, seit 1990 Leitender Bibliotheksdirektor der Universitätsbibliothek Regensburg.

Johann Wolfgang von Goethe

Dichter, Staatsmann und Naturforscher, 1749 in Frankfurt geboren, 1832 in Weimar gestorben. Jurastudium in Leipzig und Straßburg (1765–71), seit 1775 am Weimarer Hof als geheimer Rat (1779) und Minister (1782), Erste Italienische Reise mit Zwischenstation in Regensburg (4./5. September 1786) und längerem Rom-Aufenthalt (1786–88), Teilnahme am Frankreichfeldzug (1791), Heirat mit Christiane Vulpius (1806). Zu den berühmtesten seiner Werke zählen „Die Leiden des jungen Werter (1774), Römische Elegien (1795), Wilhelm Meisters Lehrjahre (1795/96), Faust I (1806), „Die Wahlverwandtschaften" (1809), „Dichtung und Wahrheit" (1811–14), Faust II (1828).

Horst Hanske

Geb. 1935 in Ratibor, 1945 Vertreibung, lebt und arbeitet seitdem in Regensburg. Nach einer Lehre als Chemigraph Besuch der Meisterschule in München und der Schule für Fotografie. Seit 1968 Fotojournalist und Redakteur bei der WOCHE. Zahlreiche Auszeichnungen, darunter Kulturförderpreis der Stadt Regensburg (1975) und 1. Preis der Fotoausstellung „Der Mensch" in Zürich (1974), zahlreiche Ausstellungen in München, Berlin, Wien und Regensburg, zuletzt 1995 im Historischen Salzstadel. Veröffentlichungen: „Photoreportagen" (Ausstellungskatalog 1987), „Über den Tag hinaus", (1989 im Buchverlag der Mittelbayerischen Zeitung), „Menschen" (Ausstellungskatalog 1991), „Mein schönes Regensburg" (1995 im Buchverlag der Mittelbayerischen Zeitung).

Gerhard Heldt

Dr. phil. geb. 1943 in Colmar/Elsass. Studium: Schulmusik, Musikwissenschaft, Germanistik, Kunstgeschichte in Köln. 1968 Staatsexamen, 1973 Promotion. 1969–72 Gymnasiallehrer in Köln; 1973–80 Wiss. Assistent am Musikwiss. Institut der Universität Köln, 1980–84 Wiss. Mitarbeiter am Forschungsinstitut für Musiktheater, Universität Bayreuth. 1984–88 Pressechef der Bayerischen Staatsoper. 1984–95 Lehrauftrag an der Universität München (Operndramaturgie), 1989–95 an der Musikhochschule München (Opern- und Liedgeschichte), 1994/95 an der Universität Salzburg. 1995–97 Chefdramaturg in Rostock, 1996/97 Lehrauftrag an der Musikhochschule Rostock. Seit 1997 Chefdramaturg und pers. Referent der Intendantin am Theater Regensburg. Umfangreiche Vortragstätigkeit. Zahlreiche wissenschaftliche Publikationen.

Kurt Hofner

Geb. 1940 in Leipertitz/CS, Abitur in Baden-Württemberg, Studium der Germanistik, Kunstgeschichte und Anglistik an der Universität Heidelberg. „Bayerische Journalistenschule" Augsburg, „Tages-Anzeiger" Regensburg; seit 1976 Feuilleton-Redakteur der Mittelbayerischen Zeitung. Seit 1985 Chefredakteur. 1995 Verleihung des Bundesverdienstkreuzes.

Benno Hurt

Geboren 1941 in Regensburg, Oberrealschule Regensburg, Abitur 1961; Jurastudium in München 1961–66; veröffentlichte 1965 „Frühling der Tage" im Carl-Hanser-Verlag München. Erstes Staatsexamen 1966, Zweites Staatsexamen 1970. Seit 1970 am Landgericht Regensburg, zuerst Zivilrichter, dann Staatsanwalt, Vormundschaftsrichter, Nachlaßrichter und Grundbuchrichter; Jugendrichter (Chopper-Prozeß), Ermittlungsrichter. „Freies Geleit", Uraufführung im Theater am Haidplatz 1987, und „Wer möchte nicht den Wald der Deutschen lieben", Uraufführung Theater am Haidplatz 1993. Weiterhin sind von ihm erschienen: „Eine deutsche Meisterschaft", 1991; „Der Wald der Deutschen", 1993; „Ein deutscher Mittelläufer", 1996; „Jahreszeiten", 1998. Verheiratet seit 1968.

Ines Kohl

Geb. 1950 in Straubing Abitur am Anton-Bruckner-Gymnasium in Straubing, Studium der Erziehungswissenschaften in Regensburg, Erste Prüfung für das Lehramt an Grund- und Hauptschulen, Studium der Kunstgeschichte, Klass. Archäologie und Pädagogik in Regensburg, Würzburg und Tübingen. Seit 1983 freie journalistische Tätigkeit. 1985–1998 Ausstellungsleitung an der Städtischen Galerie im Cordonhaus Cham. Redaktionsmitglied des ostbayrischen magazins lichtung seit 1987. Ausstellungen und Publikationen zur zeitgenössischen Kunst in Bayern, lebt in Viechtach/Bayr. Wald

Eginhard König

Geb. 1943 in Nabburg, Studium der Geschichte, Germanistik, Sozialwissenschaften und Kunstgeschichte. 1971–1975 wissenschaftlicher Assistent an der Universität Regensburg, derzeit Seminarlehrer für Geschichte am Albertus-Magnus-Gymnasium. Gründungsmitglied im „Arbeitskreis Kultur". Zahlreiche Veröffentlichungen zu kulturhistorischen und kulturpolitischen Themen.

Toni Lauerer

Geb. 1959 in Furth im Wald. Nach Abitur und Fachstudium seit 1982 im öffentlichen Dienst, seit 1988 als Standesbeamter der Stadt Furth i.W. Humorist, Kabarettist, freier Schriftsteller, Mundartautor. An die 50 Live-Auftritte pro Jahr in ganz Bayern mit lustigen „Gschichtn aus dem Leben". Seit 1983 hat er neun Gedicht- und Geschichtenbände veröffentlicht. Mit einer bisher verkauften Gesamtauflage von 200.000 Stück. Nebenher hat er 3 Live-CD's veröffentlicht und Theaterstücke geschrieben, die in ganz Bayern mit Erfolg aufgeführt werden. Seit 1992 ist er auch regelmäßig im Rundfunk zu hören und seit kurzem hat Toni Lauerer im Regionalfernsehen eine eigene tägliche Fernsehserie.

Marietheres List

Geboren in München. Hospitanz im Künstlerischen Betriebsbüro der Bayerischen Staatsoper München. 1975 Leiterin des Betriebsbüros der Vereinigten Bühnen Graz. 1977 Leiterin des Künstlerischen Betriebsbüros der Städtischen Bühnen Nürnberg. 1979 Leiterin des Künstlerischen Betriebsbüros der Württembergischen Staatsoper Stuttgart, Personal Management für Lamberto Gardelli, Chefdirigent des Radio Symphonieorchesters des Bayerischen Rundfunks. 1982 Persönliche Referentin des Generalintendanten und Chefdisponentin am Musiktheater im Revier Gelsenkirchen. 1985 Künstlerische Betriebsdirektorin und Stellvertreterin des Generalintendanten, Theater und Philharmonie Essen. 1986 Stellvertretende Intendantin der Opéra de Nice, seit 1987 Intendantin des Theaters Regensburg.

Peter Morsbach

Dr. phil., Kunsthistoriker, geb. 1956, Abitur am Albrecht-Altdorfer-Gymnasium in Regensburg, Studium der Kunstgeschichte, Klassischen Archäologie und Denkmalpflege an den Universitäten Regensburg, Freiburg und Bamberg; 1987 Promotion zum Dr. phil; anschließend Tätigkeit am Diözesanmuseum Regensburg und Diözesanbauamt Augsburg. Seit 1986 Lehrbeauftragter an der Universität Bamberg. Seit 1991 als Publizist und selbständiger Unternehmer in der Denkmalpflege und Kulturverwaltung tätig. 1998 Kulturförderpreisträger der Stadt Regensburg. Zahlreiche Publikationen zur Architektur- und Kunstgeschichte Regensburgs, Ostbayerns und Oberschwabens.

Heinz Oster

Geb. 1940 in Düsseldorf, Berufssoldat von 1960 bis 1986, u. a. Presseoffizier beim Stab der 4. Panzergrenadierdivision in Regensburg, Geschäftsführer von 1986 bis 1990. Seitdem Leiter der Öffentlichkeitsarbeit der Dr. Vielberth Verwaltung GmbH.

Franz Pfeffer

Jahrgang 1964, geboren in Niederbayern. Studium Geschichte, Volkskunde und Soziologie an der Uni Regensburg. Volontariat zum Fernsehjournalisten. Zeitungsredakteur in Schwandorf und Regensburg. Freier Journalist und Texter: u. a. Süddeutsche Zeitung, Regionalpresse, Landwirtschaftliche Fachpresse und Zeitschriften.

Harald Raab

Geboren 1939 in Mähren. Publizistikstudium an der Freien Universität Berlin. 1963 Mittelbayerische Zeitung, 1968 Redakteur und Kultur-Journalist, zuletzt als Chefredakteur, bei der „WOCHE". Seit 1999 als Leiter des Ressorts Bildung wieder bei der Mittelbayerischen Zeitung.

Heinz Reichenwallner

Geboren 1945 in Regensburg, zunächst selbstständiger Kaufmann und freier Sportjournalist u.a. bei der Mittelbayerischen Zeitung, seit 1996 Sportredakteur bei der Mittelbayerischen Zeitung in Regensburg.

Günter Schießl

Geboren 1940 in Bruck in der Oberpfalz, Journalistik-Studium an der Freien Universität Berlin. Tageszeitungsvolontariat in Rosenheim; seit 1973 Redakteur in Regensburg. Mai 1985: Bayerische Denkmalschutzmedaille; November 1985: Deutscher Preis für Denkmalschutz. 1993: Kulturförderpreis der Stadt Regensburg.

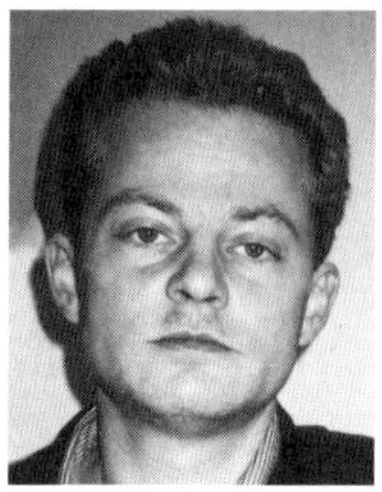

Florian Sendtner

Geb. 1965 in Niederbayern, Germanistik- und Philosophiestudium in Regensburg und Berlin, 1991–94 Redakteur der „Regensburger Akademischen Vierteljahreshefte", 1993 Ausstellung „Das Boot ist voll" – Zur Geschichte einer Parole; seit 1997 Mitarbeit am Schiller-Wörterbuch an der Universität Jena, freier Mitarbeiter u. a. der SZ.

Werner Timm †

Dr. phil., geb. 1927 im Ostseebad Müritz, 1946 bis 1952 Studium der Germanistik, Archäologie und Kunstgeschichte an der Universität Rostock, 1952 bis 1967 an den Staatlichen Museen in Berlin, 1957 als Kustos, seit 1961 als Direktor des Kupferstichkabinetts, 1973 bis 1978 Direktor der Neuen Berliner Galerie, 1980 bis 1992 Direktor des Museums Ostdeutsche Galerie in Regensburg. Zahlreiche Veröffentlichungen, u.a. zum Werk Dürers, über Edvard Munch, Goya, Käthe Kollwitz und Marinemalerei.

Helmut Wanner

Geb. 1955 in Großberg, 1974 Abitur am Albrecht-Altdorfer-Gymnasium in Regensburg. Studium an der Universität Regensburg, 1980 Magisterexamen in den Fächern Anglistik und Soziologie. 1980 Redaktionsvolontariat bei der WOCHE in Regensburg, seit 1983 Redakteur bei der Mittelbayerischen Zeitung. Schreibt regelmäßig für den Regensburger Almanach. Im Buchverlag der Mittelbayerischen Zeitung erschien von ihm 1998 „Schabbat – Schalom".

Hermann Weiß

Geb. 1957 ist als studierter Jurist seit 1985 bei der Mittelbayerischen Zeitung, wo er mit flinker Feder in der Lokalredaktion für jugendliches Kolorit sorgt. Unter seinen Kollegen gilt er als „Steppenwolf der Regensburger Zeitgeistwüste", als überzeugter Yuppie kennt er die Szene besser als jeder andere.

Karl Horst Wendisch

Geb. 1933 in Großenhain/Sachsen. Studium angewandte Kunst und Werbung in Berlin. Stationen als Werbe- und Marketing-Fachmann in Berlin, Frankfurt am Main, Köln, Memmingen, Freiburg, München und Nürnberg. Seit 1973 Verlagsberater der Mittelbayerischen Zeitung, an seinem Wohnort Schwabach/Mittelfranken Initiator zahlreicher Kultur-Aktionen.

Werner A. Widmann

Geb. 1926 in Nürnberg, ab 1952 Reporter beim Regensburger „Tages-Anzeiger", seit 1962 in München als freier Journalist, Schriftsteller, Filmemacher und Moderator beim Bayerischen Fernsehen, vor allem für die Sendung „Zwischen Spessart und Karwendel". Verfasser von über sechzig Büchern. 1974 Verleihung des „Bayerischen Poetentalers" der „Münchner Turmschreiber". Im April 1996 Rückkehr nach Regensburg, seit 1997 Moderator bei TVA Ostbayern.

Ludwig Zehetner

Prof. Dr. phil., geboren und aufgewachsen in Freising, Studium (Germanistik, Anglistik) in München, Southampton (England) und Lawrence (Kansas, USA); verheiratet, 3 Kinder. Seit 1968 Gymnasiallehrer in Regensburg, seit 1988 Stellvertreter des Schulleiters am Musikgymnasium der Regensburger Domspatzen. Promotion 1977 in Regensburg; zahlreiche dialektologische und volkskundliche Veröffentlichungen, u. a. „Das bairische Dialektbuch" (1985), „Bairisches Deutsch. Lexikon der deutschen Sprache in Altbayern" (1997); seit 1999 Honorarprofessor für bairische Dialektologie an der Universität Regensburg.

Abbildungsnachweis

Aufbau-Verlag: 95

Bischöfliches Zentralarchiv: 101

Moosburger, Uwe: 19, 23, 61, 63, 113, 115, 157, 159, 160

Museen der Stadt Regensburg: 11, 13, 43, 47

MZ-Archiv: 35 und 37 (Moosburger), 38 und 40 (Nübler), 41, 47 und 49 (Moosburger), 53 (Mächler), 55 (Moosburger), 83 und 85 (Semmler), 105 (Archiv), 125, 133, 145, 147, (alle Nübler), 163 und 165 (Archiv), 169, 171 und 174 (Nübler), 181 (Moosburger), 183 (Nübler), 186 (Moosburger)

Privat: 21 (Lepar), 73, 75, 77, 79, 80 (alle Repros Hanske), 89 (Popelka), 129, 130 (Sammlung Reichenwallner), 130, 139 (Sammlung Raab), 153 (Repro Hanke), 177

Sendtner, Florian: 119, 121

Spitta, Wilkin: 177

Staatliche Bibliothek: 56,

Stadt Regensburg, Presse- u. Informationsamt: 65, 67, 69, 99

Zitzlsperger Juliane: 154